中國學術思想 研究輯刊

四 編

林 慶 彰 主編

第 **8** 冊

今文《尚書》語法與經文詮釋關係之探討（下）

劉 靜 宜 著

花木蘭文化出版社

國家圖書館出版品預行編目資料

今文《尚書》語法與經文詮釋關係之探討（上）／劉靜宜 著

— 初版 — 台北縣永和市：花木蘭文化出版社，2009〔民 98〕

目 2+204 面：19×26 公分

（中國學術思想研究輯刊 四編：第 8 冊）

ISBN：978-986-6449-07-9（精裝）

1. 書經 2. 今文經學 3. 研究考訂 4. 語法

621.117   98001840

ISBN - 978-986-6449-07-9

中國學術思想研究輯刊

四 編 第 八 冊   ISBN：978-986-6449-07-9

今文《尚書》語法與經文詮釋關係之探討（下）

作　　　者	劉靜宜
主　　　編	林慶彰
總 編 輯	杜潔祥
出　　　版	花木蘭文化出版社
發 行 所	花木蘭文化出版社
發 行 人	高小娟
聯 絡 地 址	台北縣永和市中正路五九五號七樓之三
	電話：02-2923-1455／傳眞：02-2923-1452
網　　　址	http://www.huamulan.tw 信箱 sut81518@ms59.hinet.net
印　　　刷	普羅文化出版廣告事業
封面設計	劉開工作室
初　　　版	2009 年 3 月
定　　　價	四編 28 冊（精裝）新台幣 46,000 元

今文《尚書》語法與經文詮釋關係之探討（下）

劉靜宜　著

目

次

第六章　今文《尚書》感嘆句類型析論

第一節　感嘆句之義界、句式與用詞

一、感嘆句之義界

　　歷來學者從不同角度說明，有從傳遞資訊的角度、語調的角度、表情的聲音角度、表達情感的角度，以下分別從四方面說明。

（一）就傳遞資訊的角度而言

　　朱德熙《語法講義》一書表示，〔註1〕感嘆句的作用是表達感情，但同時報導資訊。沙夫（Adam Schaff）《語義學引論》一書，〔註2〕語言符號傳遞兩種不同性質的資訊，一種是感情資訊，另一種是理智資訊。感嘆句與其他句類的本質區別在於它主要傳遞的是「感情資訊」，而陳述句、疑問句、祈使句傳遞的是「理智資訊」。

（二）就語調的角度而言

　　張靜在他主編的《現代漢語》一書中說，〔註3〕感嘆句最主要的語法形式是曲折語調，感嘆詞在書面上都用感嘆號,有時也兼用倒裝句或某些副詞。

〔註1〕　朱德熙：《語法講義》（北京：商務印書館，2004 年 8 月），頁 24。
〔註2〕　沙夫（AdamSchaff）：《語義學引論》（北京：商務印書館，1979 年 6 月），
　　　　頁 132。一書中提到「感情狀態的交際」和「理智的交際」兩種交際內容。
〔註3〕　張靜：《現代漢語》（上海：教育出版，1986 年，6 月），頁 432～433。

（三）就表情的聲音角度而言

　　黃六平《漢語文言語法綱要》一書認為，〔註4〕歎詞是一種表情的聲音，因為是標音性質，受時間因素和空間因素的影響，所以有相同的聲音而可能表示不同的情緒，而相同的語音又可能有不同的書寫形式。我們只能從整句的意義去推測，做到概括的說明。萬益〈從《尚書》、《詩經》的語言現象看古漢語嘆詞的表意功能〉一文則指出，〔註5〕嘆詞是一種表示感嘆聲音的詞類，它雖然沒有確切的詞彙意義，但在一定的語境中，卻能表達出或嘆息，或讚美、或驚疑，或憤怒，或責斥，或命令、或呼喚等等感情，雖然在古文中出現的頻率不高，但有其基本的特點和作用。古往今來，嘆詞成為人們表情達意不可缺少的輔助工具。特別是在對話、議論、抒情時，為了表達一種強烈的感情或應答的需要，人們總是摹擬某種聲音來表達豐富的涵義，這就促使了嘆詞的產生，也促使了人們去探究其表情達意的種種功能，從達到探源古為今用的目的。

（四）就表達情感的角度而言

　　馬建忠《馬氏文通》一書，〔註6〕設專節（嘆字九之七）討論「嘆字」（嘆詞），對嘆詞的定義和功能作了界定。「凡虛字以鳴心中不平者，曰嘆字。」、「嘆字者，以記心中不平之鳴也。」王力承襲馬建忠看法，故在《中國現代語法・語氣篇》一書中，〔註7〕把「不平語氣」和「論理語氣」稱為感嘆語氣，並提出「不平語氣」表示不平、願望、感慨、不耐煩等等情緒。

　　也有持與馬建忠不同觀點的，例如：高名凱在《漢語語法論》一書中，〔註8〕指出感嘆並不光指嘆息，或所謂的「以鳴人心中之不平之聲者」，感嘆是包括一切感情的表達而言，快樂的或是恐懼的情感，不必是「心中之不平之聲」，或垂頭喪氣的「嘆息」。並認為「感情的表達，在語言方面可以由語義和語法兩種成分來實行」。張世祿《古代漢語教程》一書，〔註9〕也認為感嘆句用於抒發強烈的感情，其內容大致有兩種：一種是表驚奇、歡樂、贊嘆；另一種是表示悲傷、厭惡、憤恨。呂冀平《漢語語法基礎》一書則指

〔註4〕　黃六平：《漢語文言語法綱要》（台北：華正書局，2000 年 8 月），頁 203。
〔註5〕　萬益：〈從《尚書》、《詩經》的語言現象看古漢語嘆詞的表意功能〉，《廣東教育學院學報》（社會科學版）第 8 期（1994 年），頁 94～97。
〔註6〕　馬建忠：《馬氏文通》（台北：世界書局，1989 年 11 月），頁 486。
〔註7〕　王力：《中國現代語法》（台中：藍燈出版，1987 年 9 月），頁 332～360。
〔註8〕　高名凱：《漢語語法論》（北京：商務印書館，1993 年 2 月），頁 649。
〔註9〕　張世祿：《古代漢語教程》（上海：復旦大學出版，2005 年 1 月），頁 222。

出，〔註 10〕一個句子，不論它的具體內容是什麼，只要它的目的是抒發強烈的感情——歡樂的、憂傷的、驚訝的、氣憤的，等等，它的作用就在於感歎，這種句子叫作感歎句。

趙元任在《中國語的文法》一書認爲，〔註 11〕句類有各自句值，感嘆句有表達價值。黎錦熙在《國語文法》驚嘆句一章中，〔註 12〕認爲驚嘆句是助驚嘆的情態，表達的或是驚訝，或是咏嘆，或是表其他種種心情。

二、感嘆句之句式

（一）從語音、語匯、語法三方面

高名凱《漢語語法論》一書，〔註 13〕對感嘆句論述得較多，他分別從語音、語匯、語法三方面，探討了感嘆句的形式特點。這些形式特點包括語調、嘆詞、語氣詞、程度副詞、句子的主謂結構倒裝、重疊詞語以及重複句子等。他認爲感嘆句感情的表達可以用語調，如：急緩、高低、粗柔、四聲變化等；詞的重疊，如同一詞重疊、同義詞重疊、結構的重疊等；次序的顛倒，如謂語前置；語法意義的代替；感嘆詞的應用其他句型的借用。

（二）從詞匯和語法兩方面

呂叔湘在《中國文法要略》一書中，〔註 14〕把感嘆句子分成兩類，一類有表達感嘆的語言形式，一類沒有。然後分別從詞匯和語法兩方面，歸納了部分感嘆句的形式。呂氏以表達感情爲基本作用的語句，這可以稱爲「本來的感嘆句」，而以感情表達爲主要任務的叫「感嘆語氣」。「感嘆的語氣」靠語氣詞來傳達，大多數句末語氣詞，雖主要作用不在於表示感情，卻往往可以帶有感情色彩。

（三）從重疊方面

劉景農《漢語文言語法》一書則認爲，〔註 15〕句子的重疊，就能表達情

〔註10〕呂冀平：《漢語語法基礎》（北京：商務印書館，2000 年 1 月），頁 364。

〔註11〕趙元任：《中國話的文法》（香港：中文大學，1980 年 12 月），頁 403。

〔註12〕黎錦熙：《國語文法》（台北：里仁書局，1982 年，10 月），頁 330。

〔註13〕同註 8，頁 652～653。

〔註14〕呂叔湘：《中國文法要略》（北京：商務印書館，1992 年 9 月），頁 311～314。他認爲，感嘆句帶感嘆語氣詞和「多、多麼、好、這麼」等詞；在雙部句中，句子結構往往主謂倒裝，即「變次」。

〔註15〕劉景農：《漢語文言語法》（北京：中華書局，2003 年 10 月），頁 343～350。

感。感歎句重疊，也不一定是句子，也可以是詞或是詞組，也有隔開句子重疊，語氣詞也可以不用。重疊就能表示出情感的激動來，因而感歎句就常利用重疊形式來表達，這種重疊，感歎之情就貫徹在全句。

（四）從顯形和隱形兩方面

王光和〈漢語感嘆句形式特點淺析〉一文表示，〔註16〕表達感嘆語氣為主的句子，它具有一定的語法特徵，這些語法特徵包括特定的語調、嘆詞、語氣副詞、語氣詞以及特殊的句法結構等。感嘆句還可以分為顯形和隱形兩種。顯形的感嘆句可以根據句子本身的語法形式分辯出來，而隱性的感嘆句則必須借助語境分辯出來。

三、感嘆句之用詞

馬建忠《馬氏文通》一書主張，〔註17〕指出「嘆字既感情而發，故無定位之可拘。在句首者其常，在句中者亦有之，句終者不概見焉。」王力《中國現代語法》一書，〔註18〕把嘆詞稱為「情緒的呼聲」。並認為情緒的呼聲是表現各種情緒的。自然，極微妙的情緒絕對不是呼聲所能傳達；它只是表示一種大概的情緒，未盡之處是須待下文整句的話來說明的。

呂叔湘《中國文法要略》一書認為，〔註19〕「感嘆詞就是獨立的語氣詞」。書中將感嘆詞分為五類：一、表驚訝和讚嘆的感嘆詞；二、表嘆息、哀傷、悔恨、憤怒等等；三、表詫異（不信）；四、表醒悟；五、表不以為然、鄙視、斥責。黎錦熙《國語文法》一書認為，〔註20〕嘆詞是用來表示說話時一種表

〔註16〕 王光和：〈漢語感嘆句形式特點淺析〉，《貴州大學學報》（社會科學版）第20卷第5期（2002年9月），頁85～90。帶副詞和代詞的句子結構：「太+動詞性結構(+了)」、「真+謂詞性結構」、「簡直+謂詞性結構」、「何等+謂詞性結構」、「多（麼）+/謂詞性結構」、「好+謂詞性結構」、「多少+名詞性結構」。

〔註17〕 同註6，設專節（嘆字九之七）討論「嘆字」（嘆詞），頁489。

〔註18〕 同註7，頁326～330。王力並把「情緒的呼聲」分成十一小類：一、感喟；二、慨嘆；三、急叫；四、呼痛；五、驚愕；六、詫異；七、恍然；八、呵斥；九、恫嚇；十、發恨；十一、讚賞。並指出，感嘆詞有不少困難：第一、同一聲音可能表示不同的情緒。地方的、時代的、個人的，歧異都很大。第二、同一音可以寫成不同的字。你是你的寫法，我是我的寫法，而後人又往往因襲古人的寫法，並且連前人用這些字代表什麼音也不了然而照樣寫了。

〔註19〕 同註14，頁316～318。

〔註20〕 同註12，頁254～258。

情的聲音，常獨立，不必附屬於詞和語句；以傳聲爲主，本身也沒什麼意思。
該書將嘆詞歸納爲五種形式：一、表驚訝或贊嘆；二、表傷感或痛惜；三、
表歡笑或譏笑；四、表憤怒或鄙斥；五、表呼問或應答。

　　馬漢麟《古代漢語講義》一書主張，〔註21〕感歎語氣表示說話人的各種
感情，古代漢語常用的表示感歎的語氣詞有「哉」、「夫」等字。左松超《文
言語法綱要》一書則以爲，〔註22〕歎詞是表示各種情感的詞，有以下五種：
一、表示感嘆常見的有「嗟乎（嗟乎、嗟夫），嗚呼（於乎、於戲）、嘻、唉。
二、表示驚訝常見的有「惡、嗚」。三、表示讚美的有「嘻、嗚乎、噫嘻」等。
四、表示傷痛常見的有「嗚呼（於乎、於戲）、嗟呼、噫嘻、噫」等。五、表
示斥責常見的有「乎、叱嗟」等。

　　錢宗武〈論今文《尚書》的語法特點及語料價值〉一文研究指出，〔註23〕
今文《尚書》有十個嘆詞，數量多，表達也十分豐富，或表示呼喚應答，或表
示長嘆短吁。「吁、嗟、嗚呼、噫」四個嘆詞是文言常見的。「咨、都、於、已、
俞、猷」主要見於今文《尚書》。沈丹蕾〈試論今文《尚書》的嘆詞〉一文認爲，
〔註24〕嘆詞的獨立性很強，總是獨立於句子的組織結構之外，不與句子中其他
成份相連接。首先，嘆詞之後的句子說明句子的性質。一個嘆詞可以用於表達
不同的情感，要判斷它確切的用法，只有在具體的上下文中細心揣摩、體會，
方能得出正確的認識。其次，嘆詞可以配合句意，起烘托、加強原句感情色彩
和語氣的作用。分析嘆詞的用法，必須緊密聯系上下文語句。本文因此從嘆詞
角度分析「嗚呼、俞、咨、已、都、吁、嗟、猷、於、噫」，十個嘆詞。

第二節　今文《尚書》感嘆句詮釋舉隅

　　呂叔湘在《中國文法要略》一書中，〔註25〕從感嘆發生角度分類，概括
了感嘆句的三種類型，表示事物的屬性、表示內心的感情、混然的慨嘆。分

〔註21〕馬漢麟：《古代漢語講義》（天津：古籍出版，2004年2月），頁69。

〔註22〕左松超：《文言語法綱要》（台北：五南出版，2003年8月），頁172。

〔註23〕錢宗武：〈論今文《尚書》的語法特點及語料價值〉，《湖南師範大學》（社會
　　　　科學學報）第24卷（1995年），頁56～62。

〔註24〕沈丹蕾：〈試論今文《尚書》的嘆詞〉，《廣西師範大學學報》第2期（1998
　　　　年），頁158～161。

〔註25〕同註14，頁312。（1）如：這件衣服好漂亮！（2）如：這叫人多麼難受！（3）
　　　　如：竟有這樣的事情啊！

別是：一、我們的感情為某一事物的某種屬性所引起的，我們就指出這個屬性而加以讚嘆。二、我們的感情為整個事物所激動，我們指不出某種引起感嘆的屬性只說明所產生的是哪種情緒。三、連哪種情緒也不說明，只表示一種混然的感嘆。

一、表應答之詞

1. 俞

說文：「俞，空中木為舟也。從亼從舟從巜。」俞有兩個音：〔ㄩˊ，平虞〕、〔ㄩˋ，上麌〕。第一、歎詞，表應允。《尚書・堯典》曰：「帝曰：俞，予聞，如何？」第二、副詞，更加。《莊子・列禦寇》曰：「所治俞下，得車俞多。」〔註26〕

《馬氏文通》卷九曰：「《書》之『都』、『俞』；《禮》之『唯』、『俞』、『然』、『諾』，並是應答之聲。」〔註27〕〈堯典〉和〈皋陶謨〉中的「俞」，《史記・五帝本紀》、《史記・夏本紀》，均作「然」。

（1）禹曰：「俞，乃言底可績。」（《虞夏書・皋陶謨》）

按：此句「俞」是感嘆詞性非主謂句。「俞」是單詞獨立語，所謂獨立語是指跟前後詞語沒有結構關係，不互為句子成分，但又是句意所需。西周漢語獨立語可分為呼應語、感嘆語、擬聲語。此「俞」歸屬於西周漢語獨立語中的感嘆語。此段說明禹稱讚皋陶只要做好道德倫常，就會獲得功績。

本段有三種詮釋。

第一、「底，致」、「績，立功」，《孔傳》、《蔡傳》主張此說。《孔傳》詮釋為：然其所陳，從而美之曰：「用汝言，致可以立功。」（頁63）《蔡傳》詮釋為：禹然其言，以為致之於行，信可有功，皋陶謙辭我未有所知，言不敢計功也。惟思日贊助於帝，以成其治而已。（頁17）

第二、「底，獲得」、「績，成功」，《錢、江》主張此說。《錢、江》譯為：禹說：「當然！你的話是可以得到實行並且獲得成功的。」（頁59）

第三、「底，建立」、「績，功績」，屈氏主張此說。屈氏譯為：禹說：「是的，你的話可以建立功績。」（頁24）

〔註26〕〔周〕莊周：《莊子・列禦寇》（北京：中華書局，1995年），頁1047。
〔註27〕同註6，頁486。

「厎」有很多的意思。第一、至，到。《虞夏書‧五子之歌》曰：「乃厎滅亡」；第二、獲取。《左傳‧昭元年》曰：「厎祿以德」；〔註28〕第三、終。《左傳‧成十六年》曰：「人恤所厎」；〔註29〕第四、停滯。《左傳‧襄二六年》曰：「處而不厎，行而不流」；〔註30〕第五、安定、定居。《商書‧盤庚上》曰：「厎綏四方」《左傳‧襄十年》曰：「其能來東厎乎？」〔註31〕第六、施行。《周書‧泰誓》曰：「厎天之罰。」；第七、示，表示。《左傳‧昭十三年》曰：「盟以厎信。」〔註32〕

「乃言厎可績」共出現兩次，另一句是《虞夏書‧舜典》曰：「格汝舜！詢事考言，乃言厎可績」。而「厎可績」就是「厎績」的意思，《虞夏書‧禹貢》共出現三次，如：「原隰厎績」、「和夷厎績」、「覃懷厎績」。《釋言》說：「厎，致也」，《釋詁》說：「績，功也。」，故「厎可績」、「厎績」可以翻譯為獲得功績。

（2）帝曰：「俞咨！垂，汝共工。」垂拜稽首，讓于殳斨暨伯與。……益拜稽首，讓于朱虎熊羆。（《虞夏書‧舜典》）

按：此句「俞咨」是感嘆詞性非主謂句。「俞咨」是詞組獨立語。此段說明舜與都對答誰能擔任百工的官，與掌管草木鳥獸。

此段重點在討論「殳斨暨伯與」、「朱虎熊羆」到底是幾個臣子？

第一、「殳斨暨伯與」是二臣，「朱虎熊羆」是二臣。《孔傳》、《錢、江》主張此說法。《孔傳》詮釋為：殳斨伯與二臣名。朱虎、熊羆，二臣名。（頁45～46）《錢、江》譯為：讓給殳斨和伯與。……讓給朱虎、熊羆。（頁35）

第二、「殳斨暨伯與」是三臣，「朱虎熊羆」是四臣。《蔡傳》詮釋為：殳，斨、伯與，三臣名也。殳，以積竹為兵，建兵車者。斨，方銎斧也。古者多以其所能為名，殳斨豈能為二器者歟，往哉汝諧者往哉汝和其職也。朱，虎，

〔註28〕〔清〕阮元刻本：《十三經注疏左傳‧昭元年》（台北：藝文印書館，1955年），頁710。

〔註29〕〔清〕阮元刻本：《十三經注疏左傳‧成十六年》（台北：藝文印書館，1955年），頁473。

〔註30〕〔清〕阮元刻本：《十三經注疏左傳‧襄二六年》（台北：藝文印書館，1955年），頁667。

〔註31〕〔清〕阮元刻本：《十三經注疏左傳‧襄十年》（台北：藝文印書館，1955年），頁524。

〔註32〕〔清〕阮元刻本：《十三經注疏左傳‧昭十三年》（台北：藝文印書館，1955年），頁809。

熊，罷，四臣名也。高辛氏之子，有曰仲虎仲熊，意以獸爲名者，亦以其能服是獸而得名歟。（頁9）

第三、「殳斨暨伯與」是二臣，「朱虎熊羆」是四臣。屈氏譯爲：讓給殳斨和伯與。……讓給朱、虎、熊、罷。（頁17）

《史記》說，朱虎熊羆，爲伯益之佐，前殳斨伯與，當亦爲垂之佐也。十八年《左傳》八元之內也有伯虎、仲熊，即此「朱虎、熊羆」是也。所以應該是第一種《孔傳》、《錢、江》說法。「殳斨」、「伯與」是二臣，「朱虎」、「熊羆」是二臣。

> （3）皋陶曰：「俞，師汝昌言。」禹曰：「都，帝！慎乃在位。」帝曰：「俞。」（《虞夏書·益稷》）

按：此句「俞」是感嘆詞性非主謂句。「俞」是單詞獨立語。此段說明皋陶與禹對話，先是皋陶讚嘆禹的功績，再是禹要舜謹慎對待輔臣。

本段「師」有兩種詮釋。

第一、「師，法也」，《孔傳》、《蔡傳》、屈氏主張此說。《孔傳》詮釋爲：言禹功甚當，可師法。然禹言，受其戒。（頁66）《蔡傳》詮釋爲：師，法也。皋陶以其言爲可師法也。（頁17～18）屈氏譯爲：皋陶說：「是的，我要效法你這明達之言。」禹說：「啊！天子，您在天子之位要謹慎啊！」天子說：「不錯。」（頁25～26）

第二、「師，斯」，《錢、江》主張此說。《錢、江》譯爲：皋陶說：「好啊！你的這番話眞好啊！」禹說：「啊！舜帝，您要謹慎地對待您的在位的輔臣啊！」舜帝說：「是啊！」（頁62，65）

《錢、江》之說法，乃是根據江聲之見，認爲「師」應當作「斯」，代詞。《史記·夏本紀》作「此而美也」，[註33] 將「師」作爲「此」。「汝昌言」已經是完整的句型：「主語＋謂語」，所以前面放個動詞「效法」似乎不妥，故從其《錢、江》之說法。

2. 都

《說文》云：「都，有先君之舊宗廟曰都。從邑者聲。」，「都」可以當名詞、介詞、歎詞、量詞、副詞。第一、名詞有首都、大城市、國家、地方。

〔註33〕〔漢〕司馬遷：《史記·夏本紀》（台北：鼎文書局，1981年），頁79。

第二、動詞，居，處於。第三、介詞，於。第四、歎詞，表讚美。例如，《虞夏書・大禹謨》云：「都！帝德廣運，乃聖乃神。」第五、量詞，場，次。第六、副詞，全，完全。

（1）皐陶曰：都！慎厥身修，思永。（《虞夏書・皐陶謨》）

按：此句「都」是感嘆詞性非主謂句。「都」是單詞獨立語。此段禹與皐陶討論德政，皐陶提出慎身主張。

此段句讀的不同，諸家詮釋也有不同見解。

首先，在句讀方面，有兩種不同的句讀。第一、「修」上讀，如：「慎厥身修，思永」，《孔傳》、《孔疏》、《蔡傳》、屈氏主張此說。第二、「修」下讀，如：「慎厥身，修思永」《錢、江》主張此說。

其次，在詮釋方面，有兩種詮釋。

第一、《孔傳》詮釋為：歎美之重也。慎修其身，思為長久之道。（頁59）《蔡傳》詮釋為：都者，皐陶美其問也。慎者，言不可不致其謹也。身修，則無言，行之失，思永則非，淺近之謀。（頁15）《錢、江》譯為：皐陶說：「啊！要謹慎其身，自身的修養要堅持不懈。」（頁54）

第二、屈氏譯為：皐陶說：「啊！謹慎地修養自己，往長遠處著想。」（頁21）

「修」應該是上讀，還是下讀？錢宗武《尚書新箋與上古文明》一書，認為「思」是句中語助詞，無意義，《尚書覈詁》：「《漢書・元帝本紀》：慎身修永」〔註34〕故從語法分析「慎厥身修思永」，「厥」、「思」都是句中語助詞，形成「慎厥身」、「修思永」並列。故取其《錢、江》之說。

又按：沈丹蕾〈試論今文《尚書》的嘆詞〉一文認為，〔註35〕表嘆美。例如，「禹曰：俞！如何？皐陶曰：都！慎厥身，修思永。」、「禹拜曰：都！帝，予何言？」皐陶讚美禹所問之詞，「都」等於說：「問得好啊！」，《蔡傳》：「禹拜而嘆美，謂皐陶謨至矣。」禹讚美皐陶發表的高見，故嘆曰：「都」！此二句應該是呼告感嘆，要求自己要嚴格謹慎。

（2）皐陶曰：「都！在知人，在安民。」（《虞夏書・皐陶謨》）

按：此句「都」是感嘆詞性非主謂句。「都」是單詞獨立語。此段禹與皐陶討論德政，皐陶提出知人、安民主張。

〔註34〕錢宗武：《尚書新箋與上古文明》（北京：北京大學出版，2005年4月），頁48。
〔註35〕同註24，頁158～161。

本段「知人」有四種詮釋。

第一、「知人，知人善惡」，《孔傳》、《孔疏》、《蔡傳》主張此說。《孔傳》詮釋爲：欲修身親親之道，在知人所信任，在能安民。《孔疏》詮釋爲：人君行此道者，在於知人善惡，則善而信任之，在於能安下民，爲政以安定之也。（頁60）

第二、「知人，智之事」，《蔡傳》主張此說。《蔡傳》詮釋爲：皋陶因禹之俞，而復推廣其未盡之旨，歎美其言，謂在於知人，在於安民，二者而已。知人，智之事；安民，仁之事也。（頁16）

第三、「知人，理解官吏」，《錢、江》主張此說。《錢、江》譯爲：皋陶說：「啊！除了自身的修養之外，還要理解臣下，安定民心。」（頁54）

第四、「知人，認識人才」，屈氏主張此說。屈氏譯爲：皋陶說：「啊！（天子的重要任務）在能認識人才，在安定人民。」（頁21）

「在知人，在安民」屬於並列式短語，故「知人」與「安民」語法結講相同，「安民」指安定老百姓，所以「知人」應該是認識人才，屈氏之說較妥。

（3）禹曰：都！帝，慎乃在位。（《虞夏書·益稷》）

按：此句「都」是感嘆詞性非主謂句。「都」是單詞獨立語。此段舜與禹討論君臣道理。

本段「在位」有兩種詮釋。

第一、「在位，天子之位」，《孔傳》、《孔疏》、《蔡傳》、屈氏主張此說。《孔傳》詮釋爲：然禹言，受其戒。《孔疏》詮釋爲：因嘆而戒帝曰：嗚呼！帝當謹慎汝所在之位。（頁67）《蔡傳》詮釋爲：禹既歎美，又特稱帝以告之，所以起其聽也。慎乃在位者，謹其在天子之位也。（頁18）屈氏譯爲：禹說：「啊！天子，您在天子位要謹慎啊！」（頁26）

第二、「在位，大臣」，《錢、江》主張此說。《錢、江》譯爲：禹說：「啊！舜帝，您要謹慎地對待您的在位的輔臣啊！」（頁65）

此句《孔疏》的「都」，提醒帝注意禹的告誡，相當於：「嗚呼」。而「禹曰：都！帝，慎乃在位。」聯繫下文，「帝曰：俞，禹曰：安汝止，惟幾惟康，其弼直，惟動丕應徯志，以昭受上帝，天其申命用休。」所以是禹對舜的對話，「在位」應該是指「天子之位」。

二、表呼告之詞

（一）咨

《說文》：「咨，謀事曰咨。從口次聲。」「咨」，有好幾種意思。第一、商議，詢問。例如，《左傳・昭元年》說：「子產咨于太叔。」〔註36〕第二、歎詞。表讚賞。例如，《虞夏書・堯典》說：「咨！汝羲暨和。」第三、歎息。例如，《呂氏春秋・行論》說：「文王流涕而咨之。」〔註37〕

（1）帝曰：「咨！四岳！朕在位七十載，汝能庸命，巽朕位？」（《虞夏書・堯典》）

按：此句「咨」是感嘆詞性非主謂句。「咨」是單詞獨立語。此段說明堯和四方諸侯討論誰能繼承帝位。

本段「命」、「巽」有四種詮釋。

第一、「命，帝命」、「巽，順也」，《孔傳》、《孔疏》主張此說。《孔傳》詮釋為：巽，順也。言四岳能用帝命，故欲使順行帝位之事。《孔疏》詮釋為：帝呼四岳，言「汝能庸命」，四岳自謙，言「己否德」，故知「汝」，四岳。言四岳能用帝命，故帝欲使之順行帝位之事，將使攝也。在位之臣，四岳為長，故讓位於四岳也。（頁28）

第二、「命，命令」、「巽，遜」，《蔡傳》主張此說。《蔡傳》詮釋為：朕，古人自稱之通號。吳氏曰：巽、遜古通用，言汝四岳能用我之命，而可遜以此位乎。蓋丹朱既不肖，羣臣又多不稱，故欲舉以授人。而先之四岳也。（頁3）

第三、「命，天命」、「巽，履行」，主張此說。《錢、江》譯為：堯帝說：「啊！四方諸侯之長！我在位七十年，你們有誰能順應天命，取代我的帝位？」（頁22）

第四、「命，命令」、「巽，讓」，屈氏主張此說。屈氏譯為：天子說：「啊！四位諸侯的首長。我在帝位已經七十年了，你們能夠聽從我的命令，把我這帝位就讓給你們吧。」（頁8）

《孔傳》、《孔疏》主張「巽，順」，乃是根據《易經・說卦》：「巽，順」

〔註36〕〔清〕阮元刻本：《十三經注疏左傳・昭元年》（台北：藝文印書館，1955年），頁703。

〔註37〕〔周〕呂不韋輯、陳奇猷校《呂氏春秋・去宥》（台北：華正書局，1985年），頁1389。

說法。而屈氏則是根據馬融：「巽，讓也」說法。堯年老，無法處理治水之事，故求人代己，令代者自治。

「汝能庸命」，「汝」是主語，「能」是能願動詞，「庸命」當賓語，所以「命」應該名詞，而非動詞。「命令」是動詞，所以《蔡傳》、屈氏的詮釋未妥。

（2）月正元日，舜格于文祖。詢于四岳，闢四門，明四目，達四聰。
　　　咨！十有二牧。（《虞夏書・舜典》）

按：此句「咨」是感嘆詞性非主謂句。「咨」是單詞獨立語。此段說明舜與四方諸侯君長謀劃政事。詢，謀也。闢，開也。

本段「格」、「咨」有四種詮釋。

第一、「格，至」、「咨，謀也」，《孔傳》主張此說。《孔傳》詮釋為：舜服堯喪三年畢，將即政，故復至文祖廟告。謀政治於四岳，開闢四方之門未開者，廣致眾賢。廣視聽於四方，使天下無壅塞。咨亦謀也。所重在於民食，惟當敬授民時。（頁47）

第二、「格，至」、「咨」沒說明，《蔡傳》主張此說。《蔡傳》詮釋為：舜服堯喪三年畢將即政，故復至文祖廟告。舜既告廟即位，乃謀治於四岳之官，開四方之門，以來天下之賢俊，廣四方之視聽，以決天下之壅蔽。（頁8）

第三、「格，到」、「咨，啊」，《錢、江》主張此說。《錢、江》譯為：三年後正月的一個吉日，舜到了堯的太廟，與四方諸侯君長謀劃政事，打開明堂四門宣布政教，使四方見得明白真切，聽得清楚全面。「啊，十二州的君長！」（頁32）

第四、「格，祭祀」、「咨，訪問」，屈氏主張此說。屈氏譯為：正月吉日，舜在他的先祖廟舉行祭祀。訪問四方諸侯的領袖，打開四方的城門，對四方所見的更真切，對四方所聞的更周詳。又訪問十二位州長。（頁14）

「舜格于文祖」中，「舜」是主語，「于文祖」是賓語，「格」應該當動詞用，形成「主語＋動詞＋賓語」句式。《孔傳》、《蔡傳》解釋為「至」，《錢、江》解釋為「到」，屈氏解釋為「祭祀」都是動詞。「至」、「到」是古今語的不同，所以解釋《孔傳》、《蔡傳》、《錢、江》此句為「舜到祖廟」，而屈氏解釋「祭祀」是指舜祖廟做的事情，故從其《孔傳》、《蔡傳》、《錢、江》之說。

「咨！十有二牧」的「咨」應該為嘆詞。因為在今文《尚書》中，「咨！

汝羲暨和」（《虞夏書・堯典》）、「咨！四岳！」（《虞夏書・堯典》）、「咨！四岳！」（《虞夏書・舜典》）、「咨！汝二十有二人」（《虞夏書・舜典》），或是「俞咨！益」（《虞夏書・舜典》）、「俞咨！垂」（《虞夏書・舜典》）、「俞咨！禹」（《虞夏書・舜典》），不論「咨！」或是「俞咨！」都是後面接人名或官名，形成「咨！＋人名（官名）」或「俞咨！＋人名」，所以應該是對人或是對官員的呼叫，《孔傳》解釋為「謀也」、屈氏解釋為「訪問」都是當動詞用，似乎不妥。

（3）帝曰：「咨！汝二十有二人，欽哉！惟時亮天功。」（《虞夏書・舜典》）

按：此句「咨」是感嘆詞性非主謂句。「咨」是單詞獨立語。此段說明舜對二十二人勉勵，好好領導天下。

本段「時」、「亮」、「天功」有四種詮釋。

第一、「時，是」、「亮，信」、「天功，天下之功」，《孔傳》主張此說。《孔傳》詮釋為：禹、垂、益、伯夷、夔、龍六人新命有職，四岳、十二牧凡二十二人，特敕命之。各敬其職，惟是乃能信立天下之功。（頁47）

第二、「亮，相」、「天功，天事」，《蔡傳》主張此說。《蔡傳》詮釋為：二十二人，四岳九官十二牧也。既分命之，又總告之，使之各敬其職以，相天事也。（頁10）

第三、「時，善」、「亮，領導」、「天功，天下大事」，《錢、江》主張此說。《錢、江》譯為：舜帝說：「啊！你們二十二人，要謹慎啊！要好好領導天下大事啊！」（頁37）

第四、「時，時時」、「亮，輔導」、「天功，天意事功」，屈氏主張此說。屈氏譯為：天子說：「啊！你們這二十二個人，要謹慎呀！要時時率導著天意注定的事業。」（頁19）

「亮」是動詞，「天功」是賓語，所以「惟時」在此應該當主語。《錢、江》所解釋的「時，善也」，是情態副詞；屈氏所解釋的「時，時時」頻率副詞；《蔡傳》沒有解釋；《孔傳》認為「時，是」，而「惟時」就是「惟是」，也就是「惟此」，「此」為代詞，可以當主語，故此以《孔傳》較妥。

（二）猷

《說文》：「猷，玃屬。從犬酋聲」，《爾雅》說：「繇，於也」，「猷」有很

多意思。第一、謀略。例如,《周書・君陳》說:「嘉謀嘉猷。」第二、道理、法則。例如,《詩經・巧言》:「秩秩大猷,聖人莫之」〔註38〕鄭玄箋:「猷,道也。大道,治國之禮法」第三、功績,功業。例如,《宋史・英宗紀》說:「無所猷為」〔註39〕第三、蟲名。例如,《莊子・至樂》說:「黃軹生乎九猷」〔註40〕第四、通「猶」。還,還是。例如,《周書・秦誓》說:「尙猷詢茲黃髮」

(1)猷!大誥爾多邦,越爾御事。(《周書・大誥》)

按:此句「猷」是感嘆詞性非主謂句。「猷」是單詞獨立語。此段說明周公告知諸侯,國家將禍害不斷,面臨危機。

本段「猷」有兩種詮釋。

第一、「猷,道也」,《孔傳》、《孔疏》主張此說。《孔傳》詮釋為:周公稱成王命,順大道以誥天下眾國,及於禦治事者盡及之。《孔疏》詮釋為:「猷」訓道也,故云「順大道以告天下眾國」也。(頁190)

第二、「猷,發語辭也」,《蔡傳》、《錢、江》、屈氏主張此說。《蔡傳》詮釋為:猶《虞夏書》咨嗟之例,按《爾雅》猷訓最多,曰謀,曰言,曰已,曰圖,未知此何訓也。(頁82)《錢、江》譯為:啊!遍告你們各國諸侯和你們這些辦事大臣。(頁281)屈氏譯為:啊,我普遍地來告訴你們這許多諸侯之國,以及你們眾官員們。(頁90)

《孔傳》、《孔疏》主張「猷」是「道」的意思,乃是根據《大傳》云:「猷,大道」,古人之語多倒,猶《詩》稱「中穀」,穀中也。但在此「猷」是放在句首,應該是發語辭,無意義,今從《蔡傳》、《錢、江》、屈氏之說。

(2)猷!告爾多士。予惟時其遷居西爾。(《周書・多士》)

按:此句「猷」是感嘆詞性非主謂句。「猷」是單詞獨立語。此段是說明遷徙殷民是順從天命。「遷居西爾」可為「遷爾居西」。

本段「猷」有兩種詮釋。

第一、「猷,道也」,《孔傳》、《孔疏》主張此說。《孔傳》詮釋為:以道告汝眾士,我惟汝未達德義,是以徙居西汝於洛邑,教誨汝。《孔疏》詮釋為:「猷」訓道也,故云「以道告汝眾士」。上言「惟是」,不言其故,故傳辨之,

---

〔註38〕〔清〕阮元刻本:《十三經注疏詩經・巧言》(台北:藝文印書館,1955年),頁420。

〔註39〕〔元〕脫脫:《宋史・英宗紀》(台北:鼎文書局,1978年),頁260。

〔註40〕〔周〕莊周:《莊子・齊物論》(北京:中華書局,1995年),頁623。

惟是者，未達德義也。遷使居西，正欲教以德義，是以徙居西汝置於洛邑，近於京師教誨汝也。從殷洛，南行而西回，故爲「居西」也。（頁238）

第二、「猷，發語辭也」，《錢、江》、屈氏主張此說。《錢、江》譯爲：啊！告訴你們眾官員，我將把你們遷居西方。（頁356）屈氏譯爲：嗯，告訴你們這些殷的眾官員們。我於是就把你們遷到西方來。（頁134）

《蔡傳》詮釋爲：時，是也。指上文殷大戾而言。謂惟是之故，所以遷居西爾。（頁103）

《蔡傳》無有詮釋，此例如上例：「猷！大誥爾多邦，越爾御事」，「猷」應該是句首語助詞。

（3）猷！告爾四國多方，惟爾殷侯尹民。（《周書・多方》）

按：此句「猷」是感嘆詞性非主謂句。「猷」是單詞獨立語。此段說明周公以成王之命告誡四方諸侯。

本段「尹民」有三種詮釋。

第一、「尹民，正民」，《孔傳》、《孔疏》主張此說。《孔傳》詮釋爲：周公以王命順大道，告四方。稱周公，以別王自告。殷之諸侯王民者，我大降汝命，謂誅紂也。言天下無不知紂暴虐以取亡。《孔疏》詮釋爲：成王新始即政，周公留而輔之。「猷」，道也，周公以王命順大道告四方也。既言「四國」，又言「多方」，見四方國多也。諸侯爲民之主，民所取正，故謂之「正民」。民以君爲命，死生在君，天下之命，在於一人紂，言我大黜下汝之民命，正謂武王誅紂也。言天下無不知紂以暴虐取亡，欲使思念之，令其心棄殷而慕周也。（頁255）

第二、「尹民，殷民」，《蔡傳》、屈氏主張此說。《蔡傳》詮釋爲：成王滅奄之後，告諭四國殷民，而因以曉天下也。所主殷民，故又專提殷侯之正民者告之，言殷民罪應誅戮，我大降宥爾命，爾宜無不知也。（頁112）屈氏譯爲：嗯，告訴你們天下眾國家，以及你們這些殷國諸侯治理之下的民眾們。（頁134）

第三、「尹民，官員」，《錢、江》主張此說。《錢、江》譯爲：啊！告訴你們四國、各國諸侯以及你們眾諸侯國治理百姓的官員們。（頁389）

「尹」有很多解釋：第一、治理。例如，《左傳・定四年》曰：「故周公相王室，以尹天下」；〔註41〕第二、古代官吏的統稱。例如，《書・益稷》曰：

〔註41〕〔清〕阮元刻本：《十三經注疏左傳・定四年》（台北：藝文印書館，1955年），

「庶尹允諧」；第三、正，方正。例如，《禮記・曲禮》曰：「凡祭宗廟之禮……脯曰尹祭。」〔註42〕

從今文《尚書》中，「尹」跟很多官職並稱，如：「司徒、司馬、司空、亞旅、夷、微、盧、烝、三亳、阪、尹」（《周書・立政》）、「司徒、司馬、司空、尹、旅。」（《周書、梓材》）、「越在外服，侯、甸、男、衛、邦伯；越在內服，百僚、庶尹、惟亞、惟服、宗工，越百姓里居，罔敢湎于酒；不惟不敢，亦不暇。」（《周書・酒誥》），所以「尹」應該是「官員」的意思，故從《錢、江》之說。

（三）嗟

《說文》並沒有對「嗟」解釋。「嗟」有幾種意思。第一、表示悲歎，歎惜的語氣。例如，《易經・離》說：「大耋之嗟。」〔註43〕第二、表示贊美的語氣。例如，《史記・絳侯周勃世家》：「嗟乎，此眞將軍矣！」〔註44〕第三、歎詞。例如，《詩經・陟岵》說：「嗟！予子行役。」〔註45〕

（1）公曰：「嗟！人無譁，聽命！」（《周書・費誓》）

按：此句「嗟」是感嘆詞性非主謂句。「嗟」是單詞獨立語。此段說明魯公向民眾發出戰爭動員令。

魯公伯禽帶什麼人去打仗？有三種詮釋。

第一、「人」，《孔傳》、《蔡傳》沒有解釋。《孔傳》詮釋爲：伯禽爲方伯，監七百里內之諸侯，帥之以征。歎而敕之，使無喧譁，欲其靜聽誓命。（頁311）《蔡傳》詮釋爲：漢孔氏曰，徐戎淮夷並起寇魯，伯禽爲方伯，帥諸侯之師以征，歎而敕之，使無喧譁，欲其靜聽誓命，蘇氏曰，淮夷叛已久矣，及伯禽就國，又脅徐戎並起，故曰徂茲淮夷徐戎並興，徂茲者猶曰往者云。（頁137）

頁 946。

〔註42〕〔清〕阮元刻本：《十三經注疏禮記・曲禮》（台北：藝文印書館，1955年），頁 97。

〔註43〕〔清〕阮元刻本：《十三經注疏易經・離》（台北：藝文印書館，1955年），頁 74。

〔註44〕〔漢〕司馬遷：《史記・絳侯周勃世家》（台北：鼎文書局，1981 年），頁 2074。

〔註45〕〔清〕阮元刻本：《十三經注疏詩經・陟岵》（台北：藝文印書館，1955年），頁 208。

第二、「人，大家」，《錢、江》主張此說。《錢、江》譯爲：公說：「喂！大家不要喧嘩，聽從命令。」（頁477）

第三、「人，你們這些人」，屈氏主張此說。屈氏譯爲：（魯僖）公說：「唉！你們這些人不要吵鬧，來聽從我的命令！」（頁173）

是什麼人去打仗？鄭云：「人謂軍之士眾及費地之民。」正義曰：下云「魯人三郊三遂」，指言『魯人』，明於時軍內更有諸侯之人，故知帥七百裏內諸侯之人，以之共征也。案下句令填塞坑阱，必使軍旁之民塞之，或當如鄭言也。

又按，淮夷叛已久又徐戎並起，故魯公伯禽率師征伐。而伯禽爲什麼可以征伐？《禮》諸侯不得專征伐，惟州牧於當州之內有不順者，得專征之。於時伯禽爲方伯，監七百里內之諸侯，故得帥之以征戎夷。《禮記・王制》云：「千里之外，設方伯。」〔註46〕以八州八伯，是州別立一賢侯以爲方伯，即《周禮・大宗伯》云：「八命作牧」〔註47〕是也。《禮記・明堂位》云：「封周公於曲阜，地方七百里。」〔註48〕孔意以周之大國不過百裡，《禮記・明堂位》云：「七百里」者，監此七百里內之諸侯，非以七百里地並封伯禽也。」〔註49〕

（2）公曰：「嗟！我士！聽無譁！予誓告汝群言之首。（《周書・秦誓》）

按：此句「嗟」是感嘆詞性非主謂句。「嗟」是單詞獨立語。此段說明秦穆公對將士說話，要他們安靜聽從誓言。

此段「群言之首」有四種解釋。

第一、「群言之首，總言之本要」，《孔傳》、《孔疏》主張此說。《孔傳》詮釋爲：誓其群臣，通稱士也。總言之本要。《孔疏》詮釋爲：「士」者，男子之大號，故群臣通稱之。鄭云：「誓其群臣，下及萬民，獨云士者，舉中言之。」（頁314）「總言之本要」即誓言中最核心的話。

第二、「群言之首，首之爲言」，《蔡傳》主張此說。《蔡傳》詮釋爲：首之爲言，第一義也。將舉古人之言，故先發此。（頁138）

〔註46〕〔清〕阮元刻本：《十三經注疏禮記・王制》（台北：藝文印書館，1955年），頁215。

〔註47〕〔清〕阮元刻本：《十三經注疏周禮・大宗伯》（台北：藝文印書館，1955年），頁273。

〔註48〕〔清〕阮元刻本：《十三經注疏禮記・明堂位》（台北：藝文印書館，1955年），頁575。

〔註49〕同上註。

第三、「群言之首，重要的話要告誡你們」，《錢、江》主張此說。《錢、江》譯為：公說：「我的官員們，聽著，不要喧嘩！我有重要的話要告誡你們。」（頁 483）

第四、「群言之首，告訴你們許多話的要點」，屈氏主張此說。譯為：公說：「唉！我的官員們！你們聽著，不要喧嘩！我現在來告訴你們許多話的要點。」（頁 188）

「予誓告汝群言之首」，「予誓」當主語，指我誓師發表的文告；「告」當動詞；「汝」當賓語；「群言之首」當補語。「群言之首」後面接的是「古人有言曰：『民訖自若是多盤。責人斯無難；惟受責俾如流，是惟艱哉。』」所以應該是「總言之本要」、「首之為言，第一義也。」、「重要的話要告誡你們。」，而不是屈氏所說的「告訴你們許多話的要點」，故從《孔傳》、《孔疏》、《蔡傳》之說。

（3）王曰：嗟！四方司政典獄。（《周書·呂刑》）

按：此句「嗟」是感嘆詞性非主謂句。「嗟」是單詞獨立語。此段說明穆王召告四方的諸侯。

此段關鍵在「四方司政典獄」到底幾種身分？有一種身分說法，有兩種身分說法。

第一、一種身分說法，指主政諸侯，《孔傳》、《蔡傳》、《錢、江》贊成此說。《孔傳》詮釋為：主政典獄，謂諸侯也。（頁 299）《蔡傳》詮釋為：司政典獄，漢孔氏曰，諸侯也。為諸侯主刑獄而言，非爾諸侯為天牧養斯民乎？為天牧民，則今爾何所監懲，所當監者非伯夷乎？所當懲者，非有苗乎？伯夷布刑以啟迪斯民，捨皋陶而言伯夷者，探本之論也。（頁 134）《錢、江》譯為：王說：「啊！四方的諸侯們。」（頁 462）

第二、兩種身分說法，指主政的人和刑獄的官員，屈氏贊成此說。屈氏譯為：王說：「唉！你們四方管理政治的人和主持刑獄的官員們。」（頁 179）

第一種將「四方司政典獄」只是一種主政諸侯身分，是將「四方」當狀語，修飾後面名詞短語的「司政典獄」。第二種說「四方司政典獄」是主政的人和刑獄的官員兩種身分，是將「四方」和「司政典獄」當作並列短語。根據後文是「非爾惟作天牧？今爾何監，非時伯夷播刑之迪？其今爾何懲？」，「四方司政典獄」應該是指「四方的司政典獄者」，所以從《孔傳》、《蔡傳》、《錢、江》之說。

（四）吁

《說文》：「吁，驚也。從口于聲。」，「吁」有多種意思：第一、歎詞。例如，《周書・呂刑》說：「王曰：吁！來，有邦有土，告爾祥刑。」第二、歎息。例如，李白《古風》詩說：「懷寶空長吁。」〔註50〕第三、憂愁。例如，《詩經・卷耳》說：「云何吁矣！」〔註51〕第四、通「盱」。喜悅貌。例如，《大戴禮記・四代》說：「子吁焉其色。」〔註52〕

（1）吁！來！有邦有土，告爾祥刑。（《周書・呂刑》）

按：此句「吁」是感嘆詞性非主謂句。「吁」是單詞獨立語。此段說明周穆王告誡諸侯國君和大臣善刑對待百姓。

此段「祥刑」有四種解釋。

第一、「祥刑，善用刑之道」，《孔傳》、《孔疏》主張此說。《孔傳》詮釋為：吁，歎也。有國土諸侯，告汝以善用刑之道。馬作于；于，於也。（頁300）《孔疏》詮釋為：吁，歎聲也。王嘆而呼諸侯曰：吁！來！有邦國有土地諸侯國君等，告汝以善用刑之道。

第二、「祥刑，刑期無刑」，《蔡傳》主張此說。《蔡傳》詮釋為：有民社者，皆在所告也。夫刑，兇器也。而謂之祥者，刑期無刑，民協於中，其祥莫大焉。（頁134）

第三、「祥刑，善刑」，《錢、江》主張此說。《錢、江》譯為：嗯！過來吧！諸侯國君和各位大臣，我告訴你們善刑。（頁467）

第四、「祥刑，良善的刑法」，屈氏主張此說。屈氏譯為：唉！過來！你們這些有國家有土地的人們，（我來）告訴你們良善的刑法。（頁181）

「告爾祥刑」語法中，主語省略，「告」是動詞，「爾祥刑」是主謂短語當謂語。「爾」是小主語，「祥」是形容詞，「刑」是名詞，所以從屈氏之說。

（五）嗚　呼

《說文》云：「烏，孝鳥也。象形。取其助氣，故以為烏呼。凡烏之屬皆從烏。」《說文》云：「呼，外息也。從口乎聲。」

〔註50〕〔清〕乾隆編《全唐詩》（北京：中華書局，1985年），5冊161卷，頁1679。

〔註51〕〔清〕阮元刻本：《十三經注疏詩經・卷耳》（台北：藝文印書館，1955年），頁30。

〔註52〕〔漢〕戴德：《大戴禮記・四代》（台北：台灣商務印書館，1989年5月），頁342。

（1）嗚呼！今予告汝不易：永敬大恤，無胥絕遠；（《商書·盤庚中》）

按：此句「嗚呼」是感嘆詞性非主謂句。「嗚呼」是複詞獨立語。此段說明盤庚遷殷民所發布的命令。

此段「不易」有兩種詮釋。

第一、「不易，難也」，《孔傳》、《孔疏》、《蔡傳》、屈氏主張此說。《孔傳》詮釋爲：凡所言皆不易之事。長敬我言，大憂行之，無相與絕遠棄廢之。《孔疏》詮釋爲：此「易」讀爲「難易」之「易」，「不易」言其難也。（頁132）《蔡傳》詮釋爲：告汝不易，即上篇告汝於難之意，大恤，大憂也。今我告汝以遷都之難，汝當永敬我之所大憂念者，君民一心，然後可以有濟，苟相絕遠而誠不屬，則殆矣。（頁57）屈氏譯爲：唉！現在我告訴你們（國運）是不容易（維持）的：你們要永遠謹慎於大的可憂的事情，不要互相疏遠。（頁61）

第二、「不易，不輕舉」，《錢、江》主張此說。《錢、江》譯爲：啊！現在我告訴你們：不要輕舉妄動！要永遠重視大的憂患，不要互相疏遠！（頁185）

《孔傳》、《孔疏》、《蔡傳》、屈氏主張「不易，難也」，王肅云：「告汝以命之不易。」亦以「不易」爲難。但是鄭玄卻云：「我所以告汝者不變易，言必行之。」謂盤庚自道己言必不改易，也就是不改變。與《孔傳》、《孔疏》等詮釋相異。

根據語法分析，「今予告汝不易」中，「今」是時間名詞；「予」是主語；「告」是動詞；「汝」是賓語；「不易」是補語，補充說明「告汝」。若從單詞將「不易」解釋爲「難也」、「不輕舉」、「不改變」意思都可以。但若從上下文來看，「不易」解釋爲「難也」似乎較妥。

根據「今予告汝不易」之前文，有云：「今予將試以汝遷，安定厥邦。汝不憂朕心之攸困，乃咸大不宣乃心，欽念以忱」，「攸困」就是「所困」，即「所困難事情」。又「不知天命不易、天難諶」（《周書·君奭》）中，將「天命不易」、「天難」並列，故可以證明，「不易」解釋爲「難」較恰當。

（2）嗚呼！邦伯、師長、百執事之人，尚皆隱哉。（《商書·盤庚下》）

按：此句「嗚呼」是感嘆詞性非主謂句。「嗚呼」是複詞獨立語。此段是盤庚向各大臣說明審慎處理對待百姓。

此段「隱」有四種詮釋。

第一、「隱，隱括」，《孔傳》主張此說。《孔傳》詮釋爲：國伯，二伯及州牧也。眾長，公卿也。言當庶幾相隱括共爲善政。「隱」謂隱審也。幸冀相與隱審檢括，共爲善政，欲其同心共爲善也。「隱括」必是舊語，不知本出何書。何休《公羊序》云：「隱括使就繩墨焉。」（頁134）

第二、「隱，痛也」，《蔡傳》主張此說。《蔡傳》詮釋爲：隱，痛也。盤庚復歎息言爾諸侯公卿，百執事之人，庶幾皆有所隱痛於心哉。（頁58）

第三、「隱，考慮」，《錢、江》主張此說。《錢、江》譯爲：啊！各位諸侯、各位官長以及全體官員，希望你們都考慮考慮！（頁189）

第四、「隱，度量」，屈氏主張此說。屈氏譯爲：唉！各國的首長，眾官長、以及所有的官員們，可都要度量度量啊。（頁64）

「尚皆隱哉」中，「尚」是祈使語氣；「皆」是副詞，故後面「隱」應該作動詞解釋。「隱」《孔傳》將「隱」解釋爲「隱括」、「隱審檢括」也就是有「繩墨」、「法度」、「規矩」的意思，如，《抱朴子外篇・崇教》云：「驅之於直道之上，斂之乎檢括之中」，〔註53〕「檢括」就是「規矩」的意思。《錢、江》將「隱」解釋爲「考慮」，屈氏將「隱」解釋爲「度量」，也就是有「思考」、「審度」的意思，如，《禮記・少儀》云：「隱情以虞」。〔註54〕《蔡傳》將「隱」解釋爲「痛也」，也就是有「痛苦」的意思，如，《國語・周語》云：「勤恤民隱」。〔註55〕故在此採取《錢、江》、屈氏之「思考」、「審度」說。

（3）嗚呼！天明畏，弼我丕丕基。（《周書・大誥》）

按：此句「嗚呼」是感嘆詞性非主謂句。「嗚呼」是複詞獨立語。此段說明周公勸導大臣順從天意東征。

此段「天明畏」有兩種詮釋。

第一、「天明畏，天之明命可畏」，《孔傳》、《蔡傳》、《錢、江》主張此說。《孔傳》詮釋爲：歎天之明德可畏，輔成我大大之基業。言卜不可違也。（頁192）《蔡傳》詮釋爲：今天相佑斯民，避凶趨吉，況亦惟卜是用，是上而先

〔註53〕〔東晉〕葛洪：《抱朴子外篇・崇教》（北京：中華書局，1991年12月），頁155。
〔註54〕〔清〕阮元刻本：《十三經注疏禮記・少儀》（台北：藝文印書館，1955年），頁634。
〔註55〕〔春秋〕左丘明：《國語・周語》（台北：里仁書局，1980年），頁3。

王，下而小民，莫不用卜，而我獨可廢卜乎？故又歎息，言天之明命可畏如此，是蓋輔成我丕丕基業，其可違也。（頁 84）《錢、江》譯爲：唉！天命可畏，輔助我們偉大的事業吧！（頁 284）

第二、「明，顯揚善人；畏，懲罰惡人」，屈氏主張此說。屈氏譯爲：唉！老天是顯揚善人懲罰惡人的，它將會輔助我們這偉大的王業。（頁 93）

《孔傳》、《蔡傳》、《錢、江》將「天明畏」解釋爲「天之明命可畏」，是將「天明」名詞短語，作主語，解釋爲「天之明命」、「天命」；「畏」動詞作謂語。而屈氏將「天明畏」解釋爲「明，顯揚善人；畏，懲罰惡人」，是將「天」單詞作主語，「明」、「畏」是並列名詞，作謂語。兩者說法都是「主語＋謂語」，只是構成句子的成分不同。

故「天明畏」一句，到底應該將「天明」名詞短語，作主語，還是「天」單詞做主語，關鍵就在「明」字，該上讀，與主語相結合，還是下讀與謂語相並列？從兩點來說明：

第一、「明畏」應該是謂語。考察「天明畏」今文《尚書》中，「天明畏」共出現三次，另外兩次是：「天聰明，自我民聰明；天明畏，自我民明威。」（《虞夏書・皋陶謨》）、「惟帝不畀，惟我下民秉爲，惟天明畏。」（《周書・多士》），「天聰明」與「天明畏」既然相對，所以「聰明」、「明畏」相對，「明畏」應該是謂語。

第二、「天」單詞做主語。「明畏」就是「明威」，今文《尚書》中「明威」共出現兩次，除了「天明畏，自我民明威」（《虞夏書・皋陶謨》）中，「明畏」就是「明威」對舉，另外一次是：「我有周佑命，將天明威，致王罰」（《周書・多士》）。而古文《尚書》中，「將天命明威，不敢赦」（《商書・湯誥》），就是將「天」明確說爲「天命」，故不應該將「天明」作爲「天命」。尤其今文《尚書》中，「天命」一詞，非常普遍，例如：「天命有德」（《虞夏書・皋陶謨》）、「恪謹天命」（《商書・盤庚上》）、「矧曰其有能格知天命？」（《周書・大誥》）、「天命不僭」（《周書・大誥》）、「亦惟助王宅天命，作新民」（《周書・康誥》）、「奉答天命」（《周書・洛誥》）、「時惟天命」（《周書・多士》）、「天命自度」（《周書・無逸》）、「爾乃不大宅天命」（《周書・多方》）、「爾尚敬逆天命」（《周書・呂刑》）等等，共有九篇章出現「天命」。古文《尚書》中也出現很多次，如，《周書・武成》、《周書・泰誓》、《商書・湯誥》、《商書・仲虺之誥》等。故從屈氏之說。

（4）嗚呼！封。汝念哉！今民將在祗遹乃文考，紹聞衣德言，往敷
　　求于殷先哲王，用保乂民。（《周書・康誥》）

　　按：此句「嗚呼」是感嘆詞性非主謂句。「嗚呼」是複詞獨立語。此段說
明周公告誡康叔追隨文王德政，並聽取百姓意見。

　　此段「乂民」有兩種詮釋。

　　第一、「乂民，安治民」，《孔傳》、《孔疏》主張此說。《孔傳》詮釋爲：
念我所以告汝之言。今治民將在敬循汝文德之父，繼其所聞，服行其德言，
以爲政教。汝往之國，當布求殷先智王之道，用安治民。《孔疏》詮釋爲：「繼
其所聞，服行其德言」者，謂文王先有所聞善事，今令康叔繼續其文王所聞
善事，被服而施行其德言，以爲政教也。（頁 201）

　　第二、「乂民，保養百姓」，《錢、江》、屈氏主張此說。《錢、江》譯爲：
唉！封，你要考慮啊！現在殷民將觀察你恭敬地追隨文王努力聽取殷人的好
意見。你去殷地，要遍求殷代聖明先王用來保養百姓的方法。（頁 298）屈氏
譯爲：唉！封。你要考量呀！現在所要勉勵的在於恭敬地追述（繼承）你的
先父，明審地聽取殷代有德行者的言論，去普遍地循求殷代已故的明智帝王
（的政教），來保養百姓們。（頁 98）

　　《蔡傳》並沒有對「乂」詮釋，而「乂」一般有治理、安定的意思，如：
《大戴禮記・曾子立事》云：「戰戰惟恐不能乂」，張衡《東京賦》：「區宇乂
寧」。故《孔傳》、《孔疏》也詮釋爲「安治」的意思。而《錢、江》、屈氏將
「乂」詮釋爲「保養」，乃是認爲「乂」與「艾」古通用，《爾雅・釋詁》云：
「艾，養也」。

　　「乂」在今文《尚書》中，有明顯解釋爲「治理」，如：「浩浩滔天。下
民其咨，有能俾乂？」（《虞夏書・堯典》）、「海、岱及惟徐州：淮、沂其乂」
（《虞夏書・禹貢》）、「荊及衡陽惟荊州：江、漢朝宗于海，……雲土夢作乂。」
故《錢、江》、屈氏藉由訓詁，認爲是「保養百姓」，意思雖妥，但是還是從
其《孔傳》、《孔疏》之說。

（5）嗚呼！君子所其無逸。（《周書・無逸》）

　　按：此句「嗚呼」是感嘆詞性非主謂句。「嗚呼」是複詞獨立語。此段說
明告誡君子不可以貪圖享樂。

　　此段「君子」、「所」有三種詮釋。

　　第一、「君子，有德的人」、「所，處所也」，《孔傳》、《孔疏》、《蔡傳》主

張此說。《孔傳》詮釋爲：歎美君子之道，所在念德，其無逸豫。君子且猶然，況王者乎？《孔疏》詮釋爲：周公意重其事，故歎而爲言。「君子」者，言其可以君正上位，子愛下民，有德則稱之，不限貴賤。君子之人，念德不怠，故「所在念德，其無逸豫」也。（頁240）《蔡傳》詮釋爲：所，猶處所也。君子以無逸爲所動靜食息無不在是焉，作輟則非所謂所矣。（頁104）

第二、「君子，沒有翻譯」、「所，所居官」，《錢、江》主張此說。《錢、江》譯爲：唉！君子做官不可貪圖安逸享樂。（頁360）

第三、「君子，有官位的人」、「所，語詞」，屈氏主張此說。屈氏譯爲：唉！在官位的人可不要享樂呀。（頁136）

鄭云：「嗚呼者，將戒成王，欲求以深感動之。」是欲深感成王，故「歎美君子之道」。鄭又云：「君子止謂在官長者。所，猶處也。君子處位爲政，其無自逸豫也。」下文「則知小人之依」，「小人」是指百姓，故此「君子」應該是指有官位的人。

（6）嗚呼！君！肆其監于茲。我受命無疆惟休，亦大惟艱。（《周書‧君奭》）

按：此句「嗚呼」是感嘆詞性非主謂句。「嗚呼」是複詞獨立語。此段說明周公希望召公同心協力輔佐成王。

此段「休」有兩種詮釋。

第一、「休，美也」，《孔傳》、《蔡傳》主張此說。《孔傳》詮釋爲：以朝臣無能立功至天，故其當視於此，我周受命無窮惟美，亦大惟艱難，不可輕忽，謂之易治。（頁248）《蔡傳》詮釋爲：周公歎息，欲召公大監視上文所陳也。我文武受命，固有無疆之美矣。然迹其積累締造，蓋亦艱難之大者，不可不相與竭力保守之也。（頁109）

第二、「休，喜慶」，《錢、江》、屈氏主張此說。《錢、江》譯爲：唉！您現在應該看到這一點！我們接受的大命，有無限的喜慶，也有無窮的艱難。（頁376）屈氏譯爲：唉，君！對上述這些話，你要加以正視。我們周人接受了國運，是無窮無盡的吉祥，也是非常重大的艱難。（頁146）

《錢、江》、屈氏主張「休」是「喜慶」的意思，乃是根據《爾雅‧釋言》云：「休，慶也。」而《孔傳》解釋「無疆」是「無窮」，也就是「無止境」、「無窮盡」的意思，如《詩經‧七月》云：躋彼公堂，稱彼兕觥：「萬

壽無疆」，〔註56〕故「無疆惟休」就是「無窮無盡之美」，《商書・太甲》也云：「實萬世無疆之休」。

根據語法分析「我受命無疆惟休，亦大惟艱」，「我」是主語，「受」是動詞，「命」是賓語，「無疆惟休」、「亦大惟艱」是補語，說明「命」的情形。「無疆」就是「大」。「惟」《經傳釋詞》有九種解釋：第一、「惟，發語詞也」；第二、「句中助語」；第三、「惟，獨也」；第四、「惟，有也」；第五、「惟猶乃也」；第六、「惟、是也」；第七、「惟、爲也」；第八、「惟猶以也」；第九、「惟猶與也、及也。」（見附錄「惟」），在這邊「惟」當「句中助語」。「艱」是艱難，所以「休」應當是「美好」。

（7）嗚呼！君！惟乃知民德，亦罔不能厥初，惟其終。（《周書・君奭》）

按：此句「嗚呼」是感嘆詞性非主謂句。「嗚呼」是複詞獨立語。此段說明周公跟召公做任何事情要善終。

此段「終」有兩種詮釋。

第一、「終，愼終」，《孔傳》、《孔疏》、《蔡傳》主張此說。《孔傳》詮釋爲：惟汝所知民德，亦無不能其初，鮮能有終，惟其終則惟君子。戒召公以愼終。《孔疏》詮釋爲：正義曰：《詩》云：「靡不有初，鮮克有終。」是凡民之德，無不能其初，少能有終者。凡民皆如是，有終則惟君子。蓋召公至此已說，恐其不能終善，故戒召公汝愼終也。（頁249）《蔡傳》詮釋爲：民德，謂民心之嚮順，亦罔不能其初，今日固罔尤違矣，當思其終，則民之難保者，尤可畏也。（頁110）

第二、「終，善終」，《錢、江》、屈氏主張此說。《錢、江》譯爲：唉！君奭啊！您知道老百姓的行爲，開始時沒有不好好幹的，我們要做到善終。（頁378）屈氏譯爲：唉，君呀！你是知道民眾的性情行爲的，他們開始沒有不好的，只看他們有沒有好的結果。（頁148）

《孔傳》、《孔疏》、《蔡傳》將「終」解釋爲「愼終」指「有頭有尾、有始有終」；《錢、江》、屈氏將「終」解釋爲「善終」，指有「美滿的結局」。故謹愼的有始有終，與美滿的結局的意思，都妥。

〔註56〕〔清〕阮元刻本：《十三經注疏詩經・七月》（台北：藝文印書館，1955年），頁39。

（8）嗚呼！多士！爾不克勸忱我命，爾亦則惟不克享，凡民惟曰不
　　享。（《周書・多方》）

按：此句「嗚呼」是感嘆詞性非主謂句。「嗚呼」是複詞獨立語。此段說明周成王要大臣們聽從天命，百姓也才會認同他們的官位。

此段「不享」有四種詮釋。

第一、「不享，不能享天祚」，《孔傳》主張此說。《孔傳》詮釋為：王歎而言曰，眾士汝不能勸信我命，汝亦則惟不能享天祚矣。凡民亦惟曰不享，於汝祚矣。《孔疏》詮釋為：勸信我命，勸勉而信順之凡民，亦惟曰不享於汝祚矣，言民亦不願汝之子孫長久矣。（頁259）

第二、「不享，不能享上」，《蔡傳》主張此說。《蔡傳》詮釋為：誥告將終，乃歎息言爾多士如不能相勸信我之誥命，爾亦則惟不能享上，凡爾之民，亦惟曰上不必享矣。（頁115）

第三、「不享，不能享有祿位」，《錢、江》主張此說。《錢、江》譯為：唉！官員們，如果你們不能努力信從我的教命，你們也就不能享有祿位，老百姓也將認為你們不能享有祿位。（頁395）

第四、「不享，享受安樂」，屈氏主張此說。屈氏譯為：唉！（你們）眾官員們！你們若不能勉力地信賴我的命令，你們就不能享受安樂，民眾們也就不能享受安樂了。（頁155）

「享」有很多意思。第一、進貢，進獻。如，《詩經・殷武》云：「自彼氐羌，莫敢不來享。」〔註57〕如，《禮記・曲禮》云：「五官致貢，曰享。」〔註58〕第二、祭祀，供奉。如，《新唐書・禮樂志一》云：「孟春吉亥，享先農，遂以耕籍。」〔註59〕第三、受用，擁有。如，《左傳・僖三三年》云：「保君父之命，而享其生祿。」〔註60〕

今文《尚書》兩篇提及「不享」一詞，除了《周書・多方》，另外一篇是「汝其敬識百辟享，亦識其有不享。享多儀；儀不及物，惟曰不享。惟不役志于享。

〔註57〕〔清〕阮元刻本：《十三經注疏詩經・殷武》（台北：藝文印書館，1955年），頁800。

〔註58〕〔清〕阮元刻本：《十三經注疏禮記・曲禮》（台北：藝文印書館，1955年），頁80。

〔註59〕〔北宋〕歐陽修、宋祈：《新唐書・禮樂志一》（台北：鼎文書局，1976年），頁310。

〔註60〕〔清〕阮元刻本：《十三經注疏左傳・僖三三年》（台北：藝文印書館，1955年），頁250。

凡民惟曰不享，惟事其爽侮。」（《周書‧洛誥》）。古文《尚書》也云：「郊社不修，宗廟不享，作奇技淫巧以悅婦人。」（《周書‧泰誓》）《周書‧洛誥》、《周書‧泰誓》中的「享」或「不享」，「享」字都當「進貢」。但《周書‧多方》此句「享」字都當「進貢」似乎不妥。四家詮釋之意義，也可再商榷。

三、表讚美之詞

（一）於

（1）於！予擊石拊石，百獸率舞，庶尹允諧。（《虞夏書‧益稷》）

按：此句「於」是感嘆詞性非主謂句。「於」是單詞獨立語。此段說明廟堂祭祀百獸跳舞，群臣同樂的情形。

《孔疏》詮釋為：上云「祖考來格」，此言眾正官治，言神人洽，樂音和也。此篇初說用臣之法，末言樂音之和，言其「始用任賢，立政以禮，治成以樂，所以得致太平」，解史錄夔言之意。

《孔傳》詮釋為：尹，正也，眾正官之長。信皆和洽，言神人治。始於任賢，立政以禮，治成以樂，所以太平。（頁73）《蔡傳》詮釋為：石，磬也。重擊曰擊，輕擊曰拊。尹，正也庶尹者，眾百官府之長也。允諧者，信皆和諧也。庶尹諧則人無不和可知矣。（頁21）《錢、江》譯為：唉！我輕敲重擊著石磬，扮演著百獸的舞隊都跳起舞來，各位官長也合著樂曲一同跳起來吧。（頁69）屈氏譯為：啊！我重重地敲打石磬，各種獸類都舞蹈起來，眾官長都真能融洽了。（頁30）

敲打音樂為什麼特別強調「磬」呢？根據《蔡傳》詮釋：磬有大磬，有編磬，有歌磬，磬有大小，故擊有輕重。八音獨言石者，蓋石音屬角，最難諧和。《記》曰，磬以立辨，夫樂以合為主，而石聲獨立辨者，以其難和也。石聲既和，則金絲竹匏土革木之聲，無不和者矣。《詩》曰，既和且平，依我磬聲，則知言石者，總樂之和而言之也。或曰玉振之也者，終條理之事，故舉磬以終焉。從以上得知，「磬」是最難和樂的。又此言百獸者，《考工記》曰，天下大獸五，脂者，膏者，臝者，羽者，鱗者羽，鱗總可謂之獸也。百獸舞，則物無不和可知矣，（頁21）

（2）於！予擊石拊石，百獸率舞。（《虞夏書‧舜典》）

按：此句「於」是感嘆詞性非主謂句。「於」是單詞獨立語。此段說明夔

敲打石磬，各種獸類都舞蹈起來。

此段在說明「擊石拊石」到底有沒有不同？

第一、「擊和拊」相同，《孔傳》、《錢、江》主張此說。《孔傳》詮釋為：石，磬也。磬，音之清者。拊亦擊也。舉清者和則其餘皆從矣。樂感百獸，使相率而舞，則神人和可知。（頁 46）《錢、江》譯為：啊！我敲擊著石磬，使各種獸類都依著音樂起舞吧。（頁 36）

第二、「擊和拊」不相同，《孔疏》、屈氏主張此說。《孔疏》詮釋為：樂器惟磬以石為之，故云：「石，磬也。」八音之音石磬最清，故知磬是音之聲清者。磬必擊以鳴之，故云拊亦擊之。重其文者，擊有大小，「擊」是大擊，「拊」是小擊。音聲濁者粗，清者精，精則難和，舉清者和，則其餘皆從矣。（頁 46）屈氏譯為：啊！我重重地敲打石磬，我又輕輕地敲打石磬，連各種獸類都舞蹈起來了。（頁 19）

「擊石拊石」到底有沒有不同？根據上一句例證，「擊石拊石」是不同的，因為「磬」有「大磬」、「小磬」之別，同理，雖是敲擊，也有輕重之不同。

（二）吁

（1）吁！臣哉鄰哉！鄰哉臣哉！（《虞夏書・益稷》）

按：此句「吁」是感嘆詞性非主謂句。「吁」是單詞獨立語。此段說明舜對禹說他是最好的左右手。

《孔傳》詮釋為：鄰，近也。言君臣道近，相須而成。《孔疏》詮釋為：禹言君當好善，帝言須得臣力，再言鄰哉，言君臣之道當相須而成，（頁 67）《蔡傳》詮釋為：鄰，左右輔弼也。臣以人言，鄰以職言。帝深感上文弼直之語，故曰吁，臣哉鄰哉，鄰哉臣哉，反復歎詠，以見弼直之義，如此其重而不可忽禹即俞而然之也。（頁 18）《錢、江》譯為：唉！你就是我最親近的人！我最親近的人就是你！（頁 65）屈氏譯為：臣子就是鄰人！鄰人就是臣子。（頁 27）

沈丹蕾〈試論今文《尚書》的嘆詞〉一文，[註61] 以為「吁！臣哉鄰哉！鄰哉臣哉！」是加強慨嘆。筆者認為是讚美之詞，因為《周禮》云：「五家為

〔註61〕同註 24，頁 158～161。

鄰」，取相近之義，故「鄰」爲近也。鄭玄云：「臣哉，汝當爲我鄰哉！鄰哉，汝當爲我臣哉！反覆言此，欲其志心入禹。」《蔡傳》云：「帝深感上文弼直之語，故曰吁。」「吁」在「哉」表感嘆的句子之前，使感慨的語氣更強。此段是舜和禹討論做君臣的道理，下文接著說：「帝曰：『臣作朕股肱耳目：予欲左右有民，汝翼。予欲宣力四方，汝爲。』舜對禹說，你是我的得力助手，我想幫助百姓，你輔佐我；我想花力氣治理好四方，你幫助我。所以「吁！臣哉鄰哉！鄰哉臣哉！」，是讚美禹是得力助手。

（三）嗚呼

（1）嗚呼！古我前後，罔不惟民之承保，後胥慼；鮮以不浮于天時。（《商書・盤庚中》）

按：此句「嗚呼」是感嘆詞性非主謂句。「嗚呼」是複詞獨立語。此段說明遷都考量到臣民的利益，也是繼承先王的遺志。

此段「浮」有四種詮釋。

第一、「浮，行也」，《孔傳》、《孔疏》主張此說。《孔傳》詮釋爲：言我先世賢君，無不承安民而恤之。民亦安君之政，相與憂行君令。浮，行也。少以不行於天時者，言皆行天時。《孔疏》詮釋爲：以君承安民而憂之，故民亦安君之政，相與憂行君令，使君令必行。責時群臣不憂行君令也。舟舡浮水而行，故以「浮」爲行也。（頁130）

第二、「浮，過也」，《蔡傳》主張此說。《蔡傳》詮釋爲：承，敬也。蘇氏曰，古謂過爲浮，浮之言勝也。後既無不惟民之敬，故民亦保後，相與憂其憂，雖有天時之災，鮮不以人力勝之也。林氏曰，憂民之憂者，民亦憂其憂，罔不惟民之承，憂民之憂也。保後胥慼，民亦憂其憂也。（頁55）

第三、「浮，罰也」，《錢、江》主張此說。《錢、江》譯爲：啊！以前我們的先王，沒有誰不使老百姓安居樂業的。做君王的清楚這一點，做大臣的也明白這一點，因此沒有受到老天的懲罰。（頁180）《小爾雅・廣雅》：「浮，罰也。」

第四、「浮，符合」，屈氏主張此說。屈氏譯爲：唉！古時我們的先王，沒有不是保護人民的，先王都親愛他們；很少有不順應天時去作的。（頁58）

「不」是否定詞，「于天時」是介賓短語，中間「浮」應該是動詞。而諸家詮釋都是動詞「行」、「過」、「罰」、「符合」。故待考。

（2）嗚呼！有績，予一人永綏在位。（《周書‧文侯之命》）

按：此句「嗚呼」是感嘆詞性非主謂句。「嗚呼」是複詞獨立語。此段是說明周平王表揚晉文侯功績。

此段「績」有兩種詮釋。

第一、「績，功」，《孔傳》、《孔疏》、《蔡傳》、屈氏主張此說。《孔傳》詮釋為：嗚呼！能有成功，則我一人長安在王位。《孔疏》詮釋為：嗚呼！同姓諸侯若有能助我有功，則我一人長得安在王位。（頁310）《蔡傳》詮釋為：又歎息言有能致功予一人，則可永安厥位矣。（頁137）屈氏譯為：唉！你們有了功勞，我個人才能永遠安然地在天子的職位。（頁186）

第二、「績，成也」，《錢、江》主張此說。《錢、江》譯為：啊哈！我有促成我長安於王位的人了。（頁474）

文侯是同姓諸侯，周平王未得文侯之時，常希望同姓助己。故此「有績」取其《孔傳》、《孔疏》、《蔡傳》、屈氏主張之說。

（3）嗚呼！有王雖小，元子哉。其丕能誠于小民，今休：王不敢後，
　　用顧畏于民碞。（《周書‧召誥》）

按：此句「嗚呼」是感嘆詞性非主謂句。「嗚呼」是複詞獨立語。此段說明周成王營建洛邑考量民眾的心態。《說文》：「誠，和。」。

此段「碞」有兩種詮釋，即「碞，僭也」、「碞，險也」。

第一、「碞，僭也」，《孔傳》主張此說。《孔傳》詮釋為：王為政當不敢後能用之士，必任之為先。碞，僭也。（頁221）

第二、「碞，險也」，《孔疏》、《蔡傳》、《錢、江》主張此說。《孔疏》詮釋為：「碞」即岩也，參差不齊之意，故為僭也。既任能人，復憂下民，故「又當顧畏於下民僭差禮義」。畏其僭差，當治之使合禮義也。（頁221）《蔡傳》詮釋為：召公歎息言王雖幼沖乃天之元子哉，謂其年雖小，其任則大也。其者期之辭也。王其大能誠和小民，為今之休美乎小民雖至微，而至為可畏，王當不敢緩於敬德，用顧畏於民之碞險可也。（頁96）《錢、江》譯為：啊！王雖然年輕，天子責任重大啊。要能夠很好地和諧老百姓，現在可喜的是：王不敢遲緩營建洛邑，顧忌畏懼殷民難於治理。（頁331）

第三、「碞，言論」，屈氏主張此說。屈氏譯為：唉！王雖然年紀小，但究竟是天子。要能使小百姓們融洽，那就好了。王（作事）不要敢於遲緩，要顧忌畏懼百姓們的言論。（頁119）

「碞」有三種說法：第一、「碞，險也」，當形容詞。《說文》：「碞，礹碞也。」段玉裁注：「礹碞，……積石高峻貌也。」，故「碞」當形容詞，山石高峻的樣子。第二、「碞，僭也」，當動詞，僭越失序的意思。第三、「碞，言論」，乃是將「碞」當做「喦」，多言也，當名詞。

「王不敢後，用顧畏于民碞」，《經傳釋詞》曰：「王顧畏民碞，毋敢或後也」。「顧」、「畏」是兩個並列動詞，「于民碞」當介賓短語，「于」是介詞，「民碞」應當是當名詞短語，所以取其屈氏「碞，言論」之詮釋。

（4）嗚呼！厥亦惟我周太王、王季，克自抑畏。（《周書・無逸》）

按：此句「嗚呼」是感嘆詞性非主謂句。「嗚呼」是複詞獨立語。太王，周公曾祖。王季，周公之祖。此段是周公引證太王、王季的歷史事實。

此段「抑」有兩種詮釋。

第一、「抑，自貶自屈」，《孔傳》、《孔疏》、屈氏主張此說。《孔傳》詮釋為：王，周公曾祖。王季即祖。言皆能以義自抑，長敬天命。將說文王，故本其父祖。《孔疏》詮釋為：其惟我周家大王、王季，能以義自抑而畏敬天命，故王跡從此起也。又云：以義自抑者，言其非無此心，以義自抑而不為耳。（頁242）屈氏譯為：唉！只有我們周的太王、王季，能委屈自己敬畏天命。（頁139）

第二、「抑，謙虛謹慎」，《蔡傳》、《錢、江》主張此說。《蔡傳》詮釋為：商猶異世也。故又即我周先王告之，言太王王季，能自謙抑謹畏者，蓋將論文王之無逸，故先述其源流之深長也。大抵抑畏者，無逸之本，縱肆怠荒，皆矜誇無忌憚者之為，故下文言文王，曰柔曰恭，曰不敢，皆原太王、王季抑畏之心發之耳。（頁105）《錢、江》譯為：啊！只有我們周的太王、王季能夠謙虛謹慎，敬畏天命。（頁364）

根據《孔傳》、《孔疏》、屈氏之解釋，是將「自抑」而「畏」，但是《蔡傳》、《錢、江》之解釋，是「自」當主語，「抑」、「畏」動詞並列。筆者從《蔡傳》、《錢、江》之說。

四、表慨嘆之詞

（一）噫

《說文》說：「噫，飽食息也。從口意聲。」，「噫」有很多種意思：第一、歎詞，表示悲哀、傷痛的語氣。《論語・先進》說：「噫！天喪予！天喪予！」」

〔註62〕第二、連詞，表轉折。然而。《周書・金縢》說：「信，噫公命我，勿敢言。」第三、助詞，用於句首，無義。《莊子・大宗師》說：「噫！未可知也。」〔註63〕

（1）信。噫！公命，我勿敢言。（《周書・金縢》）

按：此句「噫」是感嘆詞性非主謂句。「噫」是單詞獨立語。此段說明史官回答太公、召公、成王的話。

《孔傳》詮釋為：史、百執事言信有此事，周公使我勿道，今言之則負周公。噫，恨辭。馬本作「懿」，猶億也。《孔疏》詮釋為：「噫」者，心不平之聲，故為「恨辭」。（頁188）《蔡傳》詮釋為：已而歎息，言此實周公之命，而我勿敢言爾，孔氏謂周公使之勿道者非是。（頁82）《錢、江》譯為：確實的。唉！周公命令我們不能說出來。（頁278）屈氏譯為：真的。唉！公命令我們，我們不敢說。（頁88）諸家無異說。

（二）已

「已」有很多種意思：第一、止，停止。例如，《左傳・閔元年》說：「魯難未已。」〔註64〕第二、副詞。（1）太，過。例如，《左傳・宣十一年》說：「罰已重矣。」〔註65〕（2）已經。例如，《史記・趙世家》：「吾言已在前矣！」〔註66〕（3）隨即。例如，《史記・封禪書》說：「已忽不見。」〔註67〕第三、助詞。用於句末，表語氣。例如，《史記・貨殖傳》說：「夫神農以前，吾不知已。」〔註68〕第四、歎詞。例如，《周書・康誥》說：「已！女惟小子。」

（1）已！汝惟小子，乃服惟弘王，應保殷民；（《周書・康誥》）

按：此句「已」是感嘆詞性非主謂句。「已」是單詞獨立語。此段是周公告誡康叔尚德保民。

〔註62〕〔清〕阮元刻本：《十三經注疏論語・先進》（台北：藝文印書館，1955年），頁96。

〔註63〕〔周〕莊周：《莊子・大宗師》（北京：中華書局，1995年），頁275。

〔註64〕〔清〕阮元刻本：《十三經注疏左傳・閔元年》（台北：藝文印書館，1955年），頁187。

〔註65〕〔清〕阮元刻本：《十三經注疏左傳・宣十一年》（台北：藝文印書館，1955年），頁383。

〔註66〕〔漢〕司馬遷：《史記・趙世家》（台北：鼎文書局，1981年），頁1814。

〔註67〕〔漢〕司馬遷：《史記・封禪書》（台北：鼎文書局，1981年），頁1397。

〔註68〕〔漢〕司馬遷：《史記・貨殖傳》（台北：鼎文書局，1981年），頁3253。

此段「弘」有三種詮釋。

第一、「弘，弘大、寬大」，《孔傳》、《錢、江》主張此說。《孔傳》詮釋爲：已乎！汝惟小子，乃當服行德政，惟弘大王道，上以應天，下以安我所受殷之民眾。（頁202）《錢、江》譯爲：唉！你這年輕人，你的職責就是寬大對待王家所接受保護的殷民。（頁298）

第二、「弘，廣」，《蔡傳》主張此說。《蔡傳》詮釋爲：服，事。應，和也。汝之事，惟在廣上德意，和保殷民，使之不失其所，以助王安定天命，而作新斯民也。此言明德之終也。（頁87）

第三、「弘，維護」，屈氏主張此說。屈氏譯爲：唉！你這青年人呀，你的職責是維護王朝、接受而保護殷國人民的。（頁99）

「弘」可以解釋爲「大」，例如，《新唐書・魏徵傳》云：「故道德之旨未弘，而鋟薄之風先搖。」；〔註69〕「弘」又可以解釋爲「寬宏」，例如，《舊唐書・德宗紀》云：「永念舊勳，務存弘貸」。〔註70〕所以《孔傳》、《錢、江》、《蔡傳》主張「弘」爲「弘大」、「寬大」、「廣」。而屈氏認爲「弘」是「維護」的意思，乃是依據「弘」讀爲「紘」的訓詁解釋。

在今文《尚書》中，「越玉五重：……大訓、弘璧，……大玉、……大貝」（《周書・顧命》）「弘濟于艱難。」（《周書・顧命》），都明顯指的是「大」。所以從其《孔傳》、《錢、江》、《蔡傳》之說。

（2）已！汝惟小子，未其有若汝封之心；朕心朕德惟乃知。（《周書・康誥》）

按：此句「已」是感嘆詞性非主謂句。「已」是單詞獨立語。此段說明成王告誡康叔刑罰要有所準則。

此段「若」有兩種詮釋。

第一、「若，順從」，《孔疏》、《錢、江》主張此說。《孔疏》詮釋爲：若汝不善我王家心德，汝所不知，則我不順命汝款曲之心。只由汝最善，我王心德汝所遍知，故我王命汝以款曲之心。（頁203）《錢、江》譯爲：唉！你這年輕人，不可順從你封的心意。我的心意，只有你才知道。（頁301）

第二、「若，像」，屈氏主張此說。屈氏譯爲：唉，你這青年人，沒有一

〔註69〕〔北宋〕歐陽修、宋祈：《新唐書・魏徵傳》（台北：鼎文書局，1976年），頁3872。
〔註70〕〔後晉〕劉昫：《舊唐書・德宗紀》（台北：鼎文書局，1976年），頁367。

個人能有像你封這樣的心腸；我的心情我的行爲只有你瞭解。（頁 101）

《孔疏》、《錢、江》將「若」解釋爲「順從」，是作動詞。例如，《左傳·宣三年》云：「故民入川澤、山林，不逢不若」。〔註 71〕屈氏將「若」解釋爲「像」，是作副詞。例如，《左傳·定四年》：「若聞蔡將先衛，信乎？」〔註 72〕

「未其有若汝封之心」，主語省略；「未」，否定副詞；「其」，《經傳釋詞》對「其」第十三種解釋（見附錄「其」），此「其」是第十二，語中助詞，無意義；「汝封之心」當賓語。所以關鍵在「有」、「若」二字，誰當動詞？有兩種說法：

第一種《孔疏》、《錢、江》說法，「有，或也」，所以是當代詞；「若，順從」，所以是當動詞。《經傳釋詞》「有」也有解釋爲「或也」。（見附錄「有」）

第二種屈氏說法，「有」當動詞，「若，像」作副詞。（見附錄「若」）第一種句式是：「否定副詞＋代詞＋動詞＋賓語」，第二句式是：「否定副詞＋動詞＋副詞＋賓語」，副詞一般不修飾賓語，故取其第一種。

（3）已！若茲監。（《周書·梓材》）

按：此句「已」是感嘆詞性非主謂句。「已」是單詞獨立語。此段說明康叔要以成王德政爲借鏡治理殷民。

此段「監」有三種詮釋。

第一、「監，視也」，《蔡傳》主張此說。《蔡傳》詮釋爲：已，語辭。監，視也。此人臣祈君永命之辭也。（頁 94）

第二、「監，治理百姓」，《錢、江》主張此說。《錢、江》譯爲：唉！像這樣治理殷民。（頁 322）《說文》：「監，臨下也。」《錢、江》將「監」翻譯爲「治理百姓」。

第三、「監，鑑」，屈氏主張此說。屈氏譯爲：唉！你要把這些作爲借鏡。（頁 115）

「若」，發語詞也；「茲」，此，當主語；「監」當謂語。句式是：「主語＋謂語」。「監」《蔡傳》解釋爲「監視」，《錢、江》解釋爲「治理百姓」，屈氏

〔註71〕〔清〕阮元刻本：《十三經注疏左傳·宣三年》（台北：藝文印書館，1955 年），頁 340。

〔註72〕〔清〕阮元刻本：《十三經注疏左傳·定四年》（台北：藝文印書館，1955 年），頁 946。

解釋爲「借鑑」，都是當動詞，都可當謂語。

（4）已！汝惟沖子，惟終。（《周書・洛誥》）

按：此句「已」是感嘆詞性非主謂句。「已」是單詞獨立語。此段說明周公勸勉成王完成祖先功業。

此段「終」有兩種詮釋。

第一、「終，善其終」，《孔傳》、《蔡傳》、屈氏主張此說。《孔傳》詮釋爲：已乎！汝惟童子，嗣父祖之位，惟當終其美業。（頁 227）《蔡傳》詮釋爲：周之王業，文武始之，成王當終之也。此上詳於記功教工，內治之事，此下則統禦諸侯，教養萬民之道也。（頁 99）屈氏譯爲：唉！你這年輕的人呀，（處事）要能夠善終。（頁 126）

第二、「終，功業」，《錢、江》主張此說。《錢、江》譯爲：唉！您雖然是個年輕人，該考慮完成先王未竟的功業。（頁 342）

此句《周書・洛誥》「惟終」與《周書・君奭》「惟其終。」詮釋大同小異。見本章「（7）嗚呼！君！惟乃知民德，亦罔不能厥初，惟其終。（《周書・君奭》）」之分析。

（三）吁

（1）吁！靜言庸違，象恭滔天。（《虞夏書・堯典》）

按：此句「吁」是感嘆詞性非主謂句。「吁」是單詞獨立語。此段說明堯帝認爲共工的行爲處事不適合處理政務。

此段「靜」、「滔」有三種詮釋。

第一、「靜，謀」、「滔，漫也」，《孔傳》、《孔疏》主張此說。《孔傳》詮釋爲：言共工自爲謀言，起用行事而違背之，貌象恭敬而心傲很，若漫天。言不可用。《孔疏》詮釋爲：貌象恭敬而心傲很，其侮上陵下，若水漫天，言貌恭而心很也。（頁 26）

第二、「靜，巧」、「滔，怠慢」，《錢、江》主張此說。《錢、江》譯爲：哼！他花言巧語，陽奉陰違，貌似恭謙，其實對老天他也輕慢不敬。（頁 20）

第三、「靜，善」、「滔，怠慢」，屈氏主張此說。屈氏譯爲：哼！他對於良好的言論總是不贊成；態度像似滿恭謹，其實對天也是怠慢不敬的。（頁 7）

《蔡傳》並沒有對單字解釋，但詮釋義理爲：靜言庸違者，靜則能言，

用則違背也。象恭，貌恭而心不然也。（頁3）

「靜」是形容詞，「言」是名詞，「靜言」是偏正短語。《孔傳》、《孔疏》將「靜」解釋爲「謀」是當動詞用，故在此不取《孔傳》、《孔疏》之說。《錢、江》解釋爲「巧」，屈氏解釋爲「善」都是形容詞，故都可採取。

「滔」也是形容詞，「天」是名詞，「滔天」是偏正短語。《孔傳》、《孔疏》解釋爲「漫」是「遍布的、充滿的」的意思，當形容詞；《錢、江》、屈氏解釋爲「輕慢不莊重」的意思，也可當形容詞。「滔天」與「象恭」相連接，故取其《錢、江》、屈氏之說。

（2）吁！咈哉！方命圮族。（《虞夏書·堯典》）

按：此句「吁」是感嘆詞性非主謂句。「吁」是單詞獨立語。此段說明堯帝審慎地選任官員，並認爲鯀不適合。《釋詁》：「圮，毀」。

此段「族」有兩種詮釋。

第一、「族，善類也」，《孔傳》、《蔡傳》、屈氏主張此說。《孔傳》詮釋爲：凡言「吁」者皆非帝意。咈，戾。言鯀性很戾，好比方名，命而行事，輒毀敗善類。馬云：「方，放也。」（頁26）《蔡傳》詮釋爲：吁，歎美辭。鯀，崇伯名。歎其美而薦之也。咈者，甚不然之之辭。方命者，逆命而不行也。（頁3）屈氏譯爲：哼！他反抗上級的命令，摧殘好人。（頁8）

第二、「族，族人」，《錢、江》主張此說。《錢、江》譯爲：哼！他違背人意，不服從命令，危害族人。（頁21）

《左氏》稱「非我族類，其心必異」，族、類義同，故「族」爲「類」也。鯀心性很戾，違眾用己，知善不從，故云「毀敗善類」，《詩經》稱「貪人敗類」。故此採取《孔傳》、《蔡傳》、屈氏之說。

「圮」，《釋詁》云：「圮，毀」，「圮」是動詞。「族」，「類」，是名詞。語法是：「動詞＋名詞」構成動賓短語。

（四）嗚　呼

（1）王曰：「嗚呼！我生不有命在天？」祖伊反曰：「嗚呼！乃罪多參在上，乃能責命于天！」（《商書·西伯戡黎》）

按：此句「嗚呼」是感嘆詞性非主謂句。「嗚呼」是複詞獨立語。此段祖伊說明紂王過失甚多，老天如何能庇祐。

《尚書易解》:「參，懶惰懈怠。」因爲在《鳴沙石室遺書》中，尚書此句作「厽」，《漢簡‧古文四聲韻》作「絫」，「絫」當讀作「亻絫」。《說文解字》:「亻絫，垂貌。從人，絫聲。一曰懶懈。」詳見第六章感嘆句「(3) 乃罪多，參在上，乃能責命于天！」《商書‧西伯勘黎》」

（2）嗚呼！閔予小子嗣，造天丕愆。（《周書‧文侯之命》）

按：此句「嗚呼」是感嘆詞性非主謂句。「嗚呼」是複詞獨立語。此段周平王說明自己繼承王位，遭天譴。

此段「嗣」有兩種句讀。

第一、「嗣」上讀，如：「閔予小子嗣，造天丕愆」，《孔傳》、《錢、江》、屈氏主張此說。《孔傳》詮釋爲：歎而自痛傷也。言我小子而遭天大罪過，父死國敗，祖業隕。（頁309）《錢、江》譯爲：唉！不幸我這年輕人繼承王位，遭到上天的大責罰。（頁 474）屈氏譯爲：唉！可憐我這青年人來繼承了先王的帝業，就遭逢了老天所給的罪過。（頁 186）

第二、「嗣」下讀，如：「閔予小子，嗣造天丕愆」，《蔡傳》主張此說。《蔡傳》詮釋爲：歎而自痛傷也。閔，憐也。嗣造天丕愆者，嗣位之初，爲天所大譴，父死國敗也。（頁 137）

「閔予小子嗣，造天丕愆」中，「予小子」，平王自稱；「嗣」指繼承。語法是：「閔」是副詞；「予小子」是由「予、小子」組成偏正短語，當主語；「嗣」是動詞，當謂語。句式是：「連詞＋主語＋謂語」。故從其《孔傳》、《錢、江》、屈氏之說。

（3）嗚呼！休茲，知恤鮮哉！（《周書‧立政》）

按：此句「嗚呼」是感嘆詞性非主謂句。「嗚呼」是複詞獨立語。此段說明周公認爲能未雨綢繆的人不多。

此段「休」、「恤」有三種詮釋。

第一、「恤，憂也」、「鮮，少」，《孔傳》、《孔疏》、《蔡傳》主張此說。《孔傳》詮釋爲：歎此五者立政之本，知憂得其人者少。《孔疏》詮釋爲：此五官皆親近王，故歎此五者立政之本也。「知憂得其人者少」，下句惟言禹、湯、文、武官得其人，是知憂得人者少也。（頁 260）《蔡傳》詮釋爲：此篇周公所作，而記之者周史也。周公於是歎息言曰，美矣此官，然知憂恤者鮮矣，言五等官職之美，而知憂其得人者少也。（頁 115）

　　第二、「恤，慎也」、「鮮，少」，《錢、江》主張此說。《錢、江》譯爲：唉！美好的時候就知道謹慎的人，很少啊！（頁 399）《爾雅‧釋詁》：「溢，慎也。」「恤」通「溢」。

　　第三、「恤，憂也」、「鮮，善」，屈氏主張此說。屈氏譯爲：唉！好啊，能知道憂慮（國事）就好啊！（頁 156）

　　王肅云「此五官美哉」，是「休茲」爲美此五官也。歎其官之美，美官不可不委賢人用之，故歎之。

　　「知恤鮮哉！」，「知」是動詞；「恤」是動詞；「鮮」是形容詞，補充說明「知恤」的情形。故「恤」應該解釋爲「憂慮」、「考慮」，「鮮」應該解釋爲「少」，故從《孔傳》、《孔疏》、《蔡傳》之說。

第三節　今文《尚書》感嘆句之用語與特點

　　從發生學角度看，嘆詞源於人類的感嘆，當客觀事物對人的感官產生強烈刺激的時候，人們會不由自主地發出某種感嘆：或驚異，或恐懼，或興奮，或憤怒等等。嘆詞正是對這種感嘆的聲音的直接描摹，因此，嘆詞的運用，對語言感嘆句情感資訊的傳遞，有著重要的補償作用。這正如廖庶謙《口語語法》一書說，〔註 73〕一個語言上的感嘆句，有時候如果沒有感嘆聲音來幫助，甚至還不能夠把一種比較複雜的情感全部表露出來。

　　語言的目的是交際，說話人發出感嘆不僅要滿足自己抒發情感的要求，並希望引起對方注意，進一步期望聽話人產生共鳴，甚至產生符合其期望的行爲。抒發自己的感情、期待聽話人作出相應的反應，這是感嘆句的兩個基本的語用功能，而實現後一個功能必須有聽話人的積極合作。〔註 74〕

一、有特殊標記的感嘆句

　　在語法上，嘆詞能夠獨立於句子之外，充當獨立語或單獨成句，正說明嘆詞本身能構成一個資訊實體，因此，不能小覷嘆詞的功能。從形式上來看，可以把感嘆句分爲兩大類型。一、有特殊標記的感嘆句。二、無標記的感嘆

〔註73〕廖庶謙：《口語語法》（上海：讀書出版，1946 年 6 月），頁 17。
〔註74〕朱曉亞：〈現代漢語感嘆句初探〉，《徐州師範學院學報》（哲學社會科學版）
　　　　第 2 期（1994 年），頁 124～127。

句。〔註75〕

　　張玉金《西周漢語語法研究》一書，〔註76〕在西周漢語感嘆句中，感嘆詞有「嗟」、「徂」、「嗟嗟」、「於乎」、「烏虖」、「嗚呼」、「猗與」、「噫」、「嘻」、「吁」、「已」、「巳」、「猷」、「霍」、「於」等等。萬益〈從《尚書》、《詩經》的語言現象看古漢語嘆詞的表意功能〉一文，〔註77〕按今文《尚書》出現先後次序統計，共出現 10 個嘆詞：「咨、吁、于、俞、都、嗟、嗚呼、噫、猷、已」。根據筆者的考探，今文《尚書》用感嘆詞有「俞」、「都」、「咨」、「猷」、「嗟」、「吁」、「嗚呼」、「於」、「噫」、「已」、「徂」11 個嘆詞。

（一）感嘆句條例分析

1. 俞

　　沈丹蕾〈試論今文《尚書》的嘆詞〉一文指出，「俞」凡 16 見。〔註78〕萬益〈從《尚書》、《詩經》的語言現象看古漢語嘆詞的表意功能〉一文，則認為「俞」出現 17 次。〔註79〕筆者考探今文《尚書》中，「俞」單詞出現 12 次，詞組「俞咨」4 次、「俞哉」1 次，共 17 次。並且只出現在《虞夏書・堯典》、《虞夏書・舜典》、《虞夏書・皋陶謨》、《虞夏書・益稷》四篇。

〔註75〕 同上註。一、有特殊標記的感嘆句。1、由表示程度的副詞「好」、「太」、「多（麼）」以及指示代詞「這麼」、「那麼」等，加在作為感嘆中心的形容詞或某些動詞性結構前面，一般表示說話氣認為程度很高，並帶有略微誇張或強調的口吻。2、運用感嘆詞。感嘆詞是內心感情最自然的流露，當它成為人類語言固定下來後，便具有特定的表情內容。感嘆詞不同於語氣詞，它往往是獨用的。3、附帶語氣詞。除了語調外，語氣詞也是表達語氣的主要手段。語氣詞可以用在句末，也可用在句中。常用的有「哇、呀、啊、呢」等。二、無標記的感嘆句。這類感嘆句沒有特定的表現形式，是陳述、疑問還是感嘆，受著具體話境的制約，需現代漢語感嘆句初探要根據特定語境下的特定語調來判定。一般說來，感嘆句的語調某處特別高昂，句尾下降，往往有拖音，顯得語調域較寬。

〔註76〕 張玉金：《西周漢語語法研究》（北京：商務印書館，2000 年 8 月），頁 121。

〔註77〕 同註 5，頁 94～97。

〔註78〕 案：《虞夏書・舜典》可歸為《虞夏書・堯典》，《虞夏書・益稷》可歸為《虞夏書・皋陶謨》也出現「俞」。沈丹蕾認為，「俞」僅出現於〈堯典〉、〈皋陶謨〉，表示對某種意見、觀點的接受、應諾、肯定。〔沈丹蕾：〈試論今文《尚書》的嘆詞〉，《廣西師範大學學報》第 2 期（1998 年），頁 158～161。〕

〔註79〕 萬益認為，「俞，今文《尚書》中出現十七次，主要作用表示應答，可讀作『嗯』」。萬益：〈從《尚書》、《詩經》的語言現象看古漢語嘆詞的表意功能〉，《廣東教育學院學報》（社會科學版）第 8 期（1994 年），頁 94～97。

俞	例　　證	篇　　名	次　數	合　計
俞	（1）帝曰：「俞，予聞。如何？」	《虞夏書・堯典》	12次	17次
	（2）帝曰：「俞，汝往哉！」 （3）帝曰：「俞，往哉；汝諧。」 （4）帝曰：「俞，往哉！汝諧。」 （5）帝曰：「俞，往欽哉！」	《虞夏書・舜典》		
	（6）禹曰：「俞，如何？」 （7）禹拜昌言曰：「俞。」 （8）禹曰：「俞，乃言底可績。」	《虞夏書・皋陶謨》		
	（9）皋陶曰：「俞，師汝昌言。」 （10）帝曰：「俞。」 （11）禹曰：「俞。」 （12）帝拜曰：「俞，往欽哉！」	《虞夏書・益稷》		
俞咨	（13）帝曰：「俞咨！禹，汝平水土；惟時懋哉！」 （14）帝曰：「俞咨！垂，汝共工。」 （15）帝曰：「俞咨！益，汝作朕虞。」 （16）帝曰：「俞咨！伯，汝作秩宗。夙夜惟寅，直哉惟清。」	《虞夏書・舜典》	4次	
俞哉	（17）禹曰：「俞哉，帝！光天之下，至于海隅蒼生，萬邦黎獻，共惟帝臣。	《虞夏書・益稷》	1次	

　　從上面圖表分析中，可得知「俞咨」、「俞哉」兩種詞組後面都緊跟著名字或稱職。例如：「俞咨！禹」、「俞咨！垂」、「俞咨！益」、「俞咨！伯」、「俞哉，帝」。

2. 都

　　《詞詮》：「都，嘆詞。」《爾雅・釋詁》：「都，繇，於也。都、於互訓，用法相同，可表呼告可譯為『啊』等。」《馬氏文通》認為「都」、「俞」都是應答之聲，但是「都」除了應答，也有其他意思。〔註80〕「都」凡6見，只見於《虞夏書・堯典》、《虞夏書・皋陶謨》、《虞夏書・益稷》。

〔註80〕同註6。

都	例　證	篇　名	次數
都	（1）皋陶曰：「都！慎厥身修，思永。」 （2）皋陶曰：「都！在知人，在安民。」 （3）皋陶曰：「都！亦行有九德；亦言其人有德，乃言曰：載采采。」	《虞夏書·皋陶謨》	6次
	（4）禹拜曰：「都，帝！予何言？予思日孜孜。」 （5）禹曰：「都！帝，慎乃在位。」	《虞夏書·益稷》	
	（6）驩兜曰：「都！共工方鳩僝功。」	《虞夏書·堯典》	

3. 咨

《堯典》中的「咨」，《史記·五帝本紀》均作「嗟」。「咨、嗟」都屬古音精紐，灰、歌旁轉，音近通用。後世用「嗟」，不用「咨」。也表示呼告，譯作「喂」。

《尚書易解》：咨，嗟也，嘆詞。（頁7）「咨」凡7見、「俞咨」4見、「疇咨」2見，共17見。見於《虞夏書·堯典》、《虞夏書·舜典》。

咨	例　證	篇　名	次數	合計
咨	（1）帝曰：「咨！汝羲暨和」 （2）帝曰：「咨！四岳！湯湯洪水方割，蕩蕩懷山襄陵，浩浩滔天。」 （3）帝曰：「咨！四岳！朕在位七十載，汝能庸命，巽朕位？」	《虞夏書·堯典》	7次	
	（4）咨十有二牧 （5）舜曰：「咨！四岳！有能奮庸，熙帝之載，使宅百揆，亮采惠疇？」 （6）帝曰：「咨，四岳！有能典朕三禮？」 （7）帝曰：「咨！汝二十有二人，欽哉！惟時亮天功。」	《虞夏書·舜典》		13次
俞咨	（8）帝曰：「俞咨！禹，汝平水土；惟時懋哉！」 （9）帝曰：「俞咨！垂，汝共工。」 （10）曰：「俞咨！益，汝作朕虞。」 （11）帝曰：「俞咨！伯，汝作秩宗。夙夜惟寅，直哉惟清。」	《虞夏書·舜典》	4次	
疇咨	（12）帝曰：「疇咨若時登庸？」 （13）帝曰：「疇咨若予采？」	《虞夏書·堯典》	2次	

4. 猷

「猷」共 4 見。見於《周書・大誥》、《周書・多士》、《周書・多方》。

咨	例　　證	篇　名	合計
咨	（1）王若曰：「猷，大誥爾多邦，越爾御事。」	《周書・大誥》	4 次
	（2）王曰：「猷！告爾多士。予惟時其遷居西爾。」	《周書・多士》	
	（3）王若曰：『猷，告爾四國多方，惟爾殷侯尹民。』	《周書・多方》	
	（4）嗚呼！猷，告爾有方多士。		

5. 嗟

「嗟」多用於誓體文。「誓」是作戰前的誓師宣言，「嗟」表命令性的呼告，語氣威嚴有力，具有威懾力。顯示說話人與聽話人之間命令與被命令者的關系。〔註81〕「嗟」凡 5 見，均表呼告。見於《周書・費誓》、《周書・秦誓》、《周書・呂刑》、《周書・牧誓》、《虞夏書・甘誓》。

嗟	例　　證	篇　名	合計
嗟	（1）公曰：嗟！人無譁，聽命！	《周書・費誓》	5 次
	（2）公曰：嗟！我士！聽無譁！	《周書・秦誓》	
	（3）王曰：嗟！四方司政典獄。	《周書・呂刑》	
	（4）王曰：嗟！我友邦冢君，御事、司徒、司馬、司空	《周書・牧誓》	
	（5）王曰：嗟！六事之人，予誓告汝。	《虞夏書・甘誓》	

6. 吁

沈丹蕾〈試論今文《尚書》的嘆詞〉一文說，「吁」凡 5 見。〔註82〕筆者考探「吁」共 7 見，感嘆 3 見、呼告 3 見、讚美 1 見。只見於《虞夏書・堯典》、《虞夏書・皋陶謨》、《虞夏書・益稷》、《周書・呂刑》。

吁	例　　證	篇　名	次數
吁	（1）禹曰：「吁！咸若時，惟帝其難之。」	《虞夏書・皋陶謨》	7 次
	（2）帝曰：「吁！嚚訟，可乎？」	《虞夏書・堯典》	
	（3）帝曰：「吁！靜言庸違，象恭滔天。」		
	（4）帝曰：「吁！咈哉！方命圮族。」		
	（5）皋陶曰：「吁！如何？」	《虞夏書・益稷》	
	（6）帝曰：「吁！臣哉鄰哉！鄰哉臣哉！」		
	（7）王曰：「吁！來！有邦有土，告爾祥刑。」	《周書・呂刑》	

〔註81〕同註 24，頁 158～161。
〔註82〕同註 24，頁 158～161。

7. 嗚呼

嗚呼	例　證	篇　名	次數	合計
嗚呼	（1）嗚呼！古我前后，罔不惟民之承保，后胥感； （2）嗚呼！今予告汝不易：永敬大恤，無胥絕遠；	《商書・盤庚中》	3次	
嗚呼	（3）嗚呼！邦伯、師長、百執事之人，尚皆隱哉。	《商書・盤庚下》		47次
	（4）嗚呼！王司敬民。	《商書・高宗肜日》	1次	
	（5）王曰：「嗚呼！我生不有命在天？」 （6）祖伊反曰：嗚呼！乃罪多參在上，乃能責命于天！	《商書・西伯戡黎》	2次	
	（7）王乃言曰：嗚呼！箕子。	《周書・洪範》	1次	
	（8）嗚呼！無墜天之降寶命，我先王亦永有依歸。	《周書・金縢》	1次	
	（9）曰：嗚呼！允蠢鰥寡，哀哉！予造天役，遺大投艱于朕身； （10）嗚呼！天明畏，弼我丕丕基。 （11）王曰：嗚呼！肆哉爾庶邦君，越爾御事。	《周書・大誥》	3次	
	（12）王曰：嗚呼！封。汝念哉！ （13）王曰：嗚呼！小子封。 （14）王曰：嗚呼！封。 （15）王曰：嗚呼！封。 （16）王曰：嗚呼！封，敬哉！ （17）王曰：嗚呼！肆汝小子封。	《周書・康誥》	6次	
	（18）嗚呼！皇天上帝 （19）嗚呼！曷其奈何弗敬！ （20）嗚呼！天亦哀于四方民，其眷命用懋，王其疾敬德。 （21）嗚呼！有王雖小，元子哉。 （22）嗚呼！若生子，罔不在厥初生；	《周書・召誥》	5次	
	（23）周公曰：嗚呼！君子所其無逸。 （24）周公曰：嗚呼！我聞曰：昔在殷王中宗，嚴恭寅畏。 （25）周公曰：「嗚呼！厥亦惟我周太王、王季，克自抑畏。 （26）周公曰：「嗚呼！繼自今嗣王 （27）周公曰：「嗚呼！我聞曰：『古之人	《周書・無逸》	7次	

	猶胥訓告，胥保惠，胥教誨；民無或胥譸張爲幻。』		
（28）周公曰：「嗚呼！自殷王中宗，及高宗，及祖甲。			
（29）周公曰：「嗚呼！嗣王其監于茲！」			
（30）嗚呼！君！已曰時我，			
（31）公曰：嗚呼！君！肆其監于茲。	《周書‧君奭》	4次	
（32）嗚呼！篤棐時二人，我式克至于今日休。			
（33）公曰：「嗚呼！君！惟乃知民德，			
（34）嗚呼！王若曰：誥告爾多方，			
（35）王曰：嗚呼！猷，告爾有方多士	《周書‧多方》	3次	
（36）王曰：嗚呼！多士！爾不克勸忱我命，爾亦則惟不克享，凡民惟曰不享。			
（37）周公曰：嗚呼！休茲，知恤鮮哉！			
（38）嗚呼！其在受德暋，惟羞刑暴德之人。			
（39）嗚呼！孺子王矣！	《周書‧立政》	5次	
（40）嗚呼！予旦已受人之徽言咸告。			
（41）嗚呼！繼自今後王立政，其惟克用常人。			
（42）嗚呼！疾大漸，惟幾；	《周書‧顧命》	1次	
（43）嗚呼！閔予小子嗣，造天丕愆；	《周書‧文侯之命》	2次	
（44）嗚呼！有績，予一人永綏在位。			
（45）王曰：嗚呼！念之哉！			
（46）王曰：嗚呼！敬之哉！	《周書‧呂刑》	3次	
（47）王曰：嗚呼！嗣孫！			

8. 於

「於」讀爲「烏」，《孔疏》：「夔又曰：嗚呼，嘆舜樂之美。」《蔡傳》詮釋爲：於，歎美辭。可見「於」相當於「嗚呼」，嘆美舜樂的和諧優美。「於」凡3見，均表嘆美，只見《虞夏書‧堯典》、《虞夏書‧舜典》、《虞夏書‧益稷》。

於	例　　　證	篇　　　名	合計
於	（1）僉曰：「於，鯀哉！」	《虞夏書‧堯典》	3次
	（2）夔曰：「於！予擊石拊石，百獸率舞。」	《虞夏書‧舜典》	
	（3）夔曰：「於！予擊石拊石，百獸率舞，庶尹允諧。」	《虞夏書‧益稷》	

9. 噫

「噫」僅 1 見，《周書・金縢》說：「信。噫！公命，我勿敢言。」表傷痛。《孔傳》：「噫，恨詞。」周公曾祈求上天以己代武王死。武王逝後，周公隱瞞了祈天一事。日後成王得知眞相，詢問史官，史官因周公無辜蒙冤而哀痛，故嘆曰：「噫。」

10. 已

《詞詮》：「已，嘆詞。」（頁 359）主要表示傷痛，可以譯成「唉」。《孔傳》詮釋爲：「已，發端歎辭也。」《蔡傳》：「已，承上之詞，已而有不能已之意。」筆者考探「已」凡 6 見。

已	例　證	篇　名	次數
已	（1）已，予惟小子，若涉淵水，予惟往求朕攸濟。	《周書・大誥》	6次
	（2）已，汝惟小子，乃服惟弘王，應保殷民。 （3）已，汝惟小子，未其有若汝封之心。 （4）已，汝乃其速由茲義率殺。	《周書・康誥》	
	（5）已！若茲監。	《周書・梓材》	
	（6）公曰：已！汝惟沖子，惟終。	《周書・洛誥》	

11. 徂

《經傳釋詞》云：「『徂』讀『且』。且，今也。」表示現在的意思。于省吾《雙劍誃尚書新証》則是認爲「徂」金文習見「虘」，表示語詞。《尚書釋義》：「于省吾云：『徂即虘，亦作虘又，語詞。』」，〔註83〕張玉金《西周漢語語法研究》一書，〔註84〕則是認爲金文中的「虘又」與今文《尚書》的「徂」都有驚嘆的意思。張振林《先秦古文字材料中的語氣詞》一書，〔註85〕認爲「徂」、「虘又」二字，都是「從且得聲」，《彔致卣銘》：「虘又！淮夷敢伐內國，汝其以成周師氏戍于固師」與《周書・費誓》：「徂茲淮夷、徐戎並興，善敦乃甲胄，敵乃幹，無敢不弔。」相對照，認爲內容都是對淮夷徐戎並興，膽犯中原的驚嘆。今文《尚書》「徂」有 4 見，《周書・梓材》、《周書・召誥》、《周書・費誓》、《周書・酒誥》。

〔註83〕屈萬里：《尚書釋義》（台北：華岡書局，1972 年 4 月），頁 135。
〔註84〕同註 76，頁 122。
〔註85〕張振林：《先秦古文字材料中的語氣詞》，《古文字研究》第七輯（北京：中華書局，1982 年）。

徂	例　　證	篇　　名	合計
徂	（1）亦厥君先敬勞，肆徂厥敬勞。	《周書·梓材》	4次
	（2）夫知保抱攜持厥婦子，以哀籲天；徂厥亡出執。	《周書·召誥》	
	（3）嗟！人無譁，聽命！徂茲淮夷、徐戎並興，善敹乃甲冑，敿乃幹，無敢不弔。	《周書·費誓》	
	（4）封！我西土棐徂邦君、禦事、小子，尚克用文王教，不腆於酒。	《周書·酒誥》	

（二）感嘆句條例特點

1. 就次數而言

在今文《尚書》中，「俞」12 見、「俞哉」1 見、「都」6 見、「咨」7 見、「俞咨」4 見、「疇咨」2 見、「猷」4 見、「嗟」5 見、「吁」7 見、「嗚呼」47 見、「於」3 見、「噫」1 見、「已」6 見、「徂」有 4 見。出現次數最多的是「嗚呼」，其次是「俞」，出現次數最少的是「噫」，只出現 1 次。

2. 就時間而言

最早在《尚書·虞夏書》中出現的嘆詞是「咨」、「於」、「都」、「嗟」、「吁」、「俞」。而「咨」、「於」、「都」、「俞」這些嘆詞在《尚書·商書》、《尚書·周書》裡不再出現。其次，出現的是、「已」、「噫」、「徂」。

篇　　名	
《尚書·虞夏書》	「咨」、「於」、「都」、「嗟」、「吁」、「俞」。
《尚書·商書》	「嗚呼」
《尚書·周書》	「嗚呼」、「嗟」、「吁」、「已」、「噫」、「徂」

3. 就音節而言

今文《尚書》只有「嗚呼」一詞是雙音節的，其餘都是單音節，沒有發現三音節的，所以是單音節占優勢。但在《詩經》中雙音節的已經多起來，而且出現了三音節的「于嗟乎」（《詩經·召南·騶虞》）。可見上古漢詞隨著人類社會的演進，向前發展、豐富了。〔註86〕

〔註86〕同註 5，頁 94〜97。

4. 就結構而言

今文《尚書》嘆詞大多用於語句前頭。例如：帝曰：「俞咨！禹，汝平水土；惟時懋哉！」(《虞夏書・舜典》) 皋陶曰：「都！愼厥身修，思永。」(《虞夏書・皋陶謨》)、「猷！告爾多士。予惟時其遷居西爾。」(《周書・多士》)、「公曰：嗟！我士！聽無譁！」(《周書・秦誓》)、帝曰：「吁！臣哉鄰哉！鄰哉臣哉！」《虞夏書・益稷》)、王曰：「嗚呼！我生不有命在天？」(《商書・西伯戡黎》)、夔曰：「於！予擊石拊石，百獸率舞。」(《虞夏書・舜典》)、「信。噫！公命，我勿敢言。」(《周書・金縢》)、「已！若茲監。」(《周書・梓材》)

二、無標記的感嘆句

王光和〈漢語感嘆句形式特點淺析〉一文，〔註87〕帶有感情色彩的語氣詞很多，如：「吧、嘛、咦、唉、呢、哦」等，感嘆句中最常見的語氣詞是「啊」。另外，表達嘆詞功能的其他詞語，這樣的詞有：天啊、上帝、主啊、乖乖、阿彌陀佛、他媽的、見鬼、放屁、要命、天殺的、好傢夥、我的乖乖、乖乖隆冬、了不得、不得了等，它們也可以構成感嘆句或作獨立成分。例如，「曰：『時日曷喪？予及汝皆亡！』」(《商書・湯誓》)、「乃既先惡于民，乃奉其恫，汝悔身何及！」(《商書・盤庚上》)、「曰：『曷虐朕民！』」(《商書・盤庚中》)。

〔註87〕同註 16，頁 85～90。

第七章　今文《尚書》判斷句類型析論

第一節　判斷句之義界、句式與用詞

一、判斷句之義界

　　什麼是判斷句，從歷來學者解說判斷句定義的發展，可以更清楚判斷句的意義。

　　在大陸書籍方面：第一、從謂語性質是名詞性質的角度，說明判斷句的特點，例如：王力《古代漢語》一書認為，〔註1〕判斷句是以名詞或名詞性的短語為謂語，表示判斷。第二、從主謂形式的角度，說明判斷句的特點，例如：郭錫良《古代漢語》一書則是說，判斷句是表示某種事物是什麼東西，某種事物屬於某一類或不屬於某一類。〔註2〕張雙棣《古代漢語知識教程》一書，〔註3〕判斷句是根據謂語同主語之間的表達關係給句子分類得出的句類。判斷句的謂語一般是對主語表達的人或事物進行分類，判斷主語表達的人或事物屬於或不屬於哪一類人或事物。第三、相容以上兩家的說法，朱振家《古代漢語》〔註4〕一書，則認為判斷句則是指用名詞或名詞性短語作謂語，對主

〔註1〕　王力：《古代漢語》第一冊（北京：中華書局，2005年6月），頁244～246。
〔註2〕　郭錫良：《古代漢語》第一冊（北京：商務印書館，1996年6月），頁300。
〔註3〕　張雙棣編：《古代漢語知識教程》（北京：北京大學出版，2003年6月），頁134～136。
〔註4〕　朱振家：《古代漢語》第一冊（北京：中央廣播電視大學出版，1990年6月），頁324～334。

語作出判斷，表示主語所代表的人或事物是什麼或不是什麼的句子。

在台灣書籍方面：許世瑛《中國文法講話》一書，〔註5〕認為解釋事物的涵義，或判斷事物的同異句子就叫做判斷句。左松超《文言語法綱要》一書提出，〔註6〕判斷句就是對主語和謂語之間的關係加以判斷的一種句子。廣義地說，凡是對主語所表示的事物的體貌、性質、情況等進行判斷的都是判斷句。形容詞和動詞作為判斷句謂語的比較少，典型的判斷句是用名詞或名詞短語作為謂語。

另外，《文法與修辭》一書認為，〔註7〕有一種句子介於敘事句和判斷句之間，所用的「動詞」，性質也在一般動詞述語和繫語之間，這種句型叫做「準判斷句」。準判斷句可以表示主語具有某種身分、但任某種職務或發生某種變化，或以比喻的方式對主語作一番說明。準判斷句所用的動詞叫「準繫語」，常見的準繫語有：「作」、「為」、「成」、「謂」、「猶」、「如」……等。

總之，判斷句主要是以名詞或名詞短語作謂語，對主語進行判斷的句子，解釋事物，判斷事物是非的作用。從謂語的性質來看，它是以名詞性的詞語作謂語的句子；從主謂間的關係看，它是以謂語所指來斷定主語所指是什麼或屬於什麼種類的句子，即兩者要麼是同一事物，要麼是同一種類。

二、判斷句之句式

呂叔湘《中國文法要略》一書認為，〔註8〕因為判斷句是判別是非之用，一般說起來要比敘事句式沈重些。凡是說話要表示煞斷的口氣，就常利用「者」字和「所」字，還有藉以造成組合式詞結的「之」字和「其」字。譚全基《古代漢語基礎》一書認為，〔註9〕由於文言文不用「是」字表判斷，所以判斷句可歸為三大類。第一、用「者……也」，或單用「也」字。第二、用副詞「乃」、

〔註5〕 許世瑛：《中國文法講話》（台北：台灣開明書店，1900 年 8 月），頁 68。
〔註6〕 左松超：《文言語法綱要》（台北：五南圖書出版，2003 年 8 月），頁 262～266。
〔註7〕 楊如雪編：《文法與修辭》上冊（台北：康熙圖書出版，2001 年 8 月），頁 69 ～71。
〔註8〕 呂叔湘：《中國文法要略》（台北：文史哲出版，1992 年 9 月），頁 113～119。。
〔註9〕 譚全基：《古代漢語基礎》（台北：華正書局，1994 年 3 月），頁 164～166。（一）例如：陳勝者，陽城人也。（《史記・陳涉世家》）：蕭何、曹參，縣吏也。（曹操《求賢第三令》）（二）例如：此乃持久之計，菲欲速戰者也。（《況水之戰》）呂公女乃呂后也。（《史記・高祖本紀》）至於髖髀之所，非斤則斧。（賈誼《陳政事疏》）：梁父即楚將項燕。（《史記・項羽木紀》）。

「則」、「即」等置於名詞謂語之前，或用特殊副詞表示否定判斷。第三、用「爲」字表示判斷。

劉捷〈古漢語中的「判斷句」淺析〉一文以爲，[註10] 古漢語中的判斷句常見的形式有以下四種。「……者……也」、「……也」、「……者，……」、「……者也」。

賀敬華、劉金虎〈古代漢語的判斷句〉一文則認爲，[註11] 古代漢語判斷句的基本形式歸納起來，大致有如下四種。「主語（者）＋名詞性詞語（也）」、「主語（者）＋副詞＋名詞性短語（也）」、「主語＋爲＋名詞性詞語」、「主語＋是＋名詞性詞語」。洪波〈先秦判斷句的幾個問題〉一文指出，[註12] 判斷句是對事物的性質或類屬進行判斷的一種句式。肯定判斷句有以下四種基本類型：「（Np）＋Np」、「（Np）＋惟＋Np」、「（Np）＋爲＋Np」、「（Np）＋Np＋也」。

錢宗武、劉彥傑〈今文《尚書》判斷句研究〉一文，[註13] 認爲今文《尚

〔註10〕劉捷〈古漢語中的「判斷句」淺析〉，《懷化師專學報》第 16 卷第 2 期（1997年 6 月），頁 173～174。第一種、「……者……也」。在主語後面用語氣詞「者」表示停頓，謂語後面「也」表示判斷。這是最典型、最常見的形式。
第二種、「……也」。有時主語後不用「者」，而在謂語後用「也」表示判斷。
第三種、「……者，……」。在主語後用語氣詞「者」表示停頓，在謂語後不用語氣詞「也」，這種句式較少。
第四種、「……者也」。謂語後面「者」、「也」連用，表示強調判斷語氣。

〔註11〕賀敬華、劉金虎：〈古代漢語的判斷句〉，《大慶師範學院學報》第 25 卷第 1期（2005 年 1 月），頁 70～72。

〔註12〕洪波：〈先秦判斷句的幾個問題〉，《南開學報》第 5 期（2000 年），頁 50～54。以上 4 種類型在先秦文獻中出現的時間並不一致，從殷商到西周，只有 a、b兩種類型，春秋時期才開始出現 c 型和 d 型，其中 c 型始見於《論語》，d 型始見於《詩經》的《國風》。所以先秦時期的判斷句是有時間層次性的，可以分爲兩個階段，殷商西周是一個階段，春秋戰國是另一個階段。從前一個階段到後一個階段，不僅類型增加了，而且也存在著明顯的興替變化。在前一階段中使用頻率相當高的 B 型（據我們的統計：《尚書・周書》17 例，《大雅》和《小雅》62 例）到春秋時期其使用頻率急劇下降，除了《詩經》的《國風》裏還有一些用例（6 例）外，已不見於《論語》，戰國時期就基本上消亡了。）

〔註13〕錢宗武、劉彥杰：〈今文《尚書》判斷句研究〉，《湖南師範大學社會科學學報》第 28 卷第 6 期（1999 年），頁 111～117。今文〈尚書〉中有肯定判斷句 71例，否定判斷句 15 例，複句式判斷巧例。今文《尚書》的否定判斷有兩種類型：一種是單純否定，用副詞「非」、「棐」表示；另一種爲雙重否定式，強調斷定的肯定性，例如：「固非」表示雙重否定。1、今文《尚書》中「非……惟」形式有巧例，「惟……非」的形式 1 例，相當於現代漢語的「不是……而是」或者「是……不是」。2、春秋戰國時期的文獻大量存在著「此非，……也」型的句子，用以表示一個句中正反兩方面的判斷，相當於現代漢語的「不

書》有判斷句,而且既有肯定判斷句,又有否定判斷句,還有由肯定判斷句
和否定判斷句組成的表示並列關係的複句。肯定判斷句:「主語＋名詞性謂
語」、「主語＋惟＋名詞性謂語」、「主語＋曰＋名詞性謂語」、「主語＋乃＋名
詞性謂語」、「主語十則+名詞性謂語」、「主語＋是＋名詞性謂語」。否定判斷
句:「單純否定式判斷句」、「雙重否定」。並列關係複句:「非……惟」。

三、判斷句之用詞

「判斷詞」有許多異稱。柳宗元〈復杜溫夫書〉稱爲「決辭」,馬建忠《馬
氏文通》也稱爲「決辭」;黎錦熙《比較文法》則稱爲「同動詞」;楊樹達《高
等國文法》、《詞詮》稱爲「不完全內動詞」;楊伯峻《論語譯注》叫「連繫性
動詞」;王力稱「繫詞」,許世瑛《中國文法講話》也稱之爲「繫詞」;呂叔湘
則稱之爲「連繫詞」。

許世瑛《中國文法講話》一書指出,〔註14〕判斷句前必須有「主語」,後
必須有「謂語」,而中間有個橋樑溝通叫「繫詞」,也就是判斷詞。其名稱雖
多,所指相同,本文統稱作「判斷詞」。以下將各家說法,表列其下:

「判斷詞」異稱	主　張　者
決　辭	柳宗元〈復杜溫夫書〉、馬建忠《馬氏文通》
同動詞	黎錦熙《比較文法》
不完全內動詞	楊樹達《高等國文法》、《詞詮》
連繫性動詞	楊伯峻《論語譯注》
繫　詞	王力、許世瑛《中國文法講話》
連繫詞	呂叔湘

古漢語判斷詞有哪些呢?王力認爲判斷詞僅有「是」,其產生年代大約在
西元一世紀前後,即西漢末年或東漢初葉。呂叔湘認爲,除「是」以外,「及」、
「即」等詞也可以表示判斷。廖振佑《古代漢語特殊語法》也認爲,除「是」
以外,判斷詞還有「爲」、「謂」、「如」、「若」、「似」、「猶」等。楊樹達的《詞

是……而是」。從今文《尚書》中的「非……惟」式,到春秋時期的「此非……
也」式,再到現代漢語中的「不是……而是」,我們可以清楚地看到這種表示
并列關係複句發展的軌跡。

〔註14〕 同註5,頁69。

詮》一書，〔註15〕認爲副詞「乃」、「即」、「則」等用在謂語前有加強肯定判斷語氣之作用。「乃」、「即」、「則」相當於現代漢語的「就是」，用「乃」字肯定語氣較強，且往往有辯白或審明之氣。「必」相當於「必然是」。「固」、「素」相當於「本來是」，「誠」相當於「實在是」。劉捷〈古漢語中的「判斷句」淺析〉一文，〔註16〕用「爲」、「惟」、「乃」、「即」、「則」、「必」、「皆」、「固」、「誠」、「素」等詞表示肯定判斷。判斷句中，還常用否定副詞「非」或「匪」來否定謂語，可譯爲不是。

第二節　今文《尚書》判斷句詮釋舉隅

　　確定一個句子是否是判斷句，有些學者處理時候，常把形式當作判斷句的特徵。賀敬華、劉金虎〈古代漢語的判斷句〉一文，〔註17〕認爲單從結構特點入手來確定判斷句的方法是錯誤的，且觀點是不夠全面。名詞謂語句可以表示判斷也不一定表示判斷，名詞謂語句也可能是描寫句或敘述句；主謂之間的關係可以是判斷語義關係，也可以是描寫關係，或者陳述關係，有的還表現爲因果關係。可見，凡判斷句，都屬名詞謂語句，但名詞謂語句未必都是判斷句。劉忠華〈古代漢語判斷句的確認問題〉一文，〔註18〕更清楚說明，要堅持形式與意義相結合的原則，一是名詞性質的詞語做謂語，二是主語所指與謂語所指是同一事物或同一類別，凡不符合該原則的就不是判斷句。

　　筆者認爲，要確定一個名詞謂語是否爲判斷句，必須根據主謂語義關係來定。形式和意義結合的原則，在語法分析問題上佔有極其重要的地位。

　　錢宗武、劉彥傑〈今文《尚書》判斷句研究〉一文，〔註19〕分肯定判斷句、否定判斷句、並列關係的複句。張雙棣等編著《古代漢語知識教程》學習指導一書，〔註20〕提出古漢語判斷句的表達功能有五種，分別是：類屬關

〔註15〕楊樹達、楊伯峻，《楊樹達詞詮叔姪文法名著三種・詞詮》（台北：鼎文書局，1972 年 9 月），頁 577。
〔註16〕同註 10，頁 173～174。
〔註17〕同註 11，頁 70～72。
〔註18〕劉忠華：〈古代漢語判斷句的確認問題〉，《漢中師範學院學報社會科學》，第 1 期（總第 69 期）（2002 年），頁 22～25。
〔註19〕同註 13，頁 111～117。
〔註20〕同註 3，頁 134～136。古代漢語判斷句的基本表達功能有幾種：
　　（1）表示類屬關係，即主語表達的人或事物屬于謂語所表達的人或事物的同類。

係、等同關係、比喻關係、主謂間某種複雜的語義關係、謂語表示造成某種結果的原因。

　　許世瑛《中國文法講話》一書，〔註21〕將判斷句分爲解釋性判斷句、申辯性判斷句兩類。左松超《文言語法綱要》一書，〔註22〕按照判斷關係的不同，判斷句可以分爲三類，分別是：等同關係判斷句、一致關係判斷句和相似關係判斷句。筆者將今文《尚書》判斷句，依照左松超《文言語法綱要》分三類，以下說明之。

一、等同關係判斷句

　　等同關係判斷句又可以稱它爲是非判斷句，可分爲肯定的判斷句、否定的判斷句。

（一）肯定判斷句

1. 主語＋名詞性謂語

（1）厥貢鹽、絺，海物惟錯。（《虞夏書・禹貢》）

　　按：「厥貢鹽、絺」中，「厥貢」是短語，作主語；「鹽、絺」是詞聯，作謂語。此段是描述青州貢品。《說文》曰：「貢，獻功也，從貝工聲。」、「鹽，鹹也，從鹵監聲。」、「絺，細葛也，從糸希聲。」、「錯，金塗也。從金昔聲。」

　　《孔傳》、《孔疏》、《蔡傳》都將「絺」釋爲「細葛」。《蔡傳》將「鹽」釋爲斥地所出。而「錯」，歷來有三種詮釋。

　　第一、「錯，雜，非一種」，《孔傳》、《蔡傳》、《錢、江》、屈氏主張此說。《孔傳》詮釋爲：錯，雜，非一種。（頁 81）《蔡傳》詮釋爲：錯，雜也，海

　　（2）表示等同關係，即主語表達的人或事物就是謂語所表達的人或事物。
　　（3）表示比喻關係，即主語表達的人或事物在某些方面就像謂語表達的人或事物一樣。
　　（4）表示主語同謂語之間某種複雜的語義關係，即說話人把複雜的表達內容，用判斷句的形式表達出來，以求達到強烈確認的表達效果。
　　（5）謂語表示造成某種結果的原因。一般爲謂詞性成分充任謂語。注意指稱化情況和翻譯的方法。
〔註21〕同註5，頁 69～70。「解釋性判斷句」又分爲兩種，一是傳記式的句子，說明某人事什麼人；二是注釋式的句子，說明某物即某物。
〔註22〕同註6，頁 262～266。

物非一種，故曰錯。《胡氏尚書詳解》將「海物惟錯」詮釋爲：海雜物非一種。屈萬里將「海物」釋爲「海產」。「錯」釋爲「雜，言非一種。」故此句，屈氏譯爲：這裡所進貢的有鹽、細葛布，及各種海產。（頁35）

　　第二、「錯，一物」，《蔡傳》主張此說。《蔡傳》引林氏曰：既總謂之海物，則固非一物矣。此與揚州齒、革、羽毛、惟木，文勢正同。錯，蓋別爲一物，如錫貢磬錯之錯，理或然也。（頁26）。

　　第三、「錯，多種多樣」，《錢、江》主張此說。《錢、江》譯爲：這裡進貢的物品是鹽和細葛布，多種多樣的海產品。（頁77）

　　筆者認爲，《孔傳》、《蔡傳》、《錢、江》、屈氏等詮釋，都是將「錯」釋爲「雜，言非一種」、「錯，多種多樣」，但是若從下文，揚州貢品「齒、革、羽毛、惟木」中，惟是「及」的意思，貢品「木」與上文「羽毛」等貢品連接。所以此句「錯」也因該是與上文「海物」等貢品連接，是名詞而非動詞的「交錯」或「錯雜」或「多種」。

　　又，《經傳釋詞》曰：「惟，猶與也，及也」（見附錄「惟」），王引之也是認爲「《虞夏書‧禹貢》曰：『齒、革、羽、毛惟木』」中的「惟」，是「與」、「和」的意思。

　　《蔡傳》言「錯，蓋別爲一物」，那麼「別爲一物」到底指什麼呢？根據記載豫州貢品：「厥貢漆、枲、絺、紵，厥篚纖纊，錫貢磬錯」，豫州貢品「磬錯」是指玉石，《禮記‧明堂位》云：「拊搏玉磬揩擊，大琴大瑟，中琴小瑟，四代之樂器也。」，〔註23〕故此的「錯」也應指爲玉石之類的磬。故此句應譯爲：這裡所進貢的有鹽、細葛布，及海產和珍貴玉石。

（2）厥貢漆、絲。（《虞夏書‧禹貢》）

　　按：「厥貢漆、絲」中，「厥貢」是短語，作主語；「漆、絲」是詞聯，作謂語。此句是描述兗州貢品。《說文》曰：「絲，蠶所吐也。從二糸。凡絲之屬皆從絲。」又《說文》只將「漆」解釋爲水名。漆，水。出右扶風杜陵岐山，東入渭。從水桼聲。即今銅川、耀縣、富平縣境的石川河，源出陝西，注入渭水。例如《詩‧緜》曰：自土沮漆。又《書‧禹貢》曰：又東過漆、沮，入於河。都是指水名。

〔註23〕〔清〕阮元刻本：《十三經注疏禮記‧明堂位》（台北：藝文印書館，1955年），頁580。

此句《孔傳》詮釋爲：地宜漆林，又宜桑蠶。《孔疏》詮釋爲：任土作貢，此州貢漆，知「地宜漆林」也。又詮釋說，漢世陳留襄邑縣置服官，使製作衣服，是兗州綾錦美也。（頁 80）《蔡傳》詮釋爲：貢者，下獻其土所有於上也。兗地宜漆、宜桑。（頁 26）《錢、江》譯爲：這裡的貢物是漆和絲。（頁 76）屈氏譯爲：這裡所進貢的是漆和絲。（頁 34）

筆者認爲，《孔傳》、《孔疏》都將詮釋爲「地宜漆林」，是也。此「漆」應釋爲木名，落葉喬木，樹汁可作塗料。故《詩經》中的〈衛風〉、〈邶風〉和〈鄘風〉（代表河北南部平原）有「椅桐梓漆」詩句。例如，《詩經·定之方中》曰：「椅桐梓漆，爰伐琴瑟」。〔註24〕漆，指樹木。而《詩經·氓》曰：「氓之蚩蚩，抱布貿絲」〔註25〕皆言春秋前商業繁盛之證。故此句從《錢、江》、屈氏譯，是也。

（3）厥貢羽、毛、齒、革，惟金三品，杶、榦、栝、柏、礪、砥、砮、丹，惟箘、簬、楛。（《虞夏書·禹貢》）

按：「厥貢羽、毛、齒、革」中，「厥貢」是短語，作主語；「羽、毛、齒、革」是詞聯，作謂語。「杶、榦、栝、柏、礪、砥、砮、丹」、「箘、簬、楛」是詞聯。此段描述荊州貢品。

「榦」通「竿」，竹竿。《孔疏》釋「榦」爲弓榦，《考工記》釋爲：弓人取榦之道也，以柘爲上，知此「榦」是柘也。《釋木》云：「栝，柏葉松身。」杶、栝、柏皆木名也，以其所施多矣，柘木惟用爲弓榦，弓榦莫若柘木，故舉其用也。《蔡傳》釋：杶栝柏三木名也，杶木似樗而可爲弓榦。栝木，柏葉松身。

揚州與荊州貢品大抵相同，爲什麼次序不同？

《孔傳》詮釋爲：厥貢羽、毛、齒、革，惟金三品，土所出與揚州同。《孔疏》詮釋爲：揚州先「齒、革」，此州先「羽、毛」者，蓋以善者爲先。由此而言之，諸州貢物多種，其次第皆以當州貴者爲先也。（頁 84）《蔡傳》詮釋爲：荊之貢與揚州，大抵多同，然荊先言羽毛者，漢孔氏所謂善者爲先也，按揚州其利金錫，荊州其利丹銀齒革，則荊揚所產不無優劣矣。（頁 29）故可得知，揚州與荊州貢品大抵相同，以其各州特產之不同，排列次序也因此有

〔註24〕〔清〕阮元刻本：《十三經注疏詩經·定之方中》（台北：藝文印書館，1955年），頁 114。

〔註25〕〔清〕阮元刻本：《十三經注疏詩經·氓》（台北：藝文印書館，1955 年），頁 129。

所不同。

又，《錢、江》和屈氏本，段句相同，翻譯不同。屈氏本翻譯時，將「惟箘、簵、楛」與下文「三邦底共厥名」連接，將「惟」翻譯爲「惟有」。屈氏譯爲：惟有箘竹、簵竹、楛木，是由湖澤附近的三國進貢是他們最有名的。（頁38）非也。因爲《經傳釋詞》曰：「惟，猶與也，及也。」「惟」應該翻譯爲「及」、「和」。《錢、江》譯爲：這裡的貢物是羽毛、旄牛毛、象牙、犀皮以及金、銀、銅，椿樹、柘木、檜木、柏樹、粗磨石、細磨石、造箭鏃的石頭、丹砂以及細長的竹子、楛。筆者從之。

（4）厥貢漆、枲、絺、紵。（《虞夏書・禹貢》）

按：「厥貢漆、枲、絺、紵」中，「厥貢」是短語，作主語；「漆、枲、絺、紵」是詞聯，作謂語。此段描述豫州貢品。

《孔傳》、《孔疏》都無詮釋。而《蔡傳》也只是引林氏之說。林氏《尚書全解》曰：周官載師漆林之征二十有五，周以爲征，而此乃貢者。蓋豫州在周爲畿內，故載師掌其征，而不制貢。禹時豫在畿外故有貢也。推此義則冀不言貢者，可知，顏師古曰：織紵以爲布及練，然經但言貢枲與紵，成布與未成布，不可詳也。（頁30）絺，葛之精。紵，布之精者。

《錢、江》與屈氏譯文相同。《錢、江》譯爲：這裡的貢物，是漆、麻、細葛、紵麻。（頁83）筆者從之。

（5）厥貢璆、鐵、銀、鏤、砮、磬、熊、羆、狐、狸、織皮。（《虞夏書・禹貢》）

按：「厥貢璆、鐵、銀、鏤、砮、磬、熊、羆、狐、狸、織皮」中，「厥貢」是短語，作主語；「璆、鐵、銀、鏤、砮、熊、羆、狐、狸、織皮」是詞聯，作謂語。此段描述梁州貢品。《說文》云：「鏤，剛鐵，可以刻鏤」。又云：「砮，石可以爲矢傲」。羆，《爾雅・釋獸》云：「如熊，黃白文。」即馬熊。狸，野貓。

「織皮」、「璆」、「鏤」各家說法不同，以下分別說之。

因「織皮」解釋之不同，故斷句也不同。第一、「織皮」與上文四獸連讀，如：「厥貢璆、鐵、銀、鏤、砮、磬、熊、羆、狐、狸、織皮」，《孔傳》、《孔疏》、《蔡傳》、屈氏主張此說。「織皮」前斷開，與下文連讀，如：「……砮、磬、熊、羆、狐、狸。織皮西傾因桓是來，浮于潛，逾于沔，入于渭，亂于

河」，《錢、江》主張此說。

「織皮」有三種說法。

第一、「織皮，獸皮」，《孔傳》、《蔡傳》主張此說。《孔傳》詮釋爲：貢四獸之皮，織金罽。《孔疏》詮釋爲：四獸與織皮連文，必不貢生獸，故曰：貢四獸之皮。《蔡傳》詮釋爲：梁州之地，山林爲多，獸之所，走熊羆狐狸四獸之皮製之可以爲裘，其氄毛織之可以爲罽也。

第二、「織皮，國名」，《錢、江》主張此說。《錢、江》引王鳴盛之說，釋爲：織皮謂西戎之國，即崑崙等是。《錢、江》譯爲：這裡的貢物是美玉、鐵、銀、剛鐵、作箭矢用的石頭、砮、熊、狐狸、野貓。（頁 85）

第三、「織皮，地毯之屬」，屈氏主張此說。屈氏譯文爲：這裡所進貢的物產，有精美的黃金、鐵、銀、剛硬的鐵，可作箭簇用的砮石、磬石、熊、羆、狐狸和地毯之類。（頁 40）

「織皮」到底是「獸皮」、「國名」、還是「地毯」？根據〈禹貢〉描述雍州時，文中言：「浮于積石，至于龍門西河，會于渭汭。織皮崑崙、析支、渠搜，西戎即敘」，「織皮」後面接著「崑崙、析支、渠搜」三個古代西北少數民族，所以「織皮」應該是「國名」。

「璆」有兩種解釋。

第一、「璆，玉」，《孔傳》、《孔疏》、《蔡傳》、《錢、江》主張此說。《孔傳》詮釋爲：璆，玉名。《孔疏》引《釋器》，釋爲：璆、琳，玉也。（頁 86）《蔡傳》釋爲：璆，玉磬。（頁 31）《錢、江》譯文取其前者，釋爲美玉。

第二、「璆，金」，屈氏主張此說。《爾雅》：璆即紫磨金。屈氏譯文，釋爲黃金。

「鏤」，《孔傳》詮釋爲：鏤，剛鐵。《孔疏》曰：鏤者，可以刻鏤，故爲「剛鐵」也。《蔡傳》釋爲：鐵，柔鐵也。鏤，剛鐵可以刻鏤者也。言鐵而先於銀者，鐵之利多於銀也。後世蜀之卓氏程氏，以鐵冶富擬封君，則梁之利尤在於鐵也。

「磬」，《蔡傳》釋磬，石磬也。徐州貢浮磬，此州梁州既貢玉磬，又貢石磬，豫州又貢磬錯，由此觀之，當時樂器磬是很重要的一種貢品。

筆者斷句從其《錢、江》主張「織皮」下讀，翻譯擷取兩家所長。故譯爲：這裡的貢物是美玉、鐵、銀、剛鐵、作箭矢用的石頭、砮、熊石、磬石、狐狸、野貓，以及四獸之皮。

（6）岳曰：瞽子。（《虞夏書・堯典》）

按：「瞽子」中，省略主語「虞舜」；「瞽子」是複詞，作謂語。此段說明舜的身分，他是瞽瞍的兒子。

而為什麼稱為「瞽瞍」？歷來有三種說法。

第一種，樂官之名。《尚書通考》：「周官，小師掌教鼓鼗。瞽矇掌播鼗，蓋鼗之播也。」《詩》曰：蒙瞍奏公。是瞍為瞽類。《虞夏書・胤征》：瞽，奏鼓。可知「瞽」是掌管關於鼓方面的樂官。

第二種，盲人。沒有眼睛，所以對聽覺特別敏銳。《周禮》曰：樂官有瞽矇之職，以其無目使眡瞭相之，是無目曰瞽。但是《論語》認為「瞽」並不是沒有眼睛，而是沒有看見顏色。《論語》曰：未見顏色而言謂之瞽。則言瞽者非謂無目。且《史記》引證說，瞽瞍使舜上廩，下縱火焚廩；使舜穿井，下土實井。若其身自能然，不得謂之無目。

第三種，無辨識善惡能力，淺陋無知。《孔傳》詮釋為：無目曰瞽。舜父有目，不能分別好惡，故時人謂之瞽，配字曰瞍。瞍無目之稱。《孔疏》引《周禮》，又解稱瞽之意，舜父有目但不能識別好惡，與無目者同，故時人謂之瞽。配字曰瞍，瞍亦無目之稱，故或謂之為「瞽瞍」。（頁28）《蔡傳》詮釋為：側陋微賤之人也，言惟德是舉，不拘貴賤也。岳曰，四嶽獨對也。瞽，無目之名。言舜乃瞽者之子也。舜父號瞽瞍，心不則德義之經為頑。（頁3）《史紀》曰：舜父瞽瞍盲。以為「瞽瞍」是名，身實無目也。孔不然者，以經說舜德行，美其能養惡人，父自名瞍，何須言之？若實無目，即是身有固疾，非善惡之事，輒言舜是盲人之子，意欲何所見乎？

歷來學者《孔傳》、《孔疏》、《蔡傳》、《史紀》，都認為不識善惡故稱瞽。四岳也說「父頑」，《左傳》僖二十四年：心不則德義之經為頑。故《錢、江》譯為：長老回答說：他是樂官瞽瞍的兒子。（頁23）屈氏譯為：四嶽說：他是盲人的兒子。（頁9），筆者認為應譯為：他是樂官的兒子。

2. 主語＋是＋名詞性謂語

《說文》：「是，直也。從日、正。凡是之屬皆從是。承旨切」，段玉裁注釋：「以日為正則曰是。從日正會意。天下之物莫正於日也。」可見，「是」的本義表示「正」、「正確」、「對的」、「正確地」，含有判斷、確認的意義。《廣雅・釋言》云：「是，此也。」章炳麟《新方言》云：「《爾雅》云：時，寔；

是也。」「是」訓爲「此」是「是」的假借義。「是」、「此」古音相近通假。「是」禪紐，支韻。「此」清紐，支韻。朱駿聲《說文通訓定聲》云：「是，假借爲室……又爲此。」

從語言學角度看，「是」在漢語的沒有形態變化，只有一個形式；英語的「to be」，卻有「to be（am、is、are），beings」等形態。肖婭曼〈判斷詞「是」是分化而來〉一文，〔註26〕認爲漢語「是」只有一個形式，卻並非只有一個意義，對哲學界來說，沒有一個比「是」的存在意義更爲重要、更爲基本的意義了。「是」的多種詞性：一、複指代詞「這（個、些）」；二、判斷動詞；三、形容詞「對的」、「正確的」。

（1）乃卜三龜，一習吉。啟籥見書，乃並是吉。（《周書・金縢》）

按：「乃並是吉」中，主語省略，意承上指「書」；「是」是單詞，作判斷詞；「吉」是單詞，作謂語。此段描述周公占卜爲吉祥，武王也病癒。

「籥」歷來有兩種詮釋。

第一、「籥」，指鑰匙。鄭玄曰：「籥，開藏之管也。開兆書藏之室以管，乃複見三龜占書，亦合於是吉。」王肅曰：「籥，開藏占兆書管也。」《蔡傳》釋：籥與鑰通。

第二、「籥」，指簡冊。王引之《經義述聞》曰：「書者，占兆之辭。籥者，簡屬，所以載書也。……啓，謂展視之。」《說文》曰：「籥，書僮竹笘也。從竹龠聲。」所以「籥」應該是簡冊。

「三龜」則是有兩種詮釋。

第一、「三龜意指三王之龜」，《孔傳》、《孔疏》主張此說。《孔傳》詮釋爲：以三王之龜卜，一相因而吉。三兆既同吉，開籥見占兆書，乃亦並是吉。《孔疏》引《周禮》曰：「太卜掌三兆之法，一曰《玉兆》，二曰《瓦兆》，三曰《原兆》」。三兆各別，必三代法也。《洪範》卜筮之法，三人占則從二人之言，是必三代之法並用之矣。故知「三龜」，「三王之龜」。龜形無異代之別，但卜法既別，各用一龜，謂之「三王之龜」耳。每龜一人占之，其後君與大夫等，卜占三代之龜，定其吉凶。未見占書知已吉者，卜有大體，見兆之吉凶，粗觀可識，故知吉也。（175頁）

〔註26〕肖婭曼：〈判斷詞「是」是分化而來〉，《西南民族學院學報》（哲學社會科學版）（2001年4月），頁183～186。

第二、「三龜」意指三人所卜之卦，《蔡傳》主張此說。《蔡傳》詮釋為：卜筮必立三人以相參考，三龜者，三人所卜之也。習，重也，謂三之兆一同。開籥見卜兆之書，乃並是吉。（頁81）

《錢、江》譯為：卜問了三龜，都重複出現吉兆。打開鎖鑰看書，也都是吉利的。（頁 275）屈氏譯為：於是占了三隻龜，通通都是吉利的。再展開（占卜的）簡冊對照所載的占辭，也都是吉利的。（頁86）筆者從後者。

（2）汝則從、龜從、筮從、卿士從、庶民從，是之謂大同。（《周書‧洪範》）

按：「是之謂大同」中，主語省略；「是」是單詞，作判斷詞；「之謂大同」是短語，作謂語。句型「是＋之＋動詞＋名詞賓語」，「之」間接賓語置於動詞前（賓語前置），「大同」名詞賓語置於動詞後，雙賓少見。此段描述通過卜筮解決疑難。

《孔傳》曰：人心和順，龜筮從之，是謂大同於吉。動不違眾，故後世遇吉。《孔疏》曰：人主與卿士庶民皆從，是人心和順也。《孔疏》又曰：物貴和同，故大同之吉，延及於後。（頁174）《蔡傳》曰：稽疑，以筮為重。人與筮皆從，是之謂大同，固吉也。（頁77）

《錢、江》譯為：假若您贊成，龜卜贊成，蓍筮贊成，卿士贊成，庶民贊成，這就叫做大同。（頁261）屈氏譯為：若您贊成，龜卜贊成，占筮贊成，官員贊成，民眾贊成，這就是意見全體一致。（頁81）屈氏「大同」釋為：意見全體一致。筆者取其前者《錢、江》之譯。

3. 主語＋乃＋名詞性謂語

乃，《說文》：「曳詞之難也。象氣之出難」，副詞「乃、即、皆、誠、必、素」，常放在主謂語之間，用作狀語，對於整個謂語產生強調肯定的作用。

（1）王如弗敢及天基命定命，予乃胤保，大相東土，其基作民明辟。（《周書‧洛誥》）

按：「予乃胤保」中，「予」是單詞，作主語；「乃」作判斷詞；「胤保」是短語，作謂語。此段描述周公與成王商定營建洛邑地點。如，往也。胤，繼也。大相，全面視察。洛邑在鎬京東，故曰東土。辟，法；法律。

「保」有兩種解釋。

第一、保，文武成三王，《孔傳》、《孔疏》屈氏主張此說。《孔傳》詮釋爲：言王往日幼少，不敢及知天始命周家安定天下之命，故己攝。我乃繼文武安天下之道，大相洛邑，其始爲民明君之治。《孔疏》詮釋爲：文王受命，武王伐紂，意在安定天下。天下未得安定，故周公言我乃繼續文武安定天下之道，大相洛邑之地，其處可行教化，始營此都，爲民明君之政治。言欲爲民明君，其意當在此。（頁 225）屈氏譯爲：君王（勵精圖治）好像唯恐趕不上老天讓（文王）開國之時和（武王）平定天下之時的功業，於是我繼續地輔佐著（你），大大地觀察了一番東方之地，那是謀畫著使你成爲百姓的英明君主。（頁 123）

第二、保，太保即召公，《蔡傳》主張此說。《蔡傳》詮釋爲：凡有造，基之而後成，成之而後定。基命，所以成始也。定命，所以成終也。言成王幼沖退託，如不敢及知天之基命定命，予乃繼太保而往，夫相洛邑，其庶幾爲王始作民明辟之地也。（頁 99）《錢、江》譯爲：王謙遜似乎不敢參與上帝想命周家居洛的大事，我繼太保後，全面視察了洛邑，就商定鼓舞老百姓的光輝措施。（頁 338）

屈氏言：胤保，指輔佐文武成三王言。若從語法分析來看，「予」作主語，「乃」作判斷詞，「胤保」作謂語，判斷句的謂語一般是對主語表達的人或事物進行分類，判斷主語表達的人或事物屬於或不屬於哪一類。筆者從《孔傳》、《孔疏》、屈氏之說。

（2）**爾乃尚有爾土，爾乃尚寧幹止。**（《周書·多士》）

按：「爾乃尚有爾土」、「爾乃尚寧幹止」中，上下句作主語「爾」是單詞；「乃」，作判斷詞；「尚有爾土」、「尚寧幹止」是短語，作謂語。此段描述周公以成王之命告誡殷商大臣，你們還擁有舊有的一切事物。

「寧」、「幹」、「止」歷來有三說。（詳見第四章陳述句「止」）

4. 主語＋則＋名詞性謂語

則，說文：「刀部，等畫物也。從刀從貝。貝，古之物貨也。子德切。」

（1）**若火之燎于原，不可嚮邇，其猶可撲滅，則惟汝眾自作弗靖，非予有咎。**（《商書·盤庚上》）

按：「則惟汝眾自作弗靖」中，主語省略，指火之燎於原可撲滅；「則」

作判斷詞;「惟汝眾自作弗靖」是短語,作謂語。此段描述盤庚痛斥大臣無根據之言,各由其咎。此章反復辯論,言傲上之禍害。咎,過也。

「靖」歷來有三種詮釋。

第一、「靖,謀也」,《孔傳》、《孔疏》主張此說。《孔傳》詮釋爲:火炎不可向近,尚可撲滅。浮言不可信用,尚可得過絕之。《孔疏》詮釋爲:我刑戮汝,汝自招之,非我咎也。告民不徙者,非善謀也。由此而被刑戮,是汝自爲非謀所致也。(頁 128)

第二、「靖,安也」,《蔡傳》主張此說。《蔡傳》詮釋爲:其猶可撲滅者,言其勢焰雖盛,而殄滅之不難也。則惟爾眾自爲不安,非我有過也。(頁 54)

第三、「靖,善也」,《錢、江》、屈氏主張此說。屈氏釋爲「靖,善:述聞說。」,屈氏譯爲:如同大火在原野中燃燒起來一般,火勢猛烈得使人不能接近,可是,尚可撲滅它。那就是你們眾人做得不好,不是我有什麼過錯。(頁 55)故《錢、江譯》爲:好像大火在原野上燃燒一樣,不能面向接近,還能撲滅嗎?這都是你們眾人做得不好,不是我有過錯。(頁 175)

兩種白話譯本都將「靖」解釋爲「善」,「弗靖」解釋爲「做得不好」。然對比之下,兩種譯本不同處是:「不可嚮邇,其猶可撲滅。」《錢、江》本認爲「還能撲滅嗎?」,意指不能撲滅;屈氏本認爲「尚可撲滅」。筆者認爲屈氏本是也,火之燎於原,雖不能接近,尚可撲滅。反之,而用謠言恐嚇煽惑民眾,是你們做得不好。

(2)二公命邦人,凡大木所偃,盡起而築之,歲則大熟。(《周書‧金縢》)

按:「歲則大熟」中,「歲」是單詞,作主語;「則」作判斷詞;「大熟」是短語,作謂語。此段描述君臣冰釋前嫌,災害消弭,大豐收。

本段附於金縢之末。《孔傳》詮釋爲:桑果無虧,百穀豐熟,周公之德。《孔疏》詮釋爲:禾木有偃拔,起而立之,築有其根,桑果無虧,百穀豐熟。(頁 188)《蔡傳》詮釋爲:天乃反風,感應如此之速,洪範庶徵,孰謂其不可信哉。(頁 82)成王得知金縢之書後悔悟,親自出郊親迎周公,出現種種的驗徵。《孔傳》歸於周公之德感應上天,《蔡傳》言感應迅速,人不可不相信。

對比兩種譯本。《錢、江》譯爲:大公、召公命令國人,凡是被倒樹壓著的莊稼,要全部扶起,用土培好根。這一年獲得了大豐收。(頁 278)屈氏譯爲:二公吩咐國民,凡是仆倒的大樹,通通把它們扶起來、並用土擣的堅

固，於是年成就大大豐盛了。（頁 89）豐收。「熟」應該指豐收，譯文從其《錢、江》本。

（二）否定判斷句

今文《尚書》的否定判斷有兩種類型：一種是單純否定，用「非」、「棐」表示；另一種為雙重否定式，強調斷定的肯定性。

1. 單純否定式判斷句

A. 「非」

「非」，《說文》云：「違也。從飛下狋，取其相背。凡非之屬皆從非。甫微切。」

（1）格爾眾庶，悉聽朕言。非台小子，敢行稱亂；有夏多罪，天命殛之。（《商書‧湯誓》）

按：「非台小子」中，主語省略；「非」作判斷詞；「台小子」是短語，作謂語。此段描述討伐夏傑的理由。格，至也。台，我也。小子，殷湯對自己的謙稱。《釋言》云：稱，舉也。舉亂，以諸侯伐天子。

商湯稱王，是否算為叛亂？

第一、以人事言之。有兩種說法：一者，《孔疏》詮釋為：常法，以臣伐君則為亂逆，故舉亂謂以諸侯伐天子。（頁 108）《蔡傳》詮釋為：以人事言之，則臣伐君，可謂亂矣。（頁 43）所以站在臣子的角度，是舉亂。二者，而《泰誓》曰：「獨夫受。」將桀比於一夫，不是一國之君，故湯可稱王。商紂不是舉亂。

第二、以天命言之。《孔傳》詮釋為：非我小子敢行此事，桀有昏德，天命誅之，今順天。《蔡傳》詮釋為：以天命言之，則所謂天吏，非稱亂也。以桀有昏德，天命誅之，順天行誅，故非伐君稱亂。

可知，《孔傳》、《蔡傳》認為商湯稱王，是站在天命不可違的神權時代，商湯不算為叛亂。而《孔疏》認為諸侯伐天子雖亂，但《泰誓》卻認為，桀不是一國之君，故湯不是舉亂。《錢、江》譯為：來吧！你們諸位，都聽我說。不是我小子敢犯上作亂！因為夏國犯下許多罪行，天帝命令我去討伐他。（頁 119）屈氏譯為：告訴你們家人，都來聽我的談話。並不是我這青年，敢去作亂；只因夏國的罪惡多端，老天命令我去罰滅他。（頁 49）故「稱亂」為犯上

作亂較妥，從其《錢、江》譯本。

（2）殷罔不小大，好草竊姦宄，卿士師師非度。（《商書‧微子》）

按：「卿士師師非度」中，「卿士師師」是名詞短語，作主語；「非」是否定副詞，作判斷詞；「度」是動詞，作謂語。此分句句式是：「主語＋否定副詞＋謂語」。

此段描述微子悲歎殷商將亡，上上下下無不做亂，使人傷感悲憤，後世人主觀此亦可深鑒。

「師師」，《孔疏》釋爲互相師法，《錢、江》指衆多官員，應是前者。（詳見第九章《商書‧微子》語法分析）

「小大」有兩種詮釋。

第一、「小大，臣民」，《孔疏》、《蔡傳》、《錢、江》主張此說。《孔疏》詮釋爲：卿士以下在朝之臣，其所舉動皆有辜罪，無人能秉常行得中正者。（頁145）《蔡傳》詮釋爲：殷之人民，無小無大，皆好草竊姦宄。上而卿士，亦皆相師非法。上下容隱，凡有冒法之人，無有得其罪者。小民無所畏懼，強淩弱，衆暴寡，方起讎怨，爭鬪侵奪，綱紀蕩然，淪喪之形，茫無畔岸。（頁63）《錢、江》釋爲「小」指老百姓，「大」指群臣。《錢、江》譯爲：殷商的大小臣民無不搶奪偷盜、犯法作亂，官員們都不遵守法度。（頁216）

第二、「小大，老少」，屈氏主張此說。屈氏譯爲：我們殷國不管年少的年老的，沒有不愛搶劫偷竊作亂的，官員們互相效法著去做不法的事。（頁68）「罔不小大」應該爲「小大罔不」，《孔疏》云：「由紂亂敗之故，今日殷人無不小大皆好草竊姦宄。」草指搶奪，竊指偷竊，姦指在外爲惡，宄指在內爲惡。所以《孔疏》、《蔡傳》、《錢、江》之說。

（3）罰懲非死，人極于病。（《周書‧呂刑》）

按：「罰懲非死」中，「罰懲」是短語，作主語；「非」作判斷詞；「死」是單詞，作謂語。此段描述呂侯爲相，建議穆王斷案刑罰的輕重。

「極」有三種詮釋。

第一、「極，甚，非常」，《孔傳》、《蔡傳》主張此說。《孔傳》詮釋爲：刑罰所以懲過，非殺人，欲使惡人極於病苦，莫敢犯者。（頁303）《蔡傳》詮釋爲：罰以懲過，雖非致人於死，然民重出贖，亦甚病矣。（頁136）

第二、「極，痛苦」，《錢、江》主張此說。《錢、江》爲譯：刑罰雖不置

人死地，但受刑罰的人感到比重病還痛苦。（頁468）

第三、「極，困阨」，屈氏主張此說。屈氏譯為：懲罰雖然不是置犯人於死地，但是受刑罰的人都會為痛苦所困阨。（頁183）王褒《聖主得賢臣頌》：人極馬倦。

「人極于病」，「人」是主語，「極」是謂語，「于病」作補語。所以「極」不能當副詞用，而「甚，非常」是副詞，故《孔傳》、《蔡傳》之說，不採取。「痛苦」、「困阨」是形容詞，都可當謂語。

（4）『人惟求舊；器非求舊，惟新。』（《商書・盤庚上》）

按：「器非求舊」中，「器」是單詞，作主語；「非」作判斷詞；「求舊」是短語，作謂語。此段描述引古之賢臣之語，願意任用世家舊臣。

人惟求舊的「舊」，歷來有三種詮釋。

第一、「舊，賢人」，《孔傳》、《孔疏》、鄭玄主張此說。鄭玄：「古之賢史。」《孔傳》詮釋為：言人貴舊，器貴新，汝不徙，是不貴舊。《孔疏》詮釋為：其人既沒，其言立於後世，知是古賢人也。故筆者認為，此賢者應該指像遲任那樣的古之賢人。（頁129）

第二、「舊，世臣舊家」，《蔡傳》主張此說。《蔡傳》詮釋為：盤庚所引其意在人惟求舊一句，而所謂求舊者，非謂老人，但謂求人於世臣舊家云耳。若以舊人為老人，又何侮老成人之有。又《蔡傳》於「惟圖任舊人共政」詮釋為：此所謂舊人者，世臣舊家之人，非謂老成人也。（頁54）

第三、「舊，老人」，王肅主張此說。王肅云：「古老成人。」

觀看兩種譯本，都沒有將人惟求舊的「舊」詮釋出來。《錢、江》譯為：用人要用長期在官位的舊人，用器物就不要尋求舊的，而是要新的。（頁177）屈氏譯為：任用官員要用同事年久的人，器物就不要找舊的，而要新的。（頁56）「舊人」、「同事年久的人」，不一定都是賢人或是有能力的人。筆者認為應譯為：人要用長期在官位的賢人，用器物就不要找舊的，而是要新的。

（5）嗚呼，篤棐時二人，我式克至于今日休？（《周書・君奭》）

按：「篤棐時二人」中，「篤」作主語；「棐」作判斷詞；「時二人」是短語，作謂語。此段描述周公與召公一起開創文王事業。篤，厚，信。時，這。式，語氣助詞。

「棐」，歷來有兩種詮釋。

第一、「棐，輔也」，《孔傳》、《蔡傳》、屈氏主張此說。《孔傳》詮釋爲：言我厚輔是文武之道而行之，或用能至於今日其政美。（頁249）《蔡傳》詮釋爲：周公復歎息，言篤於輔君者，是我二人，我用能至於今日休盛，然我欲與召公共成文王功業於不怠。（頁110）屈氏也釋爲輔，屈氏譯爲：唉！因爲官員們誠懇地輔佐我們這兩個人，所以我們周人才能達到今天的幸福境地（頁148）。

第二、「棐，非也」，《錢、江譯》主張此說。《錢、江譯》爲：啊！眞的不是我們這兩個人，我們還能達到今天的休美境地嗎？（頁378）時二人，指周公與召公。

《孔傳》、《蔡傳》、屈氏將「棐」解釋爲「幫助」的意思，是動詞，不是作判斷詞。而《錢、江譯》認爲「棐」是作判斷詞，「不是」的意思。

根據語法分析「篤棐時二人」，「時二人」是「此二人」，「此」作主語，「二人」偏正短語作謂語，所以「棐」不應當是一般動詞，從《錢、江譯》之說。

B. 「非……惟」

惟，說文：「凡思也。從心隹聲。以追切。」

（1）人有小罪非眚，乃惟終，自作不典；式爾，有厥罪小，乃不可不殺。乃有大罪非終，乃惟眚災適爾，既道極厥辜，時乃不可殺。（《周書・康誥》）

按：連續使用兩次「非……惟」句式，並列關係複句，在不同分句中。

「人有小罪非眚」中，「人有小罪」是短語，作主語；「乃有大罪非終」中，「有大罪」作主語，是短語，可屬於有無句。「非」作判斷詞。首句第一分句「眚」是單詞，作謂語；次句第一分句「終」是單詞，也是作謂語。兩句是一個否定的判斷句。

「乃惟終」、「乃惟眚災適爾」中，「惟」不置第二分句句首，前字「乃」是連詞，兩句是一個肯定的判斷句。

一個否定判斷句，一個肯定判斷句，構成了一個表示並列關係的複句。此段描述周公告誡康叔謹愼使用刑罰。眚，所領反，本亦作省。式，用也。適，偶也。

《孔傳》詮釋爲：小罪非過失，乃惟終身行之，自爲不常，用犯汝。又詮釋爲：汝盡聽訟之理以極其罪，是人所犯，亦不可殺，當以罰宥論之。（頁202）《蔡傳》詮釋爲：人有小罪，非過誤，乃其固爲亂常之事，用意如此。

其罪雖小，乃不可不殺，即舜典所謂刑故無小也。人有大罪，非是故犯，乃其過誤，出於不幸，偶爾如此既自稱道盡輸其情，不敢隱匿，罪雖大，時乃不可殺，即舜典所謂宥過無大也。（頁88）

刑罰有「小罪」、「大罪」，《孔傳》、《孔疏》、《蔡傳》詮釋不同，如下表：

刑　　罰	小罪：不可不殺	大罪：不可殺
《孔傳》	惟終身行之，自爲不常	以罰宥論之
《孔疏》	以故犯而不可赦	以誤故
《蔡傳》	刑故無小	宥過無大

《錢、江》譯爲：一個人犯了小罪，不是無意的過失，而是經常自作不法。這樣，即使他的罪行小，卻不可不殺。一個人犯了大罪，不是堅持惡不肯悔改，而是過失造成的禍害，假如這樣，他已經說盡他的罪過，這個人就不可以殺。（頁300）屈氏譯爲：如果有人犯了小罪而不是無心的過失，且永遠怙惡不改；那是他自己有意去做不法的事；像這樣的，他的罪惡雖小，也不可殺他。如果有人犯了大罪而不是永遠怙惡不改，而是因無心的過失偶然遭到罪過，既已懲罰了他的罪過，像這種人就不可以殺死他。（頁99）兩譯本無異說。

（2）我非敢勤，惟恭奉幣、用供王，能祈天永命。（《周書・召誥》）

按：「我非敢勤，惟恭奉幣、用供王」中，第一分句「我非敢勤」，「我」是單詞，作主語；「非」作判斷詞；「敢」是表敬副詞；「勤」作謂語。第一分句是一個否定判斷句。

第二分句「惟恭奉幣、用供王」，「恭奉幣」、「用供王」是並列動賓短語，作謂語。第二分句是一個肯定判斷句。此段描述召公向成王保證營造好洛邑。

「勤」有兩種詮釋。

第一、「勤，勤勞」，《孔傳》、《孔疏》、《蔡傳》、屈氏主張此說。《孔傳》詮釋爲：言我非敢獨勤而已，惟恭敬奉其幣帛，用供待王，能求天長命。《孔疏》詮釋爲：「我非敢勤」，召公自道，言我非敢獨勤而已。（頁223）《蔡傳》詮釋爲：我非敢以此爲勤，惟恭奉幣帛，用供王能祈天永命而已，蓋奉幣之禮，臣職之所當恭，而祈天之實，則在王之所自盡也。（頁97）屈氏譯爲：我自己並沒有什麼勤勞，我只有恭敬地捧著玉器絹子等供給王，而祈求老天賜予我們永久的命運。（頁123）

第二、「勤，慰勞」，《錢、江》主張此說。《錢、江》譯爲：我不敢慰勞王，只想恭敬地奉上玉帛，以獻給王善於祈求上帝賜給永久的福命。（頁335）

成王將舉新邑，故召公以幣帛助祭。所以既拿物品祭拜，不應該說是不敢慰勞，故「勤」應該指「勤勞」，從其《孔傳》、《孔疏》、《蔡傳》、屈氏之說。

（3）予小子旦，非克有正，迪惟前人光，施于我沖子。（《周書・君奭》）

按：「非克有正，迪惟前人光」中，「非克有正」主語省略，意指姬旦周公；「非」作判斷詞；「克有正」是短語，作謂語。是一個否定判斷句。

「迪惟前人光」，「惟」不置第二分句句首，前字「迪」是個發語詞，第三分句是一個肯定判斷句，「前人光」是短語，作謂語。此段描述周公向召公說明天命無常。

又按，《經傳釋詞》：「凡書言「洪惟」、「爽惟」、「丕惟」、「誕惟」、「迪惟」、「率惟」皆詞也。」（見附錄「爽」字）

「沖子」有兩種詮釋。

第一、「沖子，指成王」，《孔傳》、屈氏主張此說。《孔傳》詮釋爲：繼先王之大業，恭奉其明德，正在今我小子旦。言異於餘臣。又釋：我留非能有改正，但欲蹈行先王光大之道，施正於我童子。童子，成王。屈氏譯爲：我這年輕人旦，不能有什麼長處，我只是把祖先的光彩，來施給我們這年輕的君主就是了。（頁142）

第二、「沖子，指後代子孫」，《蔡傳》、《錢、江譯》主張此說。《蔡傳》詮釋爲：小子自謙之辭也，非克有正亦自謙之辭也。言在今我小子旦，非能有所正也，凡所開導，惟以前人光大之德，使益焜燿，而付於沖子而已，以前言後嗣子孫，遏佚前人光而言也。（頁108）《錢、江譯》爲：我小子姬旦贊成您的看法，勤勞王事，只想把前人的美德傳給我們的後代。（頁370）

「我沖子」是同位短語，所以「我」是指「成王」，「沖子」也是指「成王」。

在《尚書》中，人稱代詞「予」、「我」、「朕」、「台」、「汝」、「爾」等，後面加上「沖子」、「小子」，形成同位短語情形非常普遍。今文《尚書》中，如：「明保予沖子」（《周書・洛誥》）、「予沖子夙夜毖祀。」（《周書・洛誥》）、「施于我沖子」（《周書・君奭》）、「台小子」（《商書・湯誓》）、「予小子」（《周

書・金縢》）、「朕小子」（《周書・金縢》）、「越予小子」（《周書・大誥》）、「以予小子」（《周書・洛誥》）、「予小子其退即辟于周」（《周書・洛誥》）、「爾小子乃興」（《周書・多士》）、「閔予小子嗣」（《周書・文侯之命》）。古文《尚書》中，如：「肆台小子」（《商書・湯誥》）、「予小子不明于德」（《商書・太甲》）、「台小子舊學于甘盤」（《商書・太甲》）、「今予小子」（《周書・周官》）、「予小子垂拱仰成」（《周書・畢命》）、「予小子永膺多福」（《周書・畢命》）、「惟予小子」（《周書・君牙》）。

也有以「小子」一詞後面加上「號」或「字」，如：「小子封」（《周書・康誥》）、「小子胡！」（《周書・蔡仲之命》）。

也有以「人稱代詞」後面加上「號」如：「予旦」（《周書・洛誥》）、「予旦已受人之徽言咸告」（《周書・立政》）。

另外，也有以「人稱代詞」加上「小子」再加上「號」或「字」，如：「肆汝小子封」（《周書・康誥》）、「在今予小子旦」（《周書・君奭》）、「肆予小子發」（《周書・泰誓》）、「惟予小子無良」（《周書・泰誓》）、「予小子其承厥志」（《周書・武成》）。

（4）典獄非訖于威，惟訖于富。（《周書・呂刑》）

按：「典獄非訖于威」中，「典獄」是複詞，作主語；「非」作判斷詞；「訖于威」是短語，作謂語。第一分句「典獄非訖于威」是一個否定判斷句。

「惟訖于富」，「惟」作判斷詞；「訖于富」是短語，作謂語。第二分句是一個肯定判斷句。此段描述伯夷、禹、稷治理典獄的原則。「訖」，《孔傳》爲「絕」，《蔡傳》爲「盡也」，《錢、江》爲「止」。「威」，權勢也。

「富」有三種解釋。

第一、以「富」爲「賄賂也」，《孔傳》、《孔疏》、《蔡傳》主張此說。《孔傳》詮釋爲：言堯時主獄，有威有德有恕，非絕於威，惟絕於富。世治，貨賂不行。《孔疏》詮釋爲：堯時主獄之官，有威嚴，有德行，有恕心。有犯罪必罪之，是「有威」也。無罪則赦之，是「有德」也。有威有德有恕心，行之不受貨賂，是恕心也。不可能使民不犯，非絕於威。能使不受貨賂，惟絕於富。言以恕心行之，世治則貨賂不行，故獄官無得富者。（頁299）《蔡傳》詮釋爲：富，賄賂也。當時典獄之官，非惟得盡法於權勢之家，亦惟得盡法於賄賂之人。言不爲威屈，不爲利誘也。（頁134）

第二、以「富」爲「厚」，《錢、江》主張此說。《錢、江》譯爲：主管刑

罰的官，並不是停止在威虐上，而是停止在仁厚上。（頁461）《錢、江》以「富」為「厚」。

第三、以「富」為「福」，屈氏主張此說。屈氏譯為：掌管審判的最終目的，並不是為了懲罰民眾，而是以造福民眾為目的。（頁 179）屈氏以「富」為「福」根據《述聞》。

「非訖于威，惟訖于富」句中，「威」、「富」意思應該相反，詞性應該相同是。「威」是動詞，有「威脅」、「威嚇」的意思。「富」也要當動詞，而《錢、江》將「富」解釋為「仁厚」是「不刻薄的」意思，當形容詞，故不採取《錢、江》說法；屈氏認為是「造福」，《孔傳》、《孔疏》、《蔡傳》解釋為「賄賂」，雖都可當動詞，但根據上下文意，宜取屈氏說法。

（5）天齊于民，俾我一日；非終惟終，在人。（《周書・呂刑》）

按：「非終惟終」中，主語省略，意指掌管國政；「非」、「惟」作判斷詞；兩句「終」是單詞，作謂語。先否定再肯定的判斷句。此段描述穆王告誡王室敬待天天命。終，成，成功。俾，使掌職。《爾雅・釋言》云：「俾，職也。」

「齊」有三種詮釋。

第一、「齊，整齊」，《孔傳》、《孔疏》、《蔡傳》主張此說。《孔傳》詮釋為：天整齊於下民，使我為之，一日所行，非為天所終，惟為天所終，在人所行。《孔疏》詮釋為：「天整齊於下民」者，欲使之順道依理，以性命自終也。以民不能自治，故使我為之，使我為天子。我既受天委付，務欲稱天之心。墜失天命，是不為天所終。保全祿位，是為天所終。我一日所行善之與惡，非為天所終，惟為天所終，皆在人所行。王言已冀欲使為行稱天意也。（頁299）《蔡傳》詮釋為：天以是整齊亂民，使我為一日之用而已，非終，即康誥犬罪非終之謂。言過之當宥者，惟終，即康誥小罪惟終之謂。言故之當辟者，非終惟終，皆非我得輕重，惟在夫人所犯耳爾。（頁134）

第二、「齊，助也」，屈氏主張此說。屈氏譯為：老天扶助百姓們，給了我們一個時間；國運若還不應終了時而竟然終了了，這完全在於人為的因素。（頁180）

第三、「齊，整頓」，《錢、江》主張此說。《錢、江》譯為：上帝治理下民，使我們暫時掌握國家的事務，不成與成，完全在於人為。（頁463）

「齊」有「整齊」、「扶助」、「整頓」之說，而馬融提出另外一種解說，云：「齊，中也。」到底哪一種較妥？根據語法分析，「天齊于民」，「天」是

主語，「齊」當動詞，「于民」是介賓短語。故「齊」必須當動詞用，《孔傳》、《孔疏》、《蔡傳》解說爲「整齊」，屈氏解釋爲「資之假，助也」，《錢、江》解說爲「整頓」，三種說法都可以當動詞用。但根據下句「俾我」一詞，故取其屈氏「齊」有「幫助」的意思。

（6）非佞折獄，惟良折獄，罔非在中。察辭于差，非從惟從。（《周書・呂刑》）

按：「非佞折獄，惟良折獄」，「非……惟」句式在不同分句中，次句「非從惟從」，「非……惟」句式，在同一個小句裡。

「非佞折獄，惟良折獄」中，主語省略；「非」作判斷詞；「佞折獄」是短語，作謂語。第一分句是一個否定判斷句。第二分句「惟」作判斷詞；「良折獄」是短語，作謂語。第二分句是一個肯定判斷句。

「非從惟從」中，「非」、「惟」作判斷詞，「從」是單詞，作謂語。此段描述斷案的公平標準。佞，口才也。

「佞」有兩種詮釋。

第一、「佞，口才」，《孔傳》主張此說。《孔傳》詮釋爲：非口才可以斷獄，惟平良可以斷獄，無不在中正。（頁303）斷案的公平標準，非從其僞辭，惟從其本情。

第二、「佞，佞人，善於巧言獻媚的人」，《蔡傳》、《錢、江》、屈氏主張此說。《蔡傳》詮釋爲：非口才辯給之人，可以折獄，惟溫良長者，視民如傷者，能折獄而無不在中也。（頁136）《錢、江》譯爲：反對巧辯的人審理案件，而是善良的人審理案件，就沒有不公平合理的。從矛盾處考察供詞，不服從的犯人也會服從。（頁468）屈氏譯爲：不要用諂佞的人審判案子，只要用善良的人審判案子，目的無非在求得公正。要詳細地考察口供的不一致，那麼，不服從的人才會服從。（頁183）

「非佞折獄，惟良折獄」，同樣是兩句相同的句式並列，故「佞」、「良」意思相反，詞性相同。「折」是動詞，「獄」是謂語，所以「佞」、「良」當主語。故「佞」應當是佞人，善於巧言的人，《蔡傳》、《錢、江》、屈氏都主張此說，譯文從其屈氏之說較妥。

（7）獄貨非寶，惟府辜功，報以庶尤。永畏惟罰；非天不中，惟人在命。（《周書・呂刑》）

　　按：「獄貨非寶，惟府辜功」中，「獄貨」是短語，作主語；「非」作判斷
詞；「寶」是單詞，作謂語。第一分句是一個否定判斷句。第二分句「惟」作
判斷詞；「府辜功」是短語，作謂語。第二分句是一個肯定判斷句。

　　「非天不中，惟人在命」中，主語省略；「非」是作判斷詞；「天不中」
是短語，作謂語。第一分句是一個否定判斷句。第二分句「惟」作判斷詞；「人
在命」是短語，作謂語。第二分句是一個肯定判斷句。

　　獄貨，鬻獄而得貨也。功，事也。辜功，猶云罪狀也。報以庶尤者，降
之百殃也。此段描述敬刑之事，貪贓枉法者必將受嚴厲處罰。

　　「府」有兩種詮釋。

　　第一、「府，聚也」，《孔傳》、《孔疏》、《蔡傳》主張此說。《孔傳》詮釋
為：受獄貨非家寶也，惟聚罪之事，其報則以眾人見罪。又詮釋為：當長畏
懼惟為天所罰，非天道不中，惟人在教命使不中，不中則天罰之。《孔疏》詮
釋為：受獄貨非是家之寶也，惟最聚近罪之事爾。罪多必有惡報，其報則以
眾人見罪也。眾人見罪者多，天必報以禍罰，故下句戒令畏天罰也。（頁 303）
《蔡傳》詮釋為：府，聚也。非天不中惟人在命者，非天不以中道待人，惟
人自取其殃禍之命爾。（頁 136）

　　第二、「府，取也」，《錢、江》、屈氏主張此說。《錢、江》譯為：不要對
訴訟雙方的訴詞貪圖私利啊！接受賄賂不是好事，那是犯罪的事，我將以眾
人犯罪來論處。永遠可畏的是上天的懲罰，不是天道不公平，只是他們自己
拒絕天命。（頁 470）屈氏譯為：審判案子時所受的賄賂不是可貴的，那只是
取得犯罪的事，所得的報復是眾人的怨恨。永遠可敬畏的事就是刑罰；並非
老天不公正，只是人們應察看老天的命令。（頁 184）

　　「獄貨非寶，惟府辜功，報以庶尤」中，「辜」是「罪」的意思，例如：
《商書‧微子》云：「凡有辜罪」，故「辜功」是指罪狀。「府」在此應該是「聚
集」的意思，指拿贓貨不是寶物，而是聚集罪狀。

C：「惟……非」

（1）其惟王勿以小民淫用非彝，亦敢殄戮；用乂民，若有功。（《周書‧召誥》）

　　按：「惟……非」中，「其」，指上句主語，作主語；「惟」、「非」作判斷
詞；「惟王勿以小民淫用非彝」是短語，作謂語。先肯定再否定的判斷句。此

段描述召公告誡成王慎罰，實行德政，才會成功。

「亦敢殄戮用乂民」有兩種句讀與詮釋。

第一、中間無有句讀，如：「亦敢殄戮用乂民」連讀，《錢、江》主張此說。《錢、江》譯爲：願王不要使老百姓多行違犯的事，也不要用殺戮來治理老百姓，才會有功績。（頁334）

第二、中間用分號分開，如：「亦敢殄戮；用乂民」，屈氏主張此說。屈氏譯爲：希望王不要因小百姓過度地違犯法規就來殺戮他們；這樣統治民眾，才能有功效。（頁122）

「亦敢殄戮」「用乂民」中間到底要不要用分號分開？根據此段句式「小民」後面應該是接了兩件事情，「淫用非彝，亦敢殄戮」與「用乂民，若有功」所以取其第二種「其惟王勿以小民淫用非彝，亦敢殄戮；用乂民，若有功。」中間有分號。

「若有功」，有兩種解釋。

第一、順禹湯之德將有成功，《孔疏》主張此說。《孔疏》詮釋爲：若有功，必順前世有功者也。上文所云「相夏」、「相殷」，謂禹湯之功，故知此「順行禹湯所有成功」。能順禹湯之功，則惟王居位在德之首。禹湯爲有德之首，故王亦爲首。（頁223）

第二、導民可以成功，《蔡傳》主張此說。《蔡傳》詮釋爲：惟順導民，則可有功，民猶水也。水泛濫橫流，失其性矣。然壅而遏之，則害愈甚。惟順而導之，則可以成功。（頁97）

「若有功」，《孔疏》解釋爲禹湯之德將有成功，《蔡傳》解釋爲導民可以成功，取《孔疏》之說較妥。

（2）刑罰世輕世重，惟齊非齊，有倫有要。（《周書・呂刑》）

按：「惟齊非齊」中，主語省略；「惟」、「非」作判斷詞；「齊」是單詞，作謂語。先肯定再否定的判斷句。此段描述斷案時使用刑的輕重。

「刑罰世輕世重」，《孔傳》詮釋爲：言刑罰隨世輕重也。（頁302）《蔡傳》詮釋爲：輕重諸罰有權者，權一人之輕重也。刑罰世輕世重者，權一世之輕重也。（頁135）

根據古代刑罰，依照國家不同的局勢，有三種之分法：輕典、中典、重典。列表如下：

刑　　罰	輕　　典	中　　典	重　　典
《周禮・大司寇》	刑新國用輕典	刑平國用中典	刑亂國用重典
鄭　　玄	新國者，新辟地立君之國。 用輕法者，爲其民未習於教也。	平國，承平守成之國。 用中典者，常行之法也。	亂國，篡弑叛逆之國。 用重典者，以其化惡，伐滅之也。

「惟齊非齊，有倫有要。」《孔傳》詮釋爲：凡刑所以齊非齊，各有倫理，有要善。（頁302）《蔡傳》詮釋爲：惟齊非齊者，法之權也。有倫有要者，法之經也。言刑罰雖惟權變是適，而齊之以不齊焉。至其倫要所在，蓋有截然而不可紊者矣。（頁135）

「齊」有多種解釋。整齊、平、相同、齊全、並列、整治等意思。《漢書・揚雄傳》云：「參差不齊。」〔註27〕指的是「整齊」之意；《禮記・大學》：云：「欲治其國者，先齊其家」〔註28〕指的是「整治」之意。

《錢、江》、屈氏兩譯本，「齊」字解釋也不相同。《錢、江》譯爲：各種刑罰的輕重允許有些靈活性，刑罰輕重還要根據社會情況決定，相同或不相同，都有它的道理和要求。（頁468）屈氏譯爲：刑罰有時輕有時重，只是要使不整齊（不合法）的人趨向於整齊。（審判）一定要有道理而能公正。（頁183）。

「惟齊非齊」，《錢、江》解釋爲「相同或不相同」，屈氏解釋爲「不整齊（不合法）的人趨向於整齊」故本段從其《錢、江》譯文。

（3）承汝俾汝，惟喜康共，非汝有咎，比于罰。（《商書・盤庚中》）

按：「惟喜康共，非汝有咎」中，首句主語省略；「惟」、「非」是作判斷詞；「喜康共」、「汝有咎」是短語，作謂語。先肯定再否定的判斷句。此段描述盤庚向民眾說明，西遷是繼承先王舊制。

俾，有三種詮釋。

第一、「俾通『比』，順從」，《孔傳》、《錢、江》主張此說。《孔傳》詮釋爲：今我法先王惟民之承，故承汝使汝徙，惟與汝共喜安，非謂汝有惡徙汝，令比近於殃罰。（頁130）《錢、江》譯爲：我是順從你們喜歡安樂和隱定的想法，並不是你們有什麼過錯而對你們依罰懲治。（頁180）

〔註27〕〔漢〕班固：《漢書・揚雄傳》（台北：鼎文書局，1986年），頁3582。
〔註28〕〔清〕阮元刻本：《十三經注疏禮記・大學》（台北：藝文印書館，1955年），頁983。

第二、「俾，尊敬」，《蔡傳》主張此說。《蔡傳》詮釋爲：爾民何不念我以所聞先王之事，凡我所以敬汝使汝者，惟喜與汝同安爾。非爲汝有罪，比於罰而讁遷汝也。（頁 55）

第三、「俾通『裨』，補益、利益」，屈氏主張此說。屈氏譯爲：（先王）保護你們，爲你們謀利益，是要你們共享安樂；並不是你們有什麼過失，而用遷徙來當做懲罰。（頁 58）

「承」除了「繼承、接續」之意義，也還有「順從」之意。例如，《詩經·抑》：「萬民靡不承」。所以「承汝俾汝」中的「俾」應該是第一種「順從」之意。故譯文從其《錢、江》之譯。

2. 雙重否定

A：「非……非……」

（1）肆予沖人，非廢厥謀，弔由靈各。非敢違卜，用宏茲賁。（《商書·盤庚下》）

按：「非廢厥謀」、「非敢違卜」中，主語省略；「非」作判斷詞；「廢厥謀」、「敢違卜」是短語，作謂語。此段描述遷都依照占卜之辭行事。《釋詁》云：沖，童。童人，謙也。弔，至。靈，善也。宏、賁皆大也。

《孔傳》詮釋爲：《禮》將有大事，必謀於眾。謀眾乃是常理，故言「非廢，謂動謀於眾」，言己不自專也。眾謀必有異見，故至極用其善者。《洪範》曰：『汝則有大疑，謀及卿士，謀及卜筮。』言「非敢違卜」，是既謀及於眾，又決於蓍龜也。（頁 134）《蔡傳》詮釋爲：言我非廢爾眾謀，乃至用爾眾謀之善者，指當時臣民有審利害之實，以爲當遷者言也。爾眾亦非敢固違我卜，亦惟欲宏大此大業爾。言爾眾，亦非有他意也。蓋盤庚於既遷之後，申彼此之情，釋疑懼之意，明吾前日之用謀。略彼既往之傲惰。委曲忠厚之意，藹然於言辭之表，大事以定，大業以興，成湯之澤於是而益永，盤庚其賢矣哉。（頁 57）《錢、江》譯爲：所以我這個年輕人，不敢廢棄遷徙的打算，善於運用上帝的謀劃；不敢違背卜兆，是爲了發揚光大這美好的事業。（頁 188）屈氏譯爲：所以我這年輕人，不敢放棄先王這種計謀，而妥善的遵從先王的命令；你們個人都不要敢於違背了我們的占卜，來發揚我們這美好事業。（頁 63）諸家無異說。

（2）非汝封刑人殺人，無或刑人殺人；非汝封又曰劓刵人‧無或劓
　　　刵人。（《周書‧康誥》）

　　按：「非汝封刑人殺人，無或刑人殺人」、「非汝封又曰劓刵
人」中，主語省略；「非」作判斷詞；「封刑人殺人」、「汝封又曰劓刵人」是
短語，作謂語。此段描述周公告誡康叔要謹慎刑罰。劓，截鼻。刵，截耳。
封，康叔。

　　《孔疏》詮釋爲：以國君故得專刑殺於國中，而不可濫其刑。（頁 202）
《蔡傳》詮釋爲：刑殺者，天之所以討有罪，非汝封得以刑之殺之也。刑殺，
刑之大者。劓刵，刑之小者。兼舉小大，以申戒之也。（頁 88）《孔疏》提出
國君有刑殺之權，但不可濫刑。《蔡傳》則認爲天命，並非國君有刑殺之權。

　　《錢、江》譯爲：要做到不是你封刑人殺人，沒有人敢刑人殺人；不是
你封有言要割鼻斷耳，沒有人敢施行割鼻斷耳的刑罰。（頁 301）屈氏譯爲：
不是你封可以擅自懲罰人屠殺人，你可不要任意去懲罰人屠殺人；也不是你
擅自對人執行割鼻割耳的刑罰，你也不要任意使用割鼻割耳的刑罰。（頁 100）
從其後者之譯。

　　《周書‧康誥》的「劓刵」，是指「五刑」裡的刑罰，「五刑」即墨、劓、
荆、宮、大辟。「劓」在五刑爲截鼻，而五刑無有「刵」，而《呂刑》「五刑」
有云：「刵」。〔註29〕且「五刑」只用於庶人，不用於貴族。

（3）乃非民攸訓，非天攸若，時人丕則有愆。（《周書‧無逸》）

　　按：「乃非民攸訓」、「非天攸若」中，兩句主語省略；兩句「非」作判斷
詞；「乃」是連詞；「民攸訓」、「天攸若」是短語，作謂語。此段描述周公告
成王要以紂王爲誡。攸訓，所訓。攸若，所善。

　　《孔疏》詮釋爲：夫「耽樂」者，乃非所以教民，教民當恪勤也；非所
以順天，順天當肅恭也。是此耽樂之人，則大有愆過矣。戒王不得如此也。（頁
242）《蔡傳》詮釋爲：一日耽樂，固若未害，然下非民之所法，上非天之所
順，時人大法其過逸之行。（頁 106）《錢、江》譯爲：這樣，就不是老百姓所

〔註29〕　《呂刑》：五刑之疑有赦，五罰之疑有赦，其審克之‧簡孚有眾，惟貌有稽：
　　　　無簡不聽，具嚴天威‧墨辟疑赦，其罰百鍰，閱實其罪‧劓辟疑赦，其罰惟
　　　　倍，閱實其罪‧荆辟疑赦，其罰倍差，閱實其罪‧宮辟疑赦，其罰六百鍰，
　　　　閱實其罪‧大辟疑赦，其罰千鍰，閱實其罪‧墨罰之屬千，劓罰之屬千，荆
　　　　罰之屬五百，宮罰之屬三百，大辟之罰，其屬二百：五刑之屬三千‧

能順從的，也不是上天所能依從的，這樣的人就會有罪過。（頁 367）屈氏譯文相同。（頁 139）

（4）誥告爾多方，非天庸釋有夏，非天庸釋有殷。（《周書‧多方》）

按：「非天庸釋有夏」、「非天庸釋有殷」中，主語省略；「非」作判斷詞；「天庸釋有夏」、「天庸釋有殷」是短語，作謂語。此段描述夏桀、殷商並非是上帝捨棄，是自己放逸所成。庸，用也。釋，去之也。

《孔傳》詮釋為：歎而順其事以告汝眾方，非天用釋棄桀，桀縱惡自棄，故誅放。非天用棄有殷，乃惟汝君紂，用汝眾方大為過惡者，共謀天之命，惡事盡有辭說，布在天下，故見誅滅也。（頁 256）《蔡傳》詮釋為：先言嗚呼，而後言王若曰者，唐孔氏曰，周公先自歎息，而後稱王命以誥之也。上文言夏殷之亡，因言非天有心於去夏，亦非天有心於去殷，下文遂言乃惟桀紂自取滅亡也。（頁 113）

《錢、江》譯為：告訴你們各位邦君，並不是上天要捨棄夏國，也不是上天要捨棄殷國。（頁 392）屈氏譯文相同。（頁 151）

B：「非……非……非……」

（1）在今爾安百姓，何擇非人？何敬非刑？何度非及？（《周書‧呂刑》）

按：「何擇非人？何敬非刑？何度非及？」中，「何」是疑問代詞，「擇」、「敬」、「度」是動詞；「非」作判斷詞；「人」、「刑」、「及」是單詞，作謂語。此段描述穆王告誡大臣施行善刑方法。（此句詮釋見「疑問句」篇章。）

C：「罔非……」

（1）罔非天胤，典祀無豐于昵。（《商書‧高宗肜日》）

按：「罔非天胤」中，主語省，意指上句「王司敬民」的臣民；「罔非」作判斷詞；「天胤」是短語，作謂語。此段描述告誡祖庚愛護臣民，甚過於祭品。《釋詁》曰：胤，嗣也。

「昵」有兩種詮釋。

第一、「昵，近也」，《孔傳》、《孔疏》、《錢、江》主張此說。《孔傳》釋為：民事無非天所嗣常也，祭祀有常，不當特豐於近廟。《孔疏》釋為：「不當特豐於近廟」，謂犧牲禮物多也。（頁 143）《錢、江》譯為：啊！先王繼承

帝位被百姓敬重，無非都是老天的後代，在祭祀的時候，近親中的祭品不要過於豐厚啦！（頁 209）

　　第二、「昵，通禰，父廟也」，《蔡傳》、屈氏主張此說。《蔡傳》詮釋爲：王之職，主於敬民而已，徼福於神，非王之事也，況祖宗莫非天之嗣，主祀其可獨豐於昵廟乎？（頁 62）屈氏譯爲：我們的先王都是無不是天子，經常的祭祀不要對亡父廟度豐厚呀。（頁 65）

　　《墨子・備城門》云：「若昵道、僕近。」〔註30〕昵，指近。馬融：「昵，考（亡父）也；謂禰廟（父廟）也。」《周禮・春官・宗伯》：「舍奠於祖廟，禰亦如之」〔註31〕從上下文中，可知昵廟指父廟。筆者認爲應譯爲：無非都是老天的後代，在祭祀時父廟中的祭品，不要過於豐厚。

（2）天降威，我民用大亂喪德，亦罔非酒惟行。越小大邦用喪，亦罔非酒惟辜。（《周書・酒誥》）

　　按：此連續兩句是雙重否定判斷句。「亦罔非酒惟行」、「亦罔非酒惟辜」，主語省略，上指失德，下指喪邦；「罔非」作判斷詞；「酒惟行」、「酒惟辜」是短語，作謂語。此段描述周公告誡康叔戒酒的重要。辜，禍害，罪過。

　　此整段說明酒之禍人而天降威，《孔疏》與《蔡傳》詮釋角度不同。

　　《孔疏》詮釋爲：上言「民用大亂」，指其身爲罪。此言「邦用喪」，言其邦國喪滅。上文總謂貴賤之人，此則專指諸侯之身故也。（頁 206）《蔡傳》詮釋爲：酒之禍人也。而以爲天降威者，禍亂之成，是亦天爾。……民之喪德，君之喪邦，皆由於酒。喪德，故言行；喪邦，故言辜。（頁 90）《孔疏》與《蔡傳》詮釋表解如下：

酒之禍人	民之喪德	君之喪邦
《孔疏》	身爲罪；貴賤之人	邦國喪滅；諸侯之身
《蔡傳》	言　行	言　辜

　　《錢、江》譯爲：上帝降下懲罰，我們臣民平常大亂失德，也沒有不是用酗酒作口實；大小國家平常滅亡，也沒有不是用酗酒作爲罪過。（頁 311）屈氏譯爲：老天降下來懲罰，我們大大地混亂而喪失了德行，也沒有不是由

〔註30〕〔周〕墨翟：《墨子・備城門》（台北：華正書局，1987 年），頁 485。
〔註31〕〔清〕阮元刻本：《十三經注疏周禮・春官宗伯》（台北：藝文印書館，1955 年），頁 396。

於喝酒之風流行的關係。不管小國大國之所以滅亡，也沒有不是酒的罪過。（頁107）兩譯本無異說。

二、一致關係判斷句

表示事物之間一致關係的判斷動詞有「惟（維）、曰、謂」等。例

（一）主語＋惟＋名詞性謂語

先秦判斷句中的「惟」究竟是判斷詞還是副詞，眾說紛紜。王力早期在30年代〈中國文法中的作判斷詞〉一文中說，〔註32〕當時他認為「惟」是表示語氣的副詞。洪波〈先秦判斷句的幾個問題〉一文，〔註33〕則提出具體論證，認為王力從30年代就堅持的看法是正確的，它不是一個判斷詞，而是一個副詞。但80年代以來，不少學者學者提出了不同見解，楊伯峻、何樂士《古漢語語法及其發展》一書，〔註34〕把對「惟」定為判斷詞，代表了80年代以來的共同觀點。

事實上，惟在古漢語中用法非常廣泛，在不同的語境中有不同的意義。惟在《尚書》中出現的頻率極高，可作助詞、副詞、連詞、動詞。鄭麗欽〈淺析《尚書》中「惟」字的英譯〉一文，〔註35〕認為「惟」作為句首語氣助詞，傳統說法稱為發語詞，無義。「惟」作副詞有只、僅僅、只有的意思。「惟」作連詞連接表示並列關係的名詞或名詞性短語。「惟」作動詞時可為判斷詞。

宋金蘭〈古漢語判斷句詞序的歷史演變——兼論也的性質〉一文，〔註36〕認為古漢語的判斷句其判斷詞「唯、也、是」字句，這三種句式產生於不同的歷史時期，代表了古漢語判斷句發展的三個階段。在漢語史上，「惟」字句產生得最早，「也」字句次之，「是」字句出現得最晚。

〔註32〕王力：〈中國文法中的繫詞〉，《清華學報》12卷1期（1937年）。

〔註33〕同註12，頁50～54。洪波提出6種情況下的「惟」字雖然分布的位置不同，其功能卻是相同的，都是起一種標示或強調作用，表示它後面的成分是句子的信息焦點成分，因此其中的「惟」都是表示強調的語氣副詞。

〔註34〕楊伯峻、何樂士：《古漢語語法及其發展》（北京：語文出版社，2003年1月），頁706～718。

〔註35〕鄭麗欽：〈淺析《尚書》中「惟」字的英譯〉，《長春師範學院學報》（人文社會科學版）第24卷第3期（2005年5月），頁101～105。

〔註36〕宋金蘭：〈古漢語判斷句詞序的歷史演變－兼論也的性質〉，《語文研究》第4期（總第73期）（1999年），頁33～37。

惟異體或作維和唯。《說文》：「惟，從心。惟，凡思也，從心，佳聲。」，《爾雅‧釋詁下》：「惟，思也。」。《說文》：「維，從系，義爲系物的繩子」。《說文解字》段注云：「按經傳多用爲發語之詞。毛《詩》皆作維，《論語》皆作唯，古文《尚書》皆作惟。」

「惟」在甲骨文裏寫作「佳」。〔註37〕《尚書》寫作「惟」，《詩經》寫作「維」，戰國文獻多寫作「唯」。《經傳釋詞》卷三：「惟，獨也，常語也。或作唯、維」。徐啓庭〈先秦判斷詞研究的幾個原則〉一文，〔註38〕認爲現代漢語的判斷詞「是」是構成判斷句的關鍵之詞，是一般判斷句中不可缺少的語法成分，而先秦文獻中的「惟」或「維」並不是構成判斷句的關鍵詞，也不是判斷句中不可缺少的語法成分。

（1）曰王省惟歲，卿士惟月，師尹惟日。（《周書‧洪範》）

按：「王省惟歲」、「卿士惟月」、「師尹惟日」中，「王省」是短語，「卿士」、「師尹」是複詞，都作主語；「惟」作判斷詞；「歲」、「月」、「日」是單詞，作謂語。此段描述強調政治與自然氣候「歲、月、日」的關係相輔相成。「省，省察、視察」。於王言「省」，則卿士師尹亦爲「省」也。所以句子應該「卿士省惟月」、「師尹省惟日」，動詞倒裝。師，眾也。尹，正也。

《孔疏》詮釋爲：「歲、月、日」者，皆以喻職事也。（頁 177）《蔡傳》詮釋爲：歲、月、日，以尊卑爲徵也。（頁 78）

《孔傳》、《蔡傳》對「歲、月、日」之詮釋，表列如下：

	歲	月	日
《孔傳》以喻職事	王所省職，兼所總群吏，如歲兼四時。	卿士各有所掌，如月之有別。	眾正官之吏，分治其職，如日之有歲月。
《蔡傳》以尊卑爲徵	王者之失得，其徵以歲。	卿士之失得，其徵以月。	師尹之失得，其徵以日。

〔註37〕甲骨文和西周金文中「佳」字的分布情況，張玉金《甲骨文虛詞研究》和崔永東《西周金文虛詞集釋》的著作，舉了一些《尚書》和《詩經》的例子。〔張玉金：《甲骨文虛詞研究》（北京：中華書局，1994 年）。崔永東：《西周金文虛詞集釋》（北京：中華書局，1994 年）。〕

〔註38〕徐啓庭：〈先秦判斷詞研究的幾個原則〉，《福建師范大學學報》（哲學社會科學版）第 2 期（2005 年），頁 87～91。

兩譯本，《錢、江》取其「以喻職事」。《錢、江》譯爲：君王視察政事，就像一年包括四時，高級官員就像一月統屬於歲，普通官員就像一天統屬於月。（頁 263）屈氏取其「以尊卑爲徵」。屈氏譯爲：對於君王，要就一年的情形來觀察，高級官員，就一月的情形觀察，普通官員，則就一天的情形觀察。（頁 83）

（2）天惟喪殷。若穡夫，予曷敢不終朕畝？天亦惟休于前寧人，予曷其極卜？敢弗于從，率寧人有指疆土？矧今卜並吉？肆朕誕以爾東征；天命不僭，卜陳惟若茲。（《周書・大誥》）

按：「天惟喪殷」、「天亦惟休于前寧人」、「卜陳惟若茲」此三句是判斷句。

「天惟喪殷」中，「天」是單詞，作主語；「惟」作判斷詞；「喪殷」是短語，作謂語。

「天亦惟休于前寧人」中，「天」是單詞，作主語；「亦」是副詞；「惟」作判斷詞；「休于前寧人」是短語，作謂語。

「卜陳惟若茲」中，「卜陳」是短語，作主語；「惟」作判斷詞；「若茲」是複詞，作謂語。此段描述吉占，周公勸勉合力東征。

本段可從三方面說明必定東征的理由。

第一、言必從。《孔傳》詮釋爲：天亦惟美于文王受命，我何其極卜法，敢不於從？《孔疏》詮釋爲：文王用卜，能受天命，今於我何其窮極文王卜法，敢不從乎？言必從文王卜也。（頁 194）《蔡傳》詮釋爲：天之喪殷，若農夫之去草，必絕其根本。我何敢不終我之田畝乎？我之所以終畝者，是天亦惟欲休美於前寧人也。（頁 85）

第二、言不可不從。《孔傳》詮釋爲：循文王所有指意以安疆土則善矣，況今卜並吉乎？《孔疏》詮釋爲：文王之旨意，欲今天下疆土皆得其宜。有叛逆者，自然須平定之。我直循彼文王所有旨意伐叛，則已善矣，不必須卜筮也，況今卜並吉乎？言不可不從也。《蔡傳》詮釋爲：我何敢盡欲用卜，敢不從爾勿征，蓋率循寧人之功，當有指定先王疆土之理。卜而不吉，固將伐之，況今卜而並吉乎？

第三、言不可不勉。《孔傳》詮釋爲：以卜吉之故，大以汝眾東征四國。天命不僭差，卜兆陳列惟若此吉，必克之。《孔疏》天命不僭，天意去惡與善，其事必不僭差，言我善而彼惡也。卜兆陳列惟若此吉，言往必克之，不可不勉力也。《蔡傳》詮釋爲：故我大以爾東征，天命斷不僭差，卜之所陳蓋如此。

〔註39〕

　　《錢、江》譯爲：老天是想滅亡殷國，好像農夫一樣，我怎敢不完成我的田畝的工作呢？上帝也想嘉惠我們先輩先王，我們怎麼還再三占卜呢？怎敢不前去重新行視文王美好的疆土呢？何況今天的占卜都是吉兆呢？所以，我要大規模地率領你們東征，天命不會有差錯，卜兆所顯示的也是如此的呀！（頁288）屈氏譯爲：老天是要滅亡殷朝的；好像農夫一樣，我怎麼敢不完成我這塊田地的工作呢？老天是造福給我們祖先的，我怎麼還要屢次占卜呢？我怎麼敢不遵從（原來那吉兆）而依照祖先（的遺規）來保有這領土？何況我所占卜都是吉兆呢？所以我要和你們同去東征；老天的命令是不會有差錯的，卜兆所表現的就是這樣。（頁95～96）

（3）厥貢惟金三品，瑤、琨、篠、簜、齒、革、羽、毛、惟木。（《虞夏書・禹貢》）

　　按：「厥貢惟金三品」中，「厥貢」是短語，作主語；「惟」是判斷詞；「金三品」是短語，作謂語。而下一句的「瑤、琨、篠、簜、齒、革、羽、毛、惟木」是詞聯。此段是描述揚州貢品。金三品，指金、銀、銅。《說文》曰：「齒，口齗骨也。」又曰：「革，獸皮治去其毛」，此指犀皮。又曰：「羽，鳥長毛也。知羽是鳥羽。南方之鳥，孔雀、翡翠之屬，其羽可以爲飾。」

　　「金三品」有兩種解釋。

　　第一、「金三品，金、銀、銅」，《孔疏》、《蔡傳》、《錢、江》主張此說。《孔疏》詮釋爲：「金」既總名，而云「三品」，黃金以下惟有白銀與銅耳，故爲「金、銀、銅也」。（頁82）《蔡傳》也釋爲：三品，金銀銅也。《錢、江》譯爲：進貢的物品是金、銀、銅，美玉、美石、小竹、大竹、象牙、犀皮、鳥的羽毛、旄牛尾以及木材。（頁80）

　　第二、「金三品，銅三色」，鄭玄、屈氏主張此說。鄭玄以爲金三品，銅三色也。屈氏譯爲：這裡所進貢的是三種顏色不同的銅，和美玉、美石、小竹子、大竹子、象牙、獸皮、鳥羽、旄牛尾以及木材。（頁37）

〔註39〕《蔡傳》詮釋爲：按此篇專主卜言，然其上原天命，下述得人，往推寧王寧人不可不成之功，近指成王邦君禦事不可不終之責。諄諄乎民生之休戚，家國之興喪懇惻切至，不能自已。而反復終始乎卜之一說，以通天下之志，以斷天下之疑，以定天下之業，非聰明睿知，神武而不殺者，孰能與於此哉。（頁85）

「金三品」，《孔疏》、《蔡傳》、《錢、江》指「金、銀、銅」，而與鄭玄、屈氏相異。筆者取其前者，故從其《錢、江》譯。

又，「瑤、琨」都解釋爲玉，只是材質有好壞之分。鄭玄認爲此二者皆美玉。《孔疏》釋爲：美石似玉者也。玉、石其質相類，美惡別名也。王肅曰：美石次玉者也。《蔡傳》釋爲：瑤琨玉石名。詩曰：「何以舟之，惟玉及瑤琨」。

又，「毛」是指旄牛尾。此段，《蔡傳》詮釋爲：石之美似玉者，取之可以爲禮器，篠之材中於矢之笴，簜之材中於樂之管，簜亦可爲符節，周官掌節有英簜，象有齒，犀兕有革，鳥有羽，獸有毛，木梗梓豫章之屬，齒革可以成車甲，羽毛可以爲旄旌，木可以備棟宇器械之用也。（頁 28）筆者認爲，《說文》曰：氂，西南夷長旄牛也。此氂牛之尾可爲旄旗之飾，經傳通謂之旄。《牧誓》曰：右秉白旄，故知毛是旄牛尾也。故「毛」，旄牛尾是也。

（4）汝不和吉言于百姓，惟汝自生毒；乃敗禍姦宄，以自災于厥身。（《商書・盤庚上》）

按：「惟汝自生毒」中，主語省略；「惟」作判斷詞；「汝自生毒」是短語，作謂語。此段描述盤庚責備官員謠言惑眾。《蔡傳》：吉，好也。

「百姓」，歷來有兩種解釋。

第一、「百姓」指百官、官吏，《孔傳》、《錢、江》主張此說。《孔傳》詮釋爲：責公卿不能和喻百官，是自生毒害。又詮釋爲：言汝不相率共徙，是爲敗禍奸宄以自災之道。（頁 128）《錢、江》譯爲：你們不向老百姓宣佈吉祥的言論，是自己造成的禍害，即將發生敗禍姦宄，是自己害自己。（頁 175）

第二、「百姓」指人民，平民，屈氏主張此說。屈氏譯爲：你們不對民眾（或官員們）宣布良好的言論，這是你們自己造成的禍害；於是毀壞、災禍、和內外的擾亂（都生出來），以致自己害了自己。（頁 55）在此歷來學者都譯爲百官。

「百姓」在今文尚書中，共出現九次。如：「二十有八載，帝乃殂落，百姓如喪考妣」（《虞夏書・舜典》）、「在今爾安百姓，何擇非人？何敬非刑？何度非及？兩造具備」（《周書・呂刑》），都指人民。「九族既睦，平章百姓。百姓昭明，協和萬邦」（《虞夏書・堯典》）、「契！百姓不親，五品不遜」（《虞夏書・舜典》）、「今予其敷心腹腎腸，歷告爾百姓于朕志」（《商書・盤庚下》）、「汝不和吉言于百姓，惟汝自生毒」（《商書・盤庚上》）、「越百姓里居，罔敢湎於酒」（《周書・酒誥》）、「天惟純佑命則，商實百姓，王人，罔不秉德明恤」

（《周書・君奭》）、「士制百姓于刑之中，以教祗德」（《周書・呂刑》），都指百官。

此段「汝不和吉言于百姓，惟汝自生毒」，應該是「百官」、「人民」？《孔疏》詮釋爲：此篇上下皆言「民」，此獨云「百姓」，則知百姓是百官也。百姓既是百官，和吉言者又在百官之上，知此經是責公卿不能和喻善言於百姓，使之樂遷也。不和百官，必將遇禍，公卿自生毒害。故從《孔傳》、《孔疏》、《錢、江》說法。

又按：「萬姓」也指「百姓」，共出現五次，但大都出現在僞《尚書》中，只有一次在今文《尚書》。例如：「萬姓仇予，予將疇依。」（《虞夏書・五子之歌》）、「以殘害于爾萬姓。」（《周書・泰誓》）、「俾萬姓咸曰」（《商書・咸有一德》）、「而萬姓悅服」（《周書・武成》）、「奄甸萬姓」（《周書・立政》）。

（5）予若籲懷茲新邑，亦惟汝故，以丕從厥志。（《商書・盤庚中》）

按：「亦惟汝故」中，主語省略，「亦」是副詞；「惟」作判斷詞；「汝故」是短語，作謂語。此段描述盤庚說明遷都是繼承先王制度。

丕有四種意思。「大」、「遵奉」〔註40〕、「助詞，無義。」、「連詞，乃，於是」。〔註41〕本段有兩種說法。

第一、「丕，大」，《孔傳》、《蔡傳》主張此說。《孔傳》詮釋爲：言我順和懷此新邑，欲利汝眾，故大從其志而徙之。（頁131）《蔡傳》詮釋爲：我所以招呼懷來於此新邑者，亦惟以爾民蕩析離居之故。欲承汝俾汝康共，以大從爾志也。（頁55）〔註42〕都是將「丕」解釋爲「大」。

第二、「丕，助詞，無意義」，屈氏主張此說。屈氏譯爲：我現在這樣呼籲你們到這新城市來，也是爲了你們的緣故，用以遵從先王的意志。（頁58）《錢、江》譯本將註解「丕」釋爲「大」，卻在翻譯裡，呈現無意義。《錢、江》譯爲：我呼籲你們安樂地居住在新國都，也是爲了你們的緣故，並且盡量遵從先王的意願。（頁100）

《經傳釋詞》中「不」字提及，「不」或作「丕」，或作「否」，其實一也。

〔註40〕「丕，遵奉。」，如，班固《漢書・郊祀志》曰：「丕天之大律。」
〔註41〕「丕，連詞。乃，於是。」《虞夏書・禹貢》曰：「三苗丕敘。」
〔註42〕或曰，盤庚遷都，民咨胥怨，而此以爲丕從厥志。何也？蘇氏曰：古之所謂從眾者，非從其口之所不樂，而從其心之所不言，而同然者，夫趨利而避害，捨危而就安，民心同然也。殷亳之遷，實斯民所利。特其一時爲浮言搖動，怨咨不樂，使其即安危利害之實，而反求其心，則固其所大欲者矣。

有發聲者，有承上文者。（見附錄「丕」）「發聲者」，也就是所謂語助詞，無意義。筆者認爲，「丕」句後有「厥志」，故取《孔傳》、《蔡傳》之說。

（6）惟周公誕保文武受命，惟七年。（《周書·洛誥》）

按：「惟七年」中，主語省略，承上；「惟」作判斷詞；「七年」是時間名詞，作謂語。此段描述周公留守洛邑祭祀文王、武王的時間。惟、誕，語助詞，無義。受，授。

《孔傳》詮釋爲：言周公攝政盡此十二月，大安文武受命之事，惟七年，天下太平。鄭曰：文王武王受命及周公居攝皆七年。（頁231）《蔡傳》詮釋爲：吳氏曰，周公自留洛之後，凡七年而薨也。成王之留公也，言誕保文武受民，公之復成王也。亦言承保乃文祖受命民，越乃光烈考武王，故史臣於其終，計其年曰，惟周公誕保文武受命，惟七年蓋始終公之辭云。（頁101）

《錢、江》譯爲：周公留居洛邑擔任文王、武王所受的使命。時間是成王七年。（頁 349）屈氏譯爲：周公在維護文王武王接受之天命（意謂輔佐王室），是（成王的）七年。（頁 130）

汪業全〈漢碑文「惟」字考察〉一文，〔註43〕「惟」＋時間名詞，即主語以年號紀年，謂語多以歲星紀年，二者表同一時間。如：惟永元八年，歲在丙申。（孟孝據碑）主謂謂語句強調的是主語，主謂義疊，強調的還是主語表示的時間。無論漢碑還是甲金文，「惟」＋時間名詞多用於祭祀、憫弔、頌贊等莊重肅穆的場合。故王國維說：「書法先日次月又次年者，乃殷、周間記事之體。」〔註44〕

（7）惟天不畀純，乃惟以爾多方之義民，不克永于多享。（《周書·多方》）

按：「惟天不畀純」、「乃惟以爾多方之義民」中，主語都省略；「乃」是連詞；「惟」作判斷詞；「以爾多方之義民」、「不克永于多享」是短語，作謂語。此段描述夏朝滅亡，商朝興起的原因。純，大也。享，勸。

〔註43〕汪業全：〈漢碑文「惟」字考察〉，《廣西師範大學學報》第 2 期（1999 年），頁 67～71。

〔註44〕王國維：《王國維先生全集》第一冊（台北：台灣大通書局，1976 年，（月不詳）），頁 38。又皮錫瑞：「經云戊辰，有日無月；在十有二月，有月無年；於末結之日爲七年，則當爲七年十二月戊辰日無礙。古人文法多倒裝，故先日次月又次年。」

「義民」，有三種解釋。

第一、「義民，百姓」，《孔傳》、屈氏主張此說。《孔傳》詮釋爲：命湯刑絕有夏，惟天不與桀，亦已大。又詮釋爲：天所以不與桀，以其乃惟用汝多方之義民爲臣，而不能長久多享國故。屈氏譯爲：老天不再把福祥給與他（夏桀），於是致使你們這眾國的善良百姓們，就不能長久地多多享受（安樂）了。（頁256）

第二、「義民，賢者也」，《蔡傳》主張此說。《蔡傳》詮釋爲：言天不與桀者大，乃以爾多方賢者，不克永於多享，以至於亡也。言桀於義民不能用，其所敬之多士，率皆不義之民。（頁113）

第三、「義民，邦君」，《錢、江》主張此說。《錢、江》譯爲：上天不賜給眾位諸侯，就是因爲你們各國邦君不能常常勉勵人民。（頁389）

「義民」在今文《尚書》中，共出現兩次，另一次是在《周書・立政》「茲乃三宅無義民」。「三宅」是宅乃事、宅乃牧、宅乃準，指治事之官、治民之官、平法之官。所以三宅無「義民」應該指「賢者」。

另外，《周書・多方》是周公以成王之命，對眾諸侯方國所發佈的告令。所以「爾多方之義民」應該不是「百姓」或「邦君」。故從其《蔡傳》之說。

（8）誥告爾多方，非天庸釋有夏，非天庸釋有殷；乃惟爾辟，以爾多方，大淫圖天之命，屑有辭。（《周書・多方》）

按：「乃惟爾辟」中，主語省略；「乃」是連詞；「惟」作判斷詞；「爾辟」是短語，作謂語。此段描述非上天捨棄夏桀、商紂，而是他們咎由自取。爾辟，你們的君王，此指暴君夏桀、商紂之類。庸，用也。釋，去之也。

「屑有辭」，有兩種解釋。

第一、「屑，眾多」，《孔傳》、屈氏主張此說。《孔傳》詮釋爲：歎而順其事以告汝眾方，非天用釋棄桀，桀縱惡自棄，故誅放。又詮釋爲：非天用棄有殷，乃惟汝君紂，用汝眾方大爲過惡者，共謀天之命，惡事盡有辭說，布在天下，故見誅滅也。屈氏譯爲：告訴你們這許多國家，這並不是老天捨棄夏國，也不是老天捨棄夏國，也不是老天捨棄殷國；只是你們的君主，和你們許多國家，太過度的鄙棄了老天的命令，以致造成了很多的罪狀。（頁151～152）

第二、「屑，通意泆，安逸」、「辭，通怠，疑」，《蔡傳》、《錢、江》、主張此說。《蔡傳》詮釋爲：先言嗚呼而後言王若曰者，唐孔氏曰，周公先自歎息，而後稱王命以誥之也。上文言夏殷之亡，因言非天有心於去夏，亦非天

有心於去殷。下文遂言乃惟桀紂自取滅亡也。紂以多方之富，大肆淫泆，圖度天命，瑣屑有辭，與多士言桀大淫泆有辭義同。殷之亡，非自取乎？（頁113）《錢、江》譯爲：告訴你們各位邦君，並不是上天要捨棄夏國，也不是上天要捨棄殷國。只是你們夏、殷的君王和你們各國諸侯大肆淫佚，圖度天命，安逸而又懷疑。（頁392）

「屑」在今文《尚書》中，共出現兩次，另一次是也在（《周書·多方》），內容是：「爾乃不大宅天命，爾乃屑播天命」。「屑」解釋「眾多」較妥。

又，「有辭」在其他《尚書》中，也有出現，如：「汝永有辭」（《周書·洛誥》）、「大淫泆，有辭」（《周書·多士》）、「罔非有辭于罰」（《周書·多士》）、「罔差有辭」（《周書·呂刑》）、「鰥寡有辭于苗」（《周書·呂刑》）、「惟朕以懌，萬世有辭」（《商書·太甲》）、「其爾之休，終有辭於永世。」」（《周書·君陳》），「有辭」應該是言辭。故從其《孔傳》、屈氏主張。

（9）朕敬于刑，有德惟刑。（《周書·呂刑》）

按：此句「有德惟刑」是判斷句。「有德」是短語，作主語；「惟」作判斷詞；「刑」是單詞，作謂語。此段描述審理案件，必須小心謹慎。

「有德」有兩種詮釋。

第一、「有德，指有德的人」，《孔傳》、《孔疏》、屈氏主張此說。《孔傳》詮釋爲：我敬於刑，當使有德者惟典刑。《孔疏》詮釋爲：「當使有德者惟典刑」，言將選有德之人使爲刑官，刑官不用無德之人也。屈氏譯爲：我是慎重刑罰的，只有有德性的人才能主持刑罰。（頁184）

第二、「有德，指有德惠」，《蔡傳》、《錢、江》主張此說。《蔡傳》詮釋爲：朕敬於刑者，畏之至也。有德惟刑，厚之至也。（頁136）《錢、江》譯爲：我重視刑罰，對於老百姓有德惠的也是刑罰。（頁470）

《孔傳》、《孔疏》、屈氏將「有德」解釋爲「有德的人」，「有德」是名詞。《蔡傳》、《錢、江》「有德」解釋爲「有德惠」是動詞。

根據語法分析，「有德惟刑」應該是「主語＋判斷詞＋謂語」，所以這裡從《孔傳》、《孔疏》、屈氏之說。

（二）主語＋曰＋名詞性謂語

《說文》：「曰，詞也。從口乙聲。亦象口氣出也。凡曰之屬皆從曰。王代切。」《助字辯略》、《經傳釋詞》都訓爲「謂之」。

（1）初一曰五行，次二曰敬用五事，次三曰農用八政，次四曰協用
　　五紀，次五曰建用皇極，次六曰乂用三德，次七曰明用稽疑，
　　次八曰念用庶徵，次九曰嚮用五福，威用六極。（《周書‧洪範》）

按：此九句判斷句，「初一」、「次二」、「次三」、「次四」、「次五」、「次六」、
「次七」、「次八」、「次九」是複詞，作主語；「曰」作判斷詞；「五行」是複
詞，作謂語。「敬用五事」、「農用八政」、「協用五紀」、「建用皇極」、「乂用三
德」、「明用稽疑」、「念用庶徵」、「嚮用五福，威用六極」是短語。此段描述
九疇的綱目。

馬云：從「五行」以下至「六極」，《洛書》文也。《漢書‧五行志》以「初
一」以下皆《洛書》文也。

鄭玄云：農讀爲醲。則農是醲意，故爲厚也。政施於民，善不厭深，故
「厚用之政乃成」也。張晏、王肅皆言「農，食之本也。食爲八政之首，故
以農言之」。馬云：「食爲八政之首，故以農名之。」《孔傳》詮釋爲：「農，
厚也，厚用之政乃成。」（頁 168）《釋詁》曰：「協，和也。」皇，大也。極，
中也。

以下將《孔疏》、《蔡傳》所詮釋的「九疇」對比，如下表所示：

	《孔疏》	《蔡傳》
五　行	五行氣性流行	在天惟五行
五　事	敬用在身五種之行事	在人惟五事；敬，所以誠身
八　政	厚用接物八品之政教	人之所以因乎天；農，所以厚生
五　紀	和用天象五物之綱紀	天之所以示乎人；協，所以合天
皇　極	立治用大爲中正之道	君之所以建極；建，所以立極
三　德	治民用三等之德	治之所以應變；乂，所以治民
稽　疑	明用卜筮以考疑事	以人而聽於天；明，所以辨惑
庶　徵	念用天時衆氣之應驗	推天而徵之人；念，所以省驗
福　極	鄉勸人用五福，威沮人用六極	人感而天應；嚮，所以勸

《蔡傳》詮釋爲：此九疇之綱也。……人君治天下之法，是孰有加於此
哉。（頁 75）《錢、江譯》爲：第一是五行。第二是認眞做好五件事。第三是
努力施行八種政務。第四是合用五種記時方法。第五是建立君主的法則。第
六是治民用三種德行。第七是明用稽考疑難的方法。第八是經常思慮用各種
徵兆。第九是用五福和六極勸誡臣民。（頁 252）

屈氏譯爲：第一是五行，第二是敬謹地從事五件事，第三是奮勉的施行八種政治，第四是調和於五種天象時令，第五是建立君主的法則，第六是治理民眾要用三種德行，第七是想樣明哲就要用卜筮考察（決定）疑惑，第八是要顧慮老天的各種徵兆，第九是享受有五種幸福，受懲罰有六種困厄。（頁 75～76）

（2）水曰潤下，火曰炎上，木曰曲直，金曰從革，土爰稼穡。潤下作鹹，炎上作苦，曲直作酸，從革作辛，稼穡作甘。（《周書·洪範》）

按：「水」、「火」、「木」、「金」是都單詞，作主語；「曰」作判斷詞；「潤下」、「炎上」、「從革」、都是短語，「曲直」是詞聯，作謂語。此段描述五行之性、功用。

《孔傳》詮釋爲：「潤下、炎上、曲直、從革」，即是水火木金體有本性。其稼穡以人事爲名，非是土之本性，生物是土之本性，其稼穡非土本性也。（頁169）《蔡傳》詮釋爲：潤下、炎上、曲直、從革，以性言也。稼穡，以德言也。潤下者，潤而又下也。炎上者，炎而又上也。曲直者，曲而又直也。從革者，從而又革也。稼穡者，稼而又穡也。稼穡獨以德言者，土兼五行，無正位，無成性，而其生之德，莫盛於稼穡，故以稼穡言也。……作，爲也。鹹苦酸辛甘者，五行之味也。五行有聲色氣味，而獨言味者，以其切於民用也。（頁 75）

以下將《孔傳》、《蔡傳》所解說的「五行」，對照如下：

五　　行	水火木金（潤下、炎上、曲直、從革）	土（稼穡）
《孔傳》	以體之本性爲名	以人事爲名
《蔡傳》	以性言	以德言

「爰」有多種意思。「改易」、「叫做」、「介詞，於」、「連詞，和」、「助詞」、「何處」。《孔傳》詮釋爲：「爰」亦「曰」也，變「曰」言「爰」，以見此異也。《孔傳》詮釋爲：稼穡不可以爲性也，故不曰曰而曰爰。爰，於也，於是稼穡而已，非所以名也。

《錢、江》譯爲：水向下潤濕，火向上燃燒，木可以彎曲可以伸直，金屬可以順從人的意願改變形狀，土壤可以種植收穫百穀。向下潤濕的水產生鹹味，向上燃燒的火產生苦味，可曲可直的木產生酸味，可順從人的意願變形狀的金屬產生辣味，土壤裡種植收穫的百穀產生甜味。（頁 253）屈氏譯爲：水是往下潤濕的，火是往上焚燒的，木料是可使彎曲、可使伸直的，金屬是

可任憑人意來改變形狀的，土壤是可種植、收穫五穀的。往下潤濕的東西（味道）就鹹，往上焚燒的東西（味道）就苦，可曲可直的東西（味道）就酸，形狀任憑人改變的東西（味道）就辣，種植收穫東西的（味道）就甜。（頁76）

（3）二、五事：一曰貌，二曰言，三曰視，四曰聽，五曰思。（《周書・洪範》）

按：此五句中，「一」、「二」、「三」、「四」、「五」都是單詞，作主語；「曰」作判斷詞；「貌」、「言」、「視」、「聽」、「思」是都單詞，作謂語。此段描述五事內容。

以下分別對「貌」、「言」、「視」、「聽」、「思」，所名、所用之事、所致之事以及所屬五行，列表說明：

「貌」	
《孔傳》言其所名	貌是容儀舉身之大名也
《孔疏》言其所用之事	貌當嚴正而莊敬也
《孔疏》言其所致之事	恭在貌而敬在心，人有心慢而貌恭， 必當緣恭以致敬，故貌恭作心敬也。
《蔡傳》	貌澤，水也。
「言」	
《孔傳》言其所名	言是口之所出
《孔疏》言其所用之事	言非理則人違之，故言是則可從也。
《孔疏》言其所致之事	下從上則國治，故人主言必從，其國可以治也。
《蔡傳》	言揚，火也。
「視」	
《孔傳》言其所名	視是目之所見
《孔疏》言其所用之事	視必明於善惡，故必清澈而審察也。
《孔疏》言其所致之事	視能清審，則照了物情，故視明致照晢也。
《蔡傳》	視散，木也。
「聽」	
《孔傳》言其所名	聽是耳之所聞
《孔疏》言其所用之事	聽當別彼是非，必微妙而審諦也。
《孔疏》言其所致之事	聽聰則知其是非，從其是為謀必當，故聽聰致善謀也。
《蔡傳》	聽收，金也。

「思」	
《孔傳》言其所名	思是心之所慮
《孔疏》言其所用之事	思慮苦其不深，故必深思使通於微也。
《孔疏》言其所致之事	睿、聖俱是通名，聖大而睿小，緣其能通微，事事無不通，因睿以作聖也。
《蔡傳》	思通，土也。

　　《蔡傳》詮釋爲：貌言視聽思者，五事之敘也。……亦人事發見先後之敘，人始生，則形色具矣。既生，則聲音發矣。既又而後能視，而後能聽，而後能思也。（頁 75）《錢、江譯》爲：二、五事：一是容貌，二是言論，三是觀察，四是聽聞，五是思考。（頁 254）屈氏譯爲：第二是五事：一是態度，二是言論，三是眼光，四是聽覺，五是思想。（頁 78）

　　（4）貌曰恭，言曰從，視曰明，聽曰聰，思曰睿。（《周書・洪範》）

　　按：此五句中，「貌」、「言」、「視」、「聽」、「思」都是單詞，作主語；「曰」作判斷詞；「恭」、「從」、「明」、「聰」、「睿」都是單詞，作謂語。此段描述五事之德。

　　以下分別就「貌」、「言」、「視」、「聽」、「思」的政所致、五事之德、五德之用相對照，如下表所示：

	鄭玄：政所致	《蔡傳》：五事之德	《蔡傳》：五德之用
貌曰恭	君貌恭則臣禮肅	恭者，敬也	肅者，嚴整也
言曰從	君言從則臣職治	從者，順也	乂者，條理也
視曰明	君視明則臣照	明者，無不見也	哲者，智也
聽曰聰	君聽聰則臣進謀	聰者，無不聞也	謀者，度也
思曰睿	君思睿則臣賢智	睿者，通乎微也	聖者，無不通也

　　鄭玄云：皆謂其政所致也。……謂此所致皆是君致臣也。（頁 170）《蔡傳》詮釋爲：恭從明聰睿者，五事之德也。……肅乂哲謀聖者，五德之用也。（頁 75）

　　《錢、江》譯爲：容貌要恭敬，言論要正當，聽聞要廣遠，思考要通達。容貌恭敬就能嚴肅，言論正當就能治理，觀察明白就能昭晰，聽聞廣遠就能善謀，思考通達就能聖明。（頁 254）屈氏譯爲：態度要恭敬，言論要正當，眼光要明亮，聽覺要清晰，思想要通達。（頁 76）

（5）三、八政：一曰食，二曰貨，三曰祀，四曰司空，五曰司徒，
六曰司寇，七曰賓，八曰師。四、五紀：一曰歲，二曰月，三
曰日，四曰星辰，五曰歷數。（《周書・洪範》）

按：此十三句句中，「一」、「二」、「三」、「四」、「五」、「六」、「七」、「八」，
以及「一」、「二」、「三」、「四」、「五」都是單詞，作主語；「曰」作判斷詞；
「食」、「貨」、「祀」、「賓」、「師」、「歲」、「月」、「日」是單詞，作謂語；「司
空」、「司徒」、「司寇」、「星辰」、「歷數」是複詞，作謂語。此段描述八種政
務官員所管理的事情，五種天象時令。

以下將《孔傳》、《蔡傳》所詮釋的「八政」對比，如下表所示：

八政	《孔傳》	《蔡傳》
食	指勤農業	民之所急
貨	指寶用物	民之所資
祀	指敬鬼神以成教	所以報本也
司空	指主空土以居民	掌土，所以安其居也
司徒	指主徒眾，教以禮義	掌教，所以成其性也
司寇	指主奸盜，使無縱	掌禁，所以治其奸也
賓	指禮賓客，無不敬	禮諸侯遠人，所以往來交際也
師	指簡師所任必良，士卒必練	除殘禁暴也

《蔡傳》詮釋爲：食爲首而貨次之。食貨，所以養生也。……師者，……
兵非聖人之得已，故居末也。（頁 75）《周官》篇云：司空掌邦土，居四民，
時地利。司徒掌邦教，敷五典，擾兆民。司寇掌邦禁，詰奸慝，刑暴亂。《周
禮》云：司徒教以禮義，司寇無縱罪人。

《錢、江》譯爲：三、八種政務官員：一是主管民食的糧官，二是主管
財貨的官，三是主管祭祀的官，四是主管民居的官，五是主管教育的官，六
是主管盜賊的官，七是主管朝覲的官，八是主管軍事的官。（頁 255）屈氏譯
爲：第三是八種政事：一是主管糧食的官，二是主管財政的官，三是掌管祭
祀的官，四是管理人民土地居處的司空，五是掌管教育的司徒，六是捕審盜
賊的司寇，七是招待諸侯的官——賓，八是主持軍事的官——師。（頁 77）

「五紀」，《孔傳》、《蔡傳》解釋不同。以下將《孔傳》、《蔡傳》所詮釋
的「五紀」對比，如下表所示：

五紀	《孔傳》	《蔡傳》
歲	指所以紀四時	序四時也
月	指所以紀一月。	定晦朔也。
日	指紀一日。	正躔度也。
星辰	指二十八宿疊見以敘氣節， 十二辰以紀日月所會賢遍反。	星，經星、緯星也。 辰，日月所會十二次也。
歷數	指歷數節氣之度以爲曆，敬授民時。	占步之法，所以紀歲月日星辰也。

王肅：日月星辰所行，布而數之，所以紀度數。歲、月、日、星傳皆言「紀」，歷數不言「紀」者，歷數數上四事爲紀，所紀非獨一事，故傳不得言「紀」。但成彼四事爲紀，故通數以爲五耳。

《錢、江》譯爲：五種記時的方法：一是年，二是月，三是日，四是觀察星辰的出現情況，五是推算日月運行所經歷的周天度數。（頁 256）屈氏譯爲：第四是五種天象時令：一是年歲，二是（每年的）月數，三是（每月的）日數，四是星辰（的觀察），五是歷法算數（的推算）。（頁 77）

（6）六、三德：一曰正直，二曰剛克，三曰柔克。（《周書‧洪範》）

按：「一曰正直，二曰剛克，三曰柔克」中，「一」、「二」、「三」都是單詞，作主語；「曰」作判斷詞；「正直」、「剛克」、「柔克」是複詞，作謂語。此段描述三種德性。

「三德」有兩種詮釋。

第一、「三德指人臣」，鄭玄主張此說。鄭玄以爲人臣各有一德，天子擇使之，注云：安平之國，使中平守一之人治之，使不失舊職而已。國有不順孝敬之行者，則使剛能之人誅治之。其有中和之行者，則使柔能之人治之，差正之。

鄭玄認爲不同局勢，因該有不同的人臣來治理。「中平守一之人」、「剛能之人」、「柔能之人」。

第二、「三德，指正直、剛、柔三者皆德」，《孔傳》、《孔疏》、《蔡傳》主張此說。《孔傳》詮釋爲：能正人之曲直，剛能立事，和柔能治，三者皆德。《孔疏》詮釋爲：剛不恒用，有時施之，故傳言「立事」。柔則常用以治，故傳言「能治」。三德爲此次者，正直在剛柔之間，故先言。二者先剛後柔，得其敘矣。《蔡傳》詮釋爲：正直、剛、柔，三德也。正者，無邪。直者，無曲，剛克柔克者，威福予奪，抑揚進退之用也。……正直之用一，而剛柔之用四

也。聖人撫世酬物，因時制宜。(頁77)

以下將《孔疏》所詮釋的「人君三德」、「三德張弛而用」，表列如下：

人君三德	三德張弛隨時而用之
一曰正直，言能正人之曲使直。	平安之世，用正直治之。
二曰剛克，言剛強而能立事。	強御不順之世，用剛能治之。
三曰柔克，言和柔而能治。	和順之世，用柔能治之。

以下將《蔡傳》所詮釋的「剛柔之用四」，表列如下：

剛柔之用四	剛	柔
剛	彊弗友剛克，以剛克剛也	高明柔克，以柔克剛也
柔	沈潛剛克，以剛克柔	燮友柔克，以柔克柔也

《錢、江譯》譯爲：六、三種德性：一是正直，二是過分剛強，三是過分柔順。(頁 259) 屈氏譯爲：第六是三種德性，一是不邪不曲，二是剛強過度，三是柔弱過度。(頁80)《錢、江譯》、屈氏之說法無有異說，都是從其《孔傳》、《孔疏》、《蔡傳》正直、剛、柔三德之說。

(7) 七、稽疑：擇建立卜筮人，乃命卜筮，曰雨，曰霽，曰蒙，曰驛，曰克，曰貞，曰悔。凡七，卜五，占用二，衍忒。(《周書‧洪範》)

按：此「曰雨，曰霽，曰蒙，曰驛，曰克，曰貞，曰悔」中，主語省略；「曰」作判斷詞；「雨」、「霽」、「蒙」、「驛」、「克」、「貞」、「悔」是單詞，作謂語。此段描述占卜筮問疑惑。

《孔傳》詮釋爲：龜曰卜，蓍曰筮。考正疑事，當選擇知卜筮人而建立之。建立其人，命以其職。(頁 174)《蔡傳》詮釋爲：稽，考也。有所疑，則卜筮以考之。龜曰卜，蓍曰筮。蓍龜者，至公無私，故能紹天之明。卜筮者，亦必至公無私，而後能傳蓍龜之意。必擇是人而建立之。然後使之卜筮也。(頁 77)

古代以「龜兆」、「卜卦」來問事。以下分別說明：

第一、龜兆。

《孔傳》詮釋：龜兆形有似雨、霽、蒙、驛、克，五者卜兆之常法。此五兆不言一曰、二曰者，灼龜無有先後。《孔疏》詮釋：此上五者，灼龜爲兆，其墨拆形狀有五種，是卜兆之常法也。

以下將《孔疏》所詮釋的「灼龜爲兆」，《蔡傳》所詮釋的「龜兆」，表列如下：

《孔疏》灼龜為兆	《蔡傳》龜兆
橫者爲土	雨者，如雨，其兆爲水
立者爲木	霽者，開霽，其兆爲火
斜向徑者爲金	蒙者，蒙昧，其兆爲木
背徑者爲火	驛者，絡繹不屬，其兆爲金
因兆而細曲者曲爲水	克者，交錯有相勝之意，其兆爲土

第二、卦象。

《孔傳》詮釋：此指內卦曰貞，外卦曰悔。《孔疏》詮釋：是內卦爲貞，外卦爲悔也。筮法爻從下起，故以下體爲內，上體爲外。下體爲本，因而重之，故以下卦爲貞。貞，正也，言下體是其正。鄭玄云：「悔之言晦，晦猶終也。」晦是月之終，故以爲終，言上體是其終也。下體言正，以見上體不正；上體言終，以見下體爲始；二名互相明也。

鄭玄云：卜五占用，謂雨、霽、蒙、驛、克也，二衍忒，謂貞、悔也。二衍忒者，指謂筮事。

王肅云：卜五者，筮短龜長，故卜多而筮少。占用第二、以貞、悔占六爻。衍忒者，當推衍其爻義以極其意。卜五，占二，其義當如王解，其衍忒宜總謂卜筮，皆當衍其義，極其變，非獨筮衍而卜否也。

《錢、江》譯爲：七、考察疑惑：選擇任命掌管龜卜和蓍筮的官員，教導他們用龜甲或蓍草占卜吉凶。龜兆有的像雨，有的像雨後的雲氣，有的像霧氣濛濛，有的像半有半無的升雲，有的像陰陽之氣相侵犯，卦象有內卦，有外卦，龜兆和卦象共有七種。前五種是龜兆，後兩種是卦象，根據各種龜兆卦象推演變化，決定吉凶。（頁260）

屈氏譯爲：第七是卜問疑惑：選擇而建立掌管龜卜、和易筮的官員，而使他們卜龜、占卦。（龜兆有的）像雨，有的像雨止而雲氣在上，有的像霧，有的像若有若無的浮雲，有的像互相侵犯的兇災氣色；（卦象有）內卦，有外卦。（龜兆和卦象）共七種，屬於龜卜的有五種，以易占時用兩種，（據上述各種兆象）推演而變化之。（頁81）

（8）八、庶徵：曰雨，曰暘，曰燠，曰寒，曰風，曰時。五者來備，
　　各以其敘，庶草蕃廡。一極備凶，一極無凶。曰休徵：曰肅，
　　時雨若；曰乂，時暘若；曰哲，時燠若；曰謀，時寒若；曰聖，
　　時風若。曰咎徵：曰狂，恆雨若；曰僭，恆暘若；曰豫，恆燠
　　若；曰急，恆寒若；曰蒙，恆風若。（《周書‧洪範》）

　　按：此「曰雨，曰暘，曰燠，曰寒，曰風，曰時」、「曰休徵：曰肅，時
雨若；曰乂，……；曰哲，……；曰謀，……；曰聖，……。曰咎徵：曰
狂，……；曰僭，……；曰豫，……；曰急，……；曰蒙，……」句中。主
語省略；「曰」作判斷詞；「雨」、「暘」、「燠」、「寒」、「風」、「時」、「肅」、「乂」、
「哲」、「謀」、「聖」、「狂」、「僭」、「豫」、「急」、「蒙」是單詞，作謂語。「休
徵」、「咎徵」是短語。此段描述各種徵兆有休徵、咎徵。《釋詁》曰：廡，
豐茂也。《釋言》曰：燠，暖也。草蕃廡，言草滋多而茂盛也。

　　「庶徵」是指什麼？「徵」又有「休徵、咎徵」之別？國君之「美行之
驗」、「惡行之驗」又如何？下面分述。

　　第一、庶徵。《孔傳》詮釋為：五者各以其時，所以為眾驗。言五者備
至，各以次序，則眾草蕃滋廡豐也。一者備極，過甚則凶。一者極無，不至
亦凶。謂不時失敘。（頁 176）《蔡傳》詮釋為：徵，驗也。廡，豐茂。所驗
者非一，故謂之庶徵。雨、暘、燠、寒風，各以時至，故曰時也。備者，無
缺少也。敘者，應節候也。五者備而不失其敘，庶草且蕃廡矣。則其他可知
也。（頁 78）

　　以下將《孔傳》、《蔡傳》、吳仁傑所詮釋的「庶徵」做一對比，表列如下：

庶徵	《孔傳》	《蔡傳》	吳仁傑
雨	雨以潤物	雨，屬水。	坎為水，北方之卦也。 又曰：雨以潤之，則雨為水矣。
暘	暘以乾物	暘，屬火。	離為火，南方之卦也。 又曰：日以烜之，則暘為火矣。
燠	暖以長物	燠，屬木。	昔我往矣，日月方燠。夫以二月為燠，則燠之 為春為木明矣。
寒	寒以成物	寒，屬金。	狐突金寒之言，金行在西，故謂之寒，則寒之 為秋，為金明矣。
風	風以動物	風，屬土。	

第二、休徵、咎徵相對。《蔡傳》詮釋爲：在天爲五行，在人爲五事。五事修，則休徵各以類應之。五事失，則咎徵各以類應之。自然之理也，然必曰某事得，則某休徵應。某事失，則某咎徵應。則亦膠固不通，而不足與語造化之妙矣。天人之際，未易言也。失得之幾，應感之微，非知道者孰能識之哉。（頁 78）

以下將「休徵」、「咎徵」做一對比，表列如下：

休　　徵	咎　　徵
曰肅，時雨若；	曰狂，恆雨若；
曰乂，時暘若；	曰僭，恆暘若；
曰哲，時燠若；	曰豫，恆燠若；
曰謀，時寒若；	曰急，恆寒若；
曰聖，時風若。	曰蒙，恆風若。

第三、國君美、惡行之驗。《孔疏》詮釋爲：其咎反於休者，人君行不敬則狂妄，故「狂」對「肅」也。政不治則僭差，故「僭」對「乂」也。明不照物則行自逸豫，故「豫」對「哲」也。心無謀慮則行必急躁，故「急」對「謀」也。性不通曉則行必蒙暗，故「蒙」對「聖」也。

以下將《孔傳》詮釋國君「美行之驗」、「惡行之驗」做一對比，表列如下：

敘美行之驗	敘惡行之驗
君行敬則時雨順之	君行狂妄則常雨順之
君行政治則時暘順之	君行僭差則常暘順之
君能照悉哲則時燠順之庯	君行逸豫則常燠順之
君能謀則時寒順之	君行急則常寒順之
君能通理則時風順之	君行蒙暗則常風順之

《錢、江》譯爲：八、各種徵兆：雨天，晴天，溫暖，寒冷，颶風。一年中這五種天氣齊備，各根據正常的次序發生，百草就茂盛。某一種天氣過多，就會是荒年；某一種天氣過少，也會是荒年。好徵兆是：君王能敬，就

像及時降雨；君王能治，就像及時晴朗；君王明智，就像及時溫暖；君王善謀，就像及時寒冷；君王通理，就像及時刮風。壞徵兆是：君王狂妄，就像久雨；君王辦事錯亂，就像久晴；君王貪圖安樂，就像久暖；君王嚴酷急促，就像久寒；尹王昏庸愚昧，就像久風。（頁263）

屈氏譯為：第八種是各種徵兆：就是下雨，晴天，溫暖，寒冷，刮風，和適時。這五種（氣象一年中）全來了，而且各種氣象都照著應當發生的次序發生，那麼，一切草木就都繁盛了。每一種現象太多了，那是凶的；每一種現象太少了，也是凶的。良善的象徵：（天子若）嚴肅，那就會有及時雨；（天子若）有治國的才幹，那就會及時晴朗；（天子若）明智，那就會及時溫暖，（天子若）有計謀，那就會及時寒冷；（天子若）明達，那就會及時刮風。過惡的象徵：（天子若）狂妄，那就久雨不止；（天子若）有過錯，那就久晴不雨；（天子若）好享安樂，那就經常溫暖；（天子若）嚴酷急切，那就經常寒冷；（天子若）愚昧不明，那就經常刮風。（頁82～83）

（9）六極：一曰凶短折，二曰疾，三曰憂，四曰貧，五曰惡，六曰弱。（《周書・洪範》）

按：句中「一」、「二」、「三」、「四」、「五」、「六」都是單詞，作主語；「曰」作判斷詞；「疾」、「憂」、「貧」、「惡」、「弱」是單詞，「凶短折」是短語，作謂語。此段敘述六極。

「六極」，孔傳、鄭玄、蔡傳說法不同，以下將三家「六極」做一對比，表列如下：

	《孔傳》	鄭玄	《蔡傳》
凶短折	動不遇吉	思不睿之罰	禍莫大於凶短折，故先言之
疾	常抱疾苦	視不明之罰	身不安也
憂	多所憂	言不從之罰	心不寧也
貧	困於財	聽不聰之罰	用不足也
惡	醜陋	貌不恭之罰	剛之過也
弱	尪劣	皇不極之罰	柔之過也

「凶短折」，孔傳與鄭玄、漢書、蔡傳不同，以下將三家「凶短折」做一對比，表列如下：

凶 短 折	凶	短	折
孔　傳	動不遇吉者，解「凶」也。	「短」者半之，〔註45〕爲未六十。	「折」又半，爲未三十。
鄭　玄	未齓曰凶	未冠曰短	未婚曰折
漢書・五行志	傷人曰凶	禽獸曰短	草木曰折
漢書・五行志	凶，夭是也	兄喪弟曰短	父喪子曰折
蔡　傳	凶者，不得其死也。	短折者，橫夭也。	

《錢、江》譯爲：六種困厄：一是早死，二是疾病，三是憂愁，四是貧窮，五是邪惡，六是懦弱。（頁178）屈氏譯爲：六種困厄：一是橫死而夭折，二是生病，三是憂愁，四是貧窮，五是過惡，六是身體衰弱。（頁81）

三、相似關係判斷句

　　表示事物之間相似關係的判斷動詞有「猶、如、若、似」等。但是今文《尚書》沒「似」字。

（一）如

（1）其心休休焉，其如有容。（《周書・秦誓》）

　　按：「其如有容」中，「其」單詞，作主語；「如」作判斷詞；「有容」是短語，作謂語。戴連璋〈尚書判斷句、準判斷句探究〉一文認爲，〔註46〕今文尚書，「如」只有此例是判斷句。此段描述穆公認爲國君應該好賢容善。

　　「休休」有兩種意思。

　　第一、「休休，好善」，《孔傳》、《孔疏》、《蔡傳》主張此說。《孔傳》詮釋爲：一介臣……其心休休焉樂善，其如是，則能有所容。言將任之。《孔疏》詮釋爲：休休，好善之意。休休焉好樂善道，其心行如是，則能有所含容。言得此人將任用之。（頁314）《蔡傳》詮釋爲：休休，易直好善之意。容，有所受也。（頁139）

　　第二、「休休，寬容」，《錢、江》主張此說。《錢、江》譯爲：他的胸懷寬廣而能夠容人。（頁485）屈氏譯爲：他的胸懷寬大，能夠容人。（頁189）

〔註45〕《孔疏》：人之大期，百年爲限，世有長壽云百二十年者，故傳以最長者言之。
〔註46〕戴連璋：〈尚書判斷句、準判斷句探究〉，《淡江學報》5期（1966年），頁64。

兩家解釋無異解。

《錢、江》、屈氏兩家認爲「休休」是「寬容」得意思，乃是根據《禮記·大學》釋文引鄭注云：「寬容貌」。

（2）責人斯無難；惟受責俾如流，是惟艱哉。（《周書·秦誓》）

按：「惟受責俾如流」中，「惟受責俾」短語，作主語；「如」作判斷詞；「流」是單詞，作謂語。此段描述處世言談，應該嚴以律己，寬以待人。

《孔傳》詮釋爲：人之有非，以義責之，此無難也。若己有非，惟受人責，即改之如水流下，是惟艱哉。（頁 314）《蔡傳》詮釋爲：凡人盡自若是多安於徇已。其責人無難，惟受責於人。俾如流水，略無扞格，是惟難哉。穆公悔前日安於自徇，而不聽蹇叔之言，深有味乎古人之語，故舉爲誓言之首也。（頁 138）

《錢、江》譯爲：責備別人不是難事，而被別人責備卻要如流水般順從，那就困難。（頁 483）屈氏譯爲：責斥別人沒有什麼困難；可是受人指責而自己能像流水一般（順暢地接受），就困難了。（頁 188）兩家譯本無異說。

（3）帝乃殂落，百姓如喪考妣。（《虞夏書·舜典》）

按：「百姓如喪考妣」中，「百姓」複詞，作主語；「如」作判斷詞；「喪考妣」是短語，作謂語。此段描述堯帝去世百姓傷心。《釋詁》云：殂落，死也。

第一、「百姓，百官」，《孔傳》、《蔡傳》主張此說。《孔傳》詮釋爲：堯年十六即位，七十載求禪，試舜三載，自正月上日至崩二十八載，堯死壽一百一十七歲。殂落，堯死之稱。……如喪考妣言百官感德，情同父母，思慕深也。（頁 42）《蔡傳》詮釋爲：殂落，死也。死者魂氣歸於天，故曰殂。體魄歸於地，故曰落。喪爲之服也。（頁 8）

第二、「百姓，民眾」，《錢、江》、屈氏主張此說《錢、江》譯爲：堯帝逝世了，人們好像死了父母一樣悲痛。（頁 32）屈氏譯爲：天子（堯）於是逝世了，民眾如同死去了父母似的，（頁 14）

兩本譯本都將「百姓」解釋爲「萬民」，但《曲禮》云：生曰父母，死曰考妣。《喪服》爲父爲君，同服斬衰。《檀弓》說事君之禮云：服勤至死，方喪三年。《孔傳》、《蔡傳》之說，都將此「百姓」解釋爲「百官」。《孔傳》也詮釋爲：諸經傳言「百姓」或爲百官，或爲萬民，知此「百姓」是百官者，以《喪服》庶民爲天子齊衰三月，畿外之民無服，不得如考妣，故知百官也。故從《孔傳》、《蔡傳》之說。

（二）若

「若」有多種意思，「若」除了「若，像，如。」《楚辭·九歌》曰：「旌蔽日兮敵若雲」。〔註47〕另外，還有其他意思。例如：第一、「若，順，順從。」《虞夏書·堯典》曰：欽若昊天。第二、「若，至、及。」《國語·晉語》曰：「病未若死」〔註48〕。第三、「若，代詞，這樣的。」《晏子春秋·內篇問》曰：「公曷爲出若言？」〔註49〕第四、「若，副詞，乃，才。」《國語·周語》曰：「必有忍也，若能有濟也。」〔註50〕第五、「若，介詞，以，用。」《論衡·感虛》曰：「自責若言。」〔註51〕第六、「若，連詞，而。」《左傳·定元年》曰：「若從踐土，若從宋，亦唯命。」〔註52〕第七、「若，助詞，表語氣。」《國語·吳語》曰：「明紹享餘一人，若余嘉之。」〔註53〕

（1）若顛木之有由蘗，天其永我命于茲新邑。（《商書·盤庚上》）

按：此句「若顛木之有由蘗」中，主語省略；「若」作判斷詞；「顛木之有由蘗」是短語，作謂語。此段描述周公以新枝、嫩芽爲喻，向殷民說明遷都的必要性。

以下將各家詮釋做一對比，表列如下：

《釋詁》	枿，餘也。
李　巡	枿，槁木之餘也。
馬　融	顛木而肄生曰枿。
郭　璞	晉衛之間曰枿。是言木死顛仆，其根更生蘗哉。
《孔傳》	言今往遷都，更求昌盛，如顛仆之木，有用生蘗哉。言天其長我命於此新邑，不可不徙。
《孔疏》	此都毀壞，若枯死之木，若棄去毀壞之邑，更得昌盛，猶顛仆枯死之木用生蘗哉。（頁126）
《蔡傳》	顛，仆也。顛木譬耿，由蘗譬殷也。言今自耿遷殷，若已仆之木而復生也。天其將永我國家之命於殷，以繼復先王之大業，而致安四方乎。（頁53）

〔註47〕〔宋〕洪興祖撰：《楚辭補注》（台北：天工書局，1989年），頁82。
〔註48〕〔春秋〕左丘明：《國語·晉語》（台北：里仁書局，1980年），頁402。
〔註49〕〔周〕晏嬰《晏子春秋·內篇問》（北京：中華書局，1965年），頁86。
〔註50〕〔春秋〕左丘明：《國語·周語》（台北：里仁書局，1980年），頁50。
〔註51〕黃暉撰：《論衡校釋》（北京：中華書局，1990年），頁247。
〔註52〕〔清〕阮元刻本：《十三經注疏左傳·定元年》（台北：藝文印書館，1955年），頁940。
〔註53〕〔周〕左丘明：《國語·吳語》（台北：里仁書局，1980年），頁617。

《錢、江》譯爲：好像倒伏的枯樹又長出了新枝、被砍伐的殘株又發出嫩芽一樣。(頁171)屈氏譯爲：如同已仆倒的樹木又生出新芽來一般，老天會使我們的國運在這裡永久下去，(頁52)

（2）予若觀火，予亦拙謀，作乃逸。若網在綱，有條而不紊；若農服田力穡，乃亦有秋。（《商書・盤庚上》）

按：「予若觀火」、「若網在綱」、「若農服田力穡」中，首句「予」是單詞，作主語；其他兩句主語省略；「若」作判斷詞；「觀火」、「網在綱」、「農服田力穡」是短語，作謂語。此段描述盤庚以喻勸說殷民。《釋言》曰：逸，過也。紊，亂也。穡，耕稼也。

「予亦拙謀作乃逸」有兩種句讀。

第一、「作」與「乃逸」下讀，如：「予亦拙謀，作乃逸」，《孔傳》、《蔡傳》、屈氏主張此說。《孔傳》詮釋爲：我不威脅汝徙，是我拙謀成汝過。《孔疏》詮釋爲：我不威脅汝徙，乃是我亦拙謀，作成汝過也。(頁128)《蔡傳》詮釋爲：我亦拙謀，不能制命，而成汝過失也。恨民以恩導之而不從己也。屈氏譯爲：我（對你們這種情形）好像看火似的（那麼清楚）。這當然也怪我的計謀拙劣，以至造成你們的過失。就好像把網繫在綱上，才能有條有理而不紊亂；就好像農人從事田野工作，努力耕種，才能豐收。(頁54)

第二、「作」與「予亦拙謀」上讀，如：「予亦拙謀作，乃逸」，《錢、江》主張此說。《錢、江》譯爲：我對你們的行爲像看火一樣地清楚，只是我的謀略拙劣，則是過錯。就好像把網結在綱上，才能有條理而不紊亂；就好像農民從事田間勞動，只有努力耕種，才可望有好收成。(頁175)

《孔傳》、《蔡傳》、屈氏之說是將「作」解釋爲「成，造成」。《錢、江》之說是將「謀作」解釋爲「謀略」。若從語法分析來看，「予亦拙謀」是標準句式，「主語＋動詞＋賓語」。「亦」，位於句首或句中，無義，如：《詩經・草蟲》：「亦既見止，亦既覯止，我心則降」。〔註54〕所以「作」應該下讀，從《孔傳》、《蔡傳》、屈氏之說。

又，網綱之喻、農穡之喻，表法不同。《孔傳》詮釋爲：下之順上，當如網在綱，各有條理而不亂也。農勤穡則有秋，下承上則有福。從下對上的角

〔註54〕〔清〕阮元刻本：《十三經注疏詩經・草蟲》（台北：藝文印書館，1955年），頁51。

度詮釋。《蔡傳》詮釋爲：綱舉則目張，喻下從上，小從大，申前無傲之戒。勤於田畝，則有秋成之望，喻今雖遷徙勞苦，而有永建乃家之利，申前從康之戒。（頁 54）從無傲之戒、從康之戒意見角度詮釋。

第三節　今文《尚書》判斷句之用語與特點

一、無「者」、「也」結構

　　古今漢語中的判斷句有什麼差異處，根據劉捷〈古漢語中的「判斷句」淺析〉一文認爲，〔註 55〕古今漢語中的判斷句的結構形式與現代漢語有些不同。現代漢語的判斷句要用判斷詞，而古漢語判斷句的一個主要特點是不用判斷詞。賀敬華、劉金虎，〈古代漢語的判斷句〉一文認爲，〔註 56〕在現代漢語裡，判斷句的主語和謂語之間一般要用繫詞是來聯繫的，古代漢語中一般不用；另外，古代漢語的判斷句在結構形式上，還有別的一些顯著特點是現代漢語所沒有的。

　　王力《漢語史稿》一書認爲，〔註 57〕「也」字煞句是上古判斷句的基本形式，另一種常見形式爲：「主語＋者，謂語＋也」。用「也」字煞句和用「者」、「也」照應的句子，是古代漢語判斷句的典型結構。張雙棣等編著《古代漢語知識教程》一書認爲，〔註 58〕古代漢語判斷句一般不用判斷動詞作述語，基本上用名詞性成分作謂語，用判斷句式本身來表達判斷，並且多用句末語氣詞「也」表達判斷。又認爲古代漢語判斷句一般不用判斷動詞作述語，基本上用名詞性成分作謂語，用判斷句式本身來表達判斷，並且多用句末語氣詞「也」協助表達判斷。古代漢語判斷句的基本形式：七種。「主語＋謂語＋也」、「主語＋者＋謂語＋也」、「主語＋者＋謂語」、「主語+謂語」、「主語＋副詞＋謂語＋（也）」、「主語＋爲＋賓語」、「主語＋是＋賓語」。

　　但是依照筆者考探，今文《尚書》無有「也」字，僅有一個「者」字，《周書‧洪範》：「五者來備」。而錢宗武《尚書新箋與上古文明》一書，〔註 59〕則

〔註 55〕同註 10，頁.173～174。
〔註 56〕同註 11，頁 70～72。
〔註 57〕王力：《漢語史稿》（北京：中華書局，2003 年 6 月），頁 444。
〔註 58〕同註 3，頁 134～136。
〔註 59〕錢宗武：《尚書新箋與上古文明》（北京：北京大學出版，2004 年 7 月），頁

是認為《尚書》僅一個「者」字，或為後人傳抄訛誤。

二、「是」字從古沿襲至今

　　古代漢語中的「是」何時開始作判斷詞？判斷詞發展的產生與發展為何？下列分別說之。

　　「是」作判斷詞始於何時，學術界爭論已久，歷來都有不同見解。筆者歸納之，圖表如下：

各家說法	判斷詞「是」產生的年代
王力〈中國文法裡的繫詞〉〔註60〕	始於東晉，盛於南北朝
王力《漢語史稿》〔註61〕	西漢末年或東漢初葉
楊樹達《詞詮》〔註62〕、楊伯峻《孟子譯注》	先秦已有
林序達〈判斷詞「是」的形成和發展〉〔註63〕	戰國末期
殷孟倫、殷煥先等《古漢語簡論》〔註64〕	西漢末年或東漢初葉
董希謙〈古漢語繫詞「是」的產生和發展〉〔註65〕	先秦產生，西漢發展
王霽雲〈從《詩經》看古漢語判斷詞「是」的產生〉〔註66〕	東周初至春秋中葉
唐鈺明〈中古「是」字判斷句述要〉〔註67〕	戰國末年或者是西漢初年
張則橋〈古代漢語中的「是」何時開始作判斷詞〉〔註68〕	先　秦

141。
〔註60〕同註32，頁 1～49。
〔註61〕同註32，頁 347～356。
〔註62〕楊樹達、楊伯峻：《楊樹達詞詮叔姪文法名著三種・詞詮》（台北：鼎文書局，1972 年 9 月），頁 299。
〔註63〕林序達：〈判斷詞「是」的形成和發展〉，《西南師院學報》（1979 年 2 月），頁 94～105。
〔註64〕殷孟倫、殷煥先等：《古漢語簡論》（濟南：山東人民出版社，1979 年），頁 151～153。
〔註65〕董希謙：〈古漢語繫詞「是」的產生和發展〉，《河南大學學報》（1985 年 2 月），頁 105～109。
〔註66〕王霽雲：〈從《詩經》看古漢語判斷詞「是」的產生〉，《齊齊哈爾師範學院學報》（1992 年 6 月），頁 64～70。
〔註67〕唐鈺明：〈中古「是」字判斷句述要〉，《中國語文》（1992 年 5 月），頁 394～399。
〔註68〕張則橋：〈古代漢語中的「是」何時開始作判斷詞〉，《青島職業技術學院學報》

　　就起源時間，有先秦說、有西漢說、有東晉說。從前人的研究，可歸納判斷詞「是」產生於戰國末期，形成於戰國末期與西漢時期，發展成熟於東漢時期，普遍使用於魏晉六朝時期。

　　就起源和發展的過程，對於判斷句中的判斷詞「是」詞性屬實詞、虛詞，以往學術界有不同看法。筆者歸納，圖表如下：

	判斷詞是虛詞	判斷詞是實詞
洪　誠	動詞是實詞…… 判斷詞（繫詞）是虛詞	
高名凱	判斷詞（繫詞）是虛詞	
王　力		判斷動詞屬實詞

　　譚全基《古代漢語基礎》一書以爲，〔註69〕任何語言現象的產生、發展都是其內因和外因兩個方面相互作用的結果，內因是變化的根據，外因是變化的條件，外因通過內因而起作用。判斷詞「是」的產生、演變過程就是其內在因素與外在因素相互作用的結果。今天大多數學者已取得共識，「是」字已具判斷詞的功能，認爲判斷句的「是」是判斷動詞屬實詞。

　　古代漢語中的「是」判斷詞發展的過程到底如何？「是」字判斷句的產生與發展眾論紛紜。陳寶勤〈繫詞「是」字判斷句的產生與發展〉一文，〔註70〕曾作歸納，大致有四種意見：一、以王力先生爲代表，認爲繫詞「是」是由指代前文的代詞「是」發展而來；二、以洪成玉先生爲代表，認爲繫詞「是」是從形容詞「是」引申而來；三、以 Sian 先生爲代表，認爲「對」義肯定詞「是」與「錯」義否定詞「非」的對應發展，促成肯定詞「是」演變爲繫詞；四、以佟學良先生爲代表，認爲繫詞「是」原本就是繫詞，不存在演變問題。

　　主張複指代詞的王力說，在先秦時代，主語後面往往用代詞「是」，然後加上判斷語；「是」字經常處在主語和謂語的中間，這樣就漸漸產生出判斷詞的性質來。〔註71〕但張則橋〈古代漢語中的「是」何時開始作判斷詞〉一文，〔註72〕則認爲「是」本義爲正、直。人面向太陽站正，身影皆直，這是本義。

第 16 卷第 4 期（2003 年 12 月），頁 31～32。
〔註69〕同註 11，頁 70～72。
〔註70〕陳寶勤：〈繫詞「是」字判斷句的產生與發展〉，《瀋陽大學學報》第 1 期（1999年），頁 27～31。
〔註71〕同註 32，頁 194。
〔註72〕同註 68，頁 31～32。

人的行為端正，思想認識合乎規律，就是正確。根據這本義和引申義之間的一解釋，認為「是」字作為判斷詞的意義的產生要早於作為指示代詞的意義的產生。

「是」字用作判斷詞，在先秦已經萌芽。可以用出土的文獻資料來証明。1973 年底長沙馬王堆三號漢墓出土的一幅帛書，有這樣的記載：〔註73〕

　　是是帶彗，有内兵，年大孰（熟）.是是苫彗，兵天下起，若在外歸。

　　是是帚彗，人主有死者。是是苫發彗，軍起，兵幾（飢）。

　　是是蒿彗，軍起，兵幾（飢）。

這幅帛書是西元前 168 年（漢文帝劉恒前十二年）時埋下的，據裘錫圭考証，它的成書年代在西元前 369 年到西元前 345 年之間或稍後，即戰國時代。古人認為彗星出現是不吉祥的，不尚形狀的彗星，會帶來不同的災禍。上列各句是彗星圖的文字說明，各句句首「是是」連用，第一個「是」是近指代詞，第二個「是」應看作判斷詞，不應再看作近指代詞。〔註74〕

判斷詞之所以成為判斷詞，首先要瞭解「是」的詞性，如果句中的「是」字是動詞，在句中聯繫主語和謂語，一個要素是判斷主語和謂語之間的關係，主語、謂語之間有同一、從屬關係，則這個「是」字句是判斷句。

「主語＋是＋名詞性詞語」判斷句是現代漢語判斷句的一般格式，它在戰國後期出現，到漢末以後才多起來。錢宗武、劉彥傑〈今文《尚書》判斷句研究〉一文，〔註75〕認為今文《尚書》「是」作判斷詞的僅此一例，而根據筆者考證有兩例：「乃卜三龜，一習吉。啓籥見書，乃並是吉。」、「汝則從、龜從、筮從、卿士從、庶民從，是之謂大同。」

三、「非」、「惟」位置變化多異

今文《尚書》中形式，「非」、「惟」有在同一句中，也有在不同分句中，如：「非……惟」、「非……，……惟」。另外，也有「惟……非」的形式。「非……

〔註73〕席澤宗：〈馬王堆漢墓帛書中的彗星圖〉，《文物》第 2 期（1978 年）。

〔註74〕毛玉玲：〈判斷詞「是」和指示代詞「是」的再探討〉，《雲南師範大學哲學社會科學學報》第 26 卷第 3 期（1994 年 6 月），頁82～87。

〔註75〕另外《金縢》「若爾三王是有丕子之責于天」句中的「是」有的學者訓為「這時」，有的學者訓同「實」，也有不少學者就訓為判斷詞「是」。鄭玄訓解此句為：「元孫遇疾，若汝不救，是將有不愛子孫之過，為天下所責。」這個「是」，因為有歧解，暫不作判斷詞論。

惟」的變式，「非」不置句首，而放置句中。如：「天非虐，惟民自速辜」的變式，「非」不置句首。

四、「若」字譬喻種類繁多

楊如雪編《文法與修辭》一書認爲，〔註76〕有種句子介於敘事句和判斷句之間，或以比喻的方式對主語作一番說明，這種句型叫做「準判斷句」。但若以關係的不同，左松超《文言語法綱要》一書，〔註77〕分爲等同關係判斷句、一致關係判斷句和相似關係判斷句三類。張雙棣等編著《古代漢語知識教程》學習指導一書，〔註78〕提出類屬關係、等同關係、比喻關係、主謂間某種複雜的語義關係、謂語表示造成某種結果的原因五類。所以在此依據關係的不同，以廣義的判斷句，將「譬喻」歸於判斷句中。

今文《尚書》中，譬喻「若」以《商書・盤庚》較多，共 16 見。而「無若」3 見。以下從大自然方面、在人物方面、事物方面說明。

在大自然方面：第一、以「木」爲喻，例如：「若顛木之有由蘗」（《商書・盤庚上》）、「若作梓材」（《周書・梓材》）。第二、以「火」爲喻，例如：「予若觀火」（《商書・盤庚上》）、「若火之燎于原」（《商書・盤庚上》）、「無若火始燄燄」（《周書・洛誥》）。第三、以「水」爲喻，例如：「若游大川」（《周書・君奭》）、「若涉淵水」（《周書・大誥》）。

在人物方面：第一、以「農夫」爲喻，例如：「若穡夫」（《周書・大誥》）、「若農服田力穡」（《商書・盤庚上》）。第二、以「專人或專名」爲喻，例如：「無若丹朱傲」（《虞夏書・益稷》）、「無若殷王受之迷亂」（《周書・無逸》）、「若兄考」（《周書・大誥》）。

在事物方面：有以「網」爲喻，例如：「若網在綱」（《商書・盤庚上》）。

〔註76〕 同註 7。
〔註77〕 同註 22。
〔註78〕 同註 20。

第八章　今文《尙書》語法之分析

　　本章「今文《尙書》語法之分析」，是將《虞夏書》、《商書》、《周書》各取兩篇的內容，一句句語法作詳細分析。《虞夏書》中分析了〈堯典〉、〈甘誓〉；《商書》中分析了〈湯誓〉、〈微子〉；《周書》中分析了〈牧誓〉、〈文侯之命〉。以下分別說明。

第一節　　《虞夏書・堯典》篇章句式之分析〔註1〕

曰若稽古帝堯，曰放勳。欽、明、文、思、安安，允恭克讓；光被四表，格于上下。克明俊德，以親九族；九族既睦，平章百姓；百姓昭明，協和萬邦。黎民於變時雍。

　　「曰若稽古帝堯，曰放勳。」中，「曰若稽古」是史官追述以前事情的開頭用語。「曰若」二字是句首語助詞，無有意義。「稽」是動詞，考察。「古」是名詞，古時某人的事情，此指堯的事情。

　　「曰若」出現在今文《尙書》共三次。除了在《堯典》，另外有兩次，例如：「曰若稽古帝舜，曰重華協于帝。」（《虞夏書・舜典》）、「曰若稽古皋陶」（《虞夏書・皋陶謨》），而古文《尙書》也出現一次「曰若稽古大禹，曰：『文命敷於四海，祇承于帝。』」（《虞夏書・大禹謨》）。句首發語詞除了「曰若」，在今文《尙書》中還有「越若」，例如：「越若來三月」（《周書・召誥》）。

　　「帝堯」指堯帝。「放勳」在斷句和詮釋上有兩種。在斷句上：第一、「帝

〔註1〕按：本節只分析堯的功績部分，舜功績部分略。

堯」二字與上連讀，如「曰若稽古帝堯」，《孔傳》、《孔疏》、《蔡傳》、屈萬里、顧頡剛都主張此說；第二、「帝堯」二字與下連讀，如「帝堯曰放勳」，錢宗武主張此說。

在詮釋上：第一、「放勳，堯的功勳」，《孔傳》、《孔疏》、《蔡傳》都將「放勳」詮釋爲「堯的功勳」。第二、「放勳，帝堯的名字」，《錢、江》將「放勳」詮釋爲「帝堯的名字」。筆者認爲，第一、從《尚書》的篇章中，另外有提及舜之名號爲「重華」、大禹之名號爲「文命」，故「放勳」爲帝堯的名字應該無誤。第二、從語法上，「帝堯曰放勳」是判斷句，「曰」是判斷詞，文法結構是「主語＋曰＋謂語」，翻譯爲「帝堯的名字叫放勳」，故從其《錢、江》之說。

「欽、明、文、思、安安，允恭克讓」中，「欽、明、文、思」是指堯己身有此四德，所以能「安天下之當安者」，且於外接物又能「允恭克讓」。主語「帝堯」省略，「欽、明、文、思」是並列句。鄭玄云：「敬事節用謂之欽，照臨四方謂之明，經緯天地謂之文，慮深通敏謂之思。」孔傳無明說，應與鄭玄同。「允恭克讓」《孔傳》云：「允，信。克，能。」，《孔疏》云：「信實、恭勤、善能、謙讓。」，「允、恭」是並列的形容詞，「克、讓」是並列的動詞。

「光被四表，格于上下」中，指堯名聞充溢四外，並至於天地。「光」《釋名》云：「光亦言廣也」。《孔傳》以「溢」解「被」，言其饒多盈溢，故被及之。「四表」《孔傳》以「外」解「表」，言其至於遠處，「四表」即是「四方」。「四表」是名詞短語，作賓語；「四」是數詞，作定語；「表」是範圍名詞，作中心語。「光被四表」語法是：主語「帝堯」省略，「光」是形容詞，作狀語，修飾後面動詞「被」，謂語是「四表」，整分句是：「（主語）＋狀語＋動詞＋賓語」。

「格于上下」，指堯名聞至於上下。「格」，至也；「上下」指天地。「上下」在今文《尚書》共出現十次，如「達于上下，敬哉有土！」（《虞夏書·皋陶謨》）、「惢祀于上下」（《周書·召誥》）、「上下勤恤」（《周書·召誥》）、「光于上下」（《周書·洛誥》）、「大弗克恭上下」（《周書·君奭》）、「疇若予上下草木鳥獸？」（《虞夏書·舜典》）、「厥賦上下。」（《虞夏書·禹貢》）、「厥田惟上下」（《虞夏書·禹貢》）、「上下比罪」（《周書·呂刑》）。但是「上下」並非都指「天地」，如在《禹貢》中，「上下」指的是賦稅和田地的第三等次；在《呂刑》中，「上下」指的是罪行的輕重。另外，「上下」在古文《尚書》共出現四次，如「並告無辜于上下神祇。」（《商書·湯誥》）「茲朕未知獲戾于

上下。」（《商書‧湯誥》）「以承上下神祇。」（《商書‧太甲》）「治神人，和上下」（《周書‧周官》），都指的是「天地」。「格于上下」語法是：主語「帝堯」省略，「格」是動詞，「于」是介詞，「上下」是名詞短語，「于上下」是介賓短語。整分句是：「（主語）＋動詞＋賓語」。

「克明俊德，以親九族；九族既睦，平章百姓；百姓昭明，協和萬邦。黎民於變時雍。」中，指堯德名聞廣遠，是故從親近之九族，乃至全天下百姓都很和睦。「九族」、「百姓」使用頂針修辭法。

「克明俊德」中，「克」是能願動詞，「明」是彰明。「俊德」一詞，古文家與今文家不同詮釋不同。古文家是主張堯用俊德之士，如鄭玄云：「俊德，賢才兼人者」、《孔傳》云：「能明俊德之士任用之」、《孔疏》云：「人能明俊德之士者，謂命爲大官，賜之厚祿，用其才智，使之高顯也。以其有德，故任用之。以此賢臣之化，親睦高祖玄孫之親。」，而今文家主張是堯本身之德，如《蔡傳》云：「俊，大也。堯之大德」。筆者認爲，根據上下文文義，從其後者《蔡傳》之說。堯之聖德，影響了「九族」、「百姓」、「萬邦」。「克明俊德」語法是：「克」是能願動詞，作狀語，修飾後面動詞「明」，「俊」是形容詞，「德」是名詞，「俊德」是偏正短語，作動詞的賓語。「克明俊德」整分句是：「（主語）＋狀語＋動詞＋賓語」。

「以親九族」是介賓短語當補語，「以」是引進對象的介詞，「親九族」是賓語。

「九族既睦」中「九族」是主語；「既」是時間副詞，《孔傳》云：「既，已也。」；「睦」是形容詞，作謂語。整分句是：「主語＋時間副詞＋謂語」。

「平章百姓」中，「平」是辨別的意思，「章」是彰明。「百姓」《孔傳》云：「百姓，百官。」「平章百姓」語法是：「平」、「章」兩動詞並列，「百姓」是複詞當賓語。「平章百姓」整分句是「（主語）＋動詞＋賓語」。

「百姓昭明」中，《孔傳》云：「昭亦明也」，《釋詁》以「昭」爲光，光、明義同。「百姓昭明」語法是：「百姓」複詞當主語，「昭」、「明」兩個動詞並列當謂語。「百姓昭明」整分句是：「主語＋謂語」。

「協和萬邦」中，《釋詁》以「協」爲「和」。「協和萬邦」語法是：「協」、「和」兩個動詞並列，「萬邦」是名詞短語。「協和萬邦」整分句是：「（主語）＋動詞＋賓語」。

「黎民於變時雍」中，《孔傳》云：「黎，眾。」黎民即是眾民，泛指一

切的庶民。《孔疏》云：「天下眾人皆變化化上，是以風俗大和。」《孔疏》以「皆變化」解「於變」，「是」解「時」，「和」解「雍」。「時雍」即「是和」。「黎民於變時雍」語法是：「黎民」是偏正短語當主語，「於變」是動詞，「時雍」是賓語。整分句是：「主語＋動詞＋賓語」。

乃命羲、和，欽若昊天；厤象日月星辰，敬授人時。分命羲仲，宅嵎夷，曰暘谷。寅賓出日，平秩東作；日中、星鳥，以殷仲春。厥民析；鳥獸孳尾。申命羲叔，宅南交。平秩南訛；敬致。日永、星火，以正仲夏。厥民因；鳥獸希革。分命和仲，宅西，曰昧谷。寅餞納日，平秩西成；宵中、星虛，以殷仲秋。厥民夷；鳥獸毛毨。申命和叔，宅朔方，曰幽都。平在朔易；日短、星昴，以正仲冬。厥民隩；鳥獸氄毛。帝曰：「咨！汝羲暨和，期三百有六旬有六日，以閏月定四時成歲。」允釐百工，庶績咸熙。

「乃命羲、和，欽若昊天」中，指堯命掌天地四時之官的羲氏、和氏敬順昊天，《孔疏》云：「是羲和二氏，共掌天地之事」。「乃命羲、和」中，「乃」《經傳釋詞》云：「乃，猶『於是』也」（見附錄「乃」），「羲、和」《孔疏》云：「羲和為重黎之後，世掌天地之官」。「乃命羲、和」語法是：「乃」是關聯副詞，作狀語，「命」是動詞，「羲、和」是名詞並列短語。整個分句是：「狀語＋動詞＋賓語」，構成動賓短語。

「欽若昊天」中，「欽」是虔敬地、尊敬地，「若」是順從，「昊天」《孔傳》云：「昊天言元氣廣大」，《孔疏》云：「昊天者混元之氣，昊然廣大，故謂之昊天也。《釋天》云：「春為蒼天，夏為昊天，秋為旻天，冬為上天。」、《毛詩傳》云：「尊而君之則稱皇天，元氣廣大則稱昊天，仁覆閔下則稱旻天。自上降監則稱上天，據遠視之蒼蒼然則稱蒼天。」語法是：「欽」是表敬副詞，作狀語，「若」是動詞，「昊天」複詞。整分句是：「狀語＋動詞＋賓語」，構成動賓短語。

「厤象日月星辰，敬授人時。」中，指日月星辰中所觀察出天象，傳授給百姓，故《孔傳》云：「曆象其分節，敬記天時，以授人也。」、《孔疏》云：「四時變化，以此為政，故命羲和，令以算術推步，累歷其所行，法象其所在，具有分數節候，參差不等，敬記此天時以為曆而授人」。「曆象」二字《史記・五帝本紀》作「數法」，也就是推算、取法的意思；「日月星辰」《孔疏》云：「日

月與星，天之三光」。「厤象日月星辰」語法是：「厤」、「象」是並列動詞，「日、月、星辰」是並列名詞。整分句是：「動詞＋賓語」，構成動賓短語。

「敬授人時」句中，「敬」是虔敬地、尊敬地，「授」是傳授，「人時」指民時。語法是：「敬」是表敬副詞，作狀語，「授」是動詞，「人時」名詞短語。整個分句是：「狀語＋動詞＋賓語」，構成動賓短語。

「分命羲仲，宅嵎夷，曰暘谷。寅賓出日，平秩東作；日中、星鳥，以殷仲春。厥民析；鳥獸孳尾。申命羲叔，宅南交。平秩南訛；敬致。日永、星火，以正仲夏。厥民因；鳥獸希革。分命和仲，宅西，曰昧谷。寅餞納日，平秩西成；宵中、星虛，以殷仲秋。厥民夷；鳥獸毛毨。申命和叔，宅朔方，曰幽都。平在朔易；日短、星昴，以正仲冬。厥民隩；鳥獸氄毛。」是指東、南、西、北之官，分別掌春分、夏至、秋分、冬至之職，《孔疏》云：「東方之官，掌春天之政」、「西方之官，掌秋天之政」、「南方之官，掌夏天之政」、「北方之官，東夏天之政」。此段乃是四句排比而成，語法相同，以下以表列之後，說明之。

四官	四　方			四　政	節令、星象	四節令	百姓生活	鳥獸特徵
分命羲仲	宅嵎夷	曰暘谷	寅賓出日	平秩東作	日中、星鳥	以殷仲春	厥民析	鳥獸孳尾
申命羲叔	宅南交			平秩南訛；敬致	日永、星火	以正仲夏	厥民因	鳥獸希革
分命和仲	宅　西	曰昧谷	寅餞納日	平秩西成	宵中、星虛	以殷仲秋	厥民夷	鳥獸毛毨
申命和叔	宅朔方	曰幽都		平在朔易	日短、星昴	以正仲冬	厥民隩	鳥獸氄毛

「分命」與「乃命」、「申命」有所不同，《孔疏》云：「上云『乃命羲和』，總舉其目。就『乃命』之內分其職掌，使羲主春夏，和主秋冬，分一歲而別掌之，故言『分命』。就羲和之內又重分之，故於夏變言『申命』」。「分命羲仲」、「申命羲叔」、「分命和仲」、「申命和叔」語法是：「分」、「申」是副詞，作狀語，「命」是動詞，「羲仲」、「羲叔」、「和仲」、「和叔」是名詞，「分命羲仲」、「申命羲叔」、「分命和仲」、「申命和叔」。四句分句是：「（主語）＋狀語＋動詞＋賓語」，省略主語「堯帝」。

「宅嵎夷」、「宅南交」、「宅西」、「宅朔方」，語法：「宅」是動詞，「嵎夷」、

「南交」、「西」、「朔方」是處所或方位名詞。四句分句是:「動詞＋賓語」。

「日暘谷」、「日昧谷」、「日幽都」,語法是:「日」是動詞,或是判斷詞都可,「暘谷」、「昧谷」、「幽都」處所名詞。四句分句是:「動詞＋賓語」。

「寅賓出日」、「寅餞納日」中,《孔傳》云:「寅,敬」、「賓,導」、「餞,送也」,又云「日出言導,日入言送,因事之宜」,《孔疏》云:「東方之官當恭敬導引日出,平秩東作之事,使人耕耘。西方之官當恭敬從送日入,平秩西成之事,使人收斂。日之出入,自是其常,但由日出入,故物有生成。雖氣能生物,而非人不就。勤於耕稼,是導引之。勤於收藏,是從送之」,鄭玄云:「寅賓出日,謂春分朝日。又以寅餞納日,謂秋分夕日」。語法是:「寅」是副詞,作狀語,「賓」、「餞」是動詞,「出日」、「納日」,動詞「出」、「納」作定語,「日」作中心語,「出日」、「納日」構成名詞短語。四句分句是:「(主語)＋狀語＋動詞＋賓語」。

「平秩東作」、「平秩南訛」、「平秩西成」、「平在朔易」中,《孔傳》云:「平秩,平均次序」,「東作,東作之事,以務農也」、「南訛,南方化育之事」、「西成,西方萬物成」、「朔易,易謂歲改易北方,平均在察其政,以順天常。」語法是:「平」、「秩」是並列動詞短語,「東作」、「南訛」、「西成」、「朔易」是「方位名詞＋動詞」偏正短語。四句分句是:「動詞＋賓語」。

「日中、星鳥」、「日永、星火」、「宵中、星虛」、「日短、星昴」中,「日中、日永、宵中、日短」,分別指「春分、夏至、秋分、冬至」,「星鳥、星火、星虛、星昴」是指星名。語法是:「日中、日永、宵中、日短」都是複詞,「星鳥、星火、星虛、星昴」也都是複詞,四句分句是:「複詞＋複詞」並列當主語。

「以殷仲春」、「以正仲夏」、「以殷仲秋」、「以正仲冬」中,「以」是用、根據的意思。而「殷」、「正」意思相同,如,《釋言》云:「以『殷』爲中,中、正義同,故『殷』爲正也。此經多夏言『正』,春秋言『殷』者,其義同。」語法是:「以」是介詞,「殷」、「正」是動詞,「仲春、仲夏、仲秋、仲冬」是複詞,四句分句是介賓短語當謂語。

「厥民析」、「厥民因」、「厥民夷」、「厥民隩」中,「厥」指其,此時。「民」指百姓。《孔傳》云:「析,分析」、「因、就」、「夷,平也」、「隩,室也」語法是:「厥」是代詞,「民」是名詞,「析」、「因」、「夷」、「隩」是動詞,四句分句是:「主語＋謂語」。

「鳥獸孳尾」、「鳥獸希革」、「鳥獸毛毨」、「鳥獸氄毛」中,《孔傳》云:「乳化曰孳,交接曰尾」、「夏時鳥獸毛羽希少改易。革,改也」、「毨,理也,毛更生整理」、「鳥獸皆生而毨細毛以自溫焉」。四句的語法是:「鳥」、「獸」是並列名詞短語;「孳尾」、「希革」是動賓短語;「毛毨」,「毨」指更生,是動詞,陳述「毛」特色,是主謂短語;「氄毛」,「氄」指細,是形容詞修飾「毛」,是偏正短語。

帝曰:「咨!汝羲暨和,期三百有六旬有六日,以閏月定四時成歲。」允釐百工,庶績咸熙。

「帝曰:『咨!汝羲暨和,期三百有六旬有六日,以閏月定四時成歲。』允釐百工,庶績咸熙。」是說明堯叫官員,制定曆法,使眾多功績卓越有成。

「帝曰」中,「帝」指堯帝。語法是:「帝」是名詞,作主語;「曰」是動詞,作謂語;此句是「主語+謂語」。

「咨!」是感嘆句。「咨」,《孔傳》云:「咨,嗟」。

「汝羲暨和」中,「汝」指第二人稱複數,你們。「暨」,《孔傳》云:「暨,與也」語法是:「汝」是名詞,「羲暨和」是名詞短語,此句是同位語,補充說明「汝」的對象是誰。

「期三百有六旬有六日」中,「期」,《孔傳》云:「匝四時曰朞。」,指一週年。「有」,又也。語法是:「期」是名詞,「三百」、「六旬」、「六日」是名詞短語,「有」是連詞,此數詞加連詞的用法,常用在早期紀錄日數的語句中,今文《尚書》有五次,如,「在十有二月」(《周書·洛誥》)、「七十有五年」(《周書·無逸》)、「五十有九年」(《周書·無逸》)、「三十有三年」(《周書·無逸》)。古文《尚書》也有五次,如,「十有二月」(《商書·伊訓》)、「十有二月朔」(《商書·太甲》)、「惟十有三年」(《周書·泰誓》)、「惟十有二年」(《周書·畢命》)、「三十有三載」(《虞夏書·大禹謨》)。另外,少數用在連接普通名詞,如「肇十有二州,封十有二山」(《虞夏書·舜典》)、「汝二十有二人」(《虞夏書·舜典》)、「州十有二師」(《虞夏書·益稷》)。

「以閏月定四時成歲。」中,「以」,指用、根據;「閏月定四時成歲」指陽曆、陰曆為了相配合,必須在幾年中設一個閏月,每年四季才會固定在相對的月份。《孔傳》云:「以定四時之氣節,成一歲之曆象」。語法是:「以」是介詞,「閏月」是複詞、「定」是動詞,「四時」是名詞短語,「成」是動詞,

「歲」是名詞。整句是由介詞引領的介賓短語，補充說明「期三百有六旬有六日」的情形。

「允釐百工，庶績咸熙。」中，《孔傳》云：「允，信。釐，治。工，官。」，「允」，信，誠信的意思，《經傳釋詞》云：「允，用」（見附錄「允」）。「允釐百工」語法是：「允」、「釐」是並列動詞，「百工」是「百＋名詞」表大約數，當賓語。整分句是：「動詞＋賓語」。

「百＋名詞」結構很多，在今文《尚書》中，如「百僚」（《虞夏書・皋陶謨》）、「百姓」（《商書・盤庚》）、「百穀」（《周書・洪範》）、「百君子」（《周書・召誥》）、「百人」（《周書・顧命》）、「百鍰」（《周書・呂刑》）、「百揆」（《虞夏書・舜典》）、「百獸」（《虞夏書・舜典》）。另外，在古文《尚書》中，有出現「百殃」（《商書・伊訓》）、「百官」（《商書・伊訓》）等詞。

「庶績咸熙」中，「庶」是眾，多的意思。《孔傳》云：「績，功。咸，皆。熙，廣也。」語法是：「庶」是形容詞，作定語；「績」是名詞，「庶績」是偏正短語，作主語；「咸」是範圍副詞，作狀語；「熙」是動詞，作謂語。整分句是：「定語＋主語＋狀語＋動詞」。

帝曰：「疇咨若時登庸？」放齊曰：「胤子朱啟明。」帝曰：「吁！嚚訟，可乎？」帝曰：「疇咨若予采？」驩兜曰：「都！共工方鳩僝功。」

「帝曰」如上述。

「疇咨若時登庸？」中，《孔傳》云：「疇，誰。庸，用也。誰能咸熙庶績，順是事者，將登用之。」，故《孔傳》是將「若」解釋為「順」，「時」解釋為「是」。語法是：「疇」疑問代詞；「咨」語助詞；「若」動詞；「時」是指示代詞，此的意思；「登」「庸」是動詞短語。

「放齊曰」中，「放齊」是臣名，《孔疏》云：「以放齊舉人對帝，故知臣名，為名為字，不可得知」，其語法句式與「帝曰」一樣，此句是「主語＋謂語」。

「胤子朱啟明」中，《孔傳》云：「胤，國。子，爵。朱，名。啟，開也。」語法是：「胤、子、朱」都是名詞，「啟、明」是動詞短語。

「吁！嚚訟，可乎？」中，《孔傳》云：「吁，疑怪之辭。言不忠信為嚚，又好爭訟，可乎！言不可。」語法是：「吁」嘆詞，無有意義；「嚚、訟」並列動詞短語；「可」是能願動詞；「乎」是語氣詞。

　　「疇咨若予采？」中，「疇咨」、「若」如上述。「采」，《孔傳》云：「采，事也。複求誰能順我事者。」語法是：「疇」疑問代詞，作主語；「咨」語助詞；「若」動詞；「予采」是主謂短語，作謂語，「予」是第一稱代詞；「采」是動詞。整分句是：「主語＋（語助詞）＋動詞＋謂語」。

　　「疇咨若時登庸？」、「疇咨若予采？」兩句問話結構應該一樣，「疑問代詞＋語助詞＋動詞＋（指示、人稱）代詞＋動詞」，故「時」有學者解釋爲「四時」、屈萬里解釋爲「天時」，當爲名詞，有誤。

　　「驩兜曰」中，「驩兜」是臣名，《孔疏》云：「驩兜亦舉人對帝，故知臣名」，其語法句式與「帝曰」、「放齊」一樣，此句是「主語＋謂語」。

　　「都！共工方鳩僝功。」中，《孔傳》云：「都，於，歎美之辭。共工，官稱。鳩，聚。僝，見也。歎共工能方方聚見其功。」「共工」是臣名；「方」，《孔疏》云：「謂每於所在之方」，「鳩」是聚集；「僝」見；「功」是功績。語法是：「都」是嘆詞；「共工」是稱人名詞，「方」是地方名詞，「鳩」是動詞，「僝」是動詞，「功」是普通名詞。

帝曰：「吁！靜言庸違，象恭滔天。」帝曰：「咨！四岳！湯湯洪水方割，蕩蕩懷山襄陵，浩浩滔天。下民其咨，有能俾乂？」僉曰：「於，鯀哉！」帝曰：「吁！咈哉！方命圮族。」岳曰：「異哉，試可，乃已。」帝曰：「往，欽哉！」九載，績用弗成。

　　本段「帝曰」如上述。

　　「靜言庸違」中，「吁」，嘆詞。「靜」，《孔傳》云：「靜，謀」；「靜言」，《孔疏》云：「謀慮之言」，顧頡剛《尚書校釋譯論》認爲是「巧言」；〔註2〕「庸」，用也；「違」違背；《孔疏》云：「共工自爲謀言，起用行事而違背之」。語法是：「靜」是形容詞，作定語；「言」是名詞，「靜言」是偏正短語，作主語。「庸」、「違」是並列動詞短語，作謂語。整分句是：「主語＋謂語」。

　　「象恭滔天」中，「象」指相貌；「恭」指恭敬、謙和；「滔」，《孔傳》云：「滔，漫也。」，故《孔傳》云：「貌象恭敬而心傲很，若漫天」。語法是：「象」是名詞，「恭」是形容詞；「滔」是形容詞，「天」是名詞，「滔天」是偏正短語。

〔註2〕　顧頡剛、劉起釪：《尚書校釋譯論》（北京：中華書局，2005年，4月），頁74～75。

　　「四岳！湯湯洪水方割」中，「四岳」是羲和之四子，分掌四岳的諸侯。《孔疏》云：「大水方方為害，謂其遍害四方也」，故將「洪」解釋為「大」；「方」解釋為「四方」；「割」解釋為「害」。但顧頡剛《尚書校釋譯論》根據戴震、江聲、王念孫等皆以「方」當讀「旁」，「旁」有普遍地意思。「湯湯洪水方割」語法是：「湯湯」是形容詞性的疊音詞，作定語；「洪水」是偏正短語，作主語；「方」是範圍副詞，作狀語；「割」是動詞作謂語。整分句是：「定語＋主語＋狀語＋謂語」。

　　「蕩蕩懷山襄陵，浩浩滔天」中，《孔傳》云：「懷，包。襄，上也。包山上陵，浩浩盛大，若漫天」，《孔疏》云：「『包山』謂繞其傍，『上陵』謂乘其上，平地已皆蕩蕩，又複繞山上陵，故為盛大之勢，總言浩浩盛大若漫天然也。」語法是：「湯湯」、「浩浩」是形容詞性的疊音詞，作定語；「懷」、「襄」是動詞，「山」、「陵」是名詞，「懷山」、「襄陵」是並列動賓短語；「滔天」是偏正短語。

　　「下民其咨，有能俾乂？」中，「下民」指百姓；「其」，《經傳釋詞》云：「其，乃」；《釋詁》云：「俾，使；乂，治」。語法是：「下民」名詞短語，作主語；「其」連詞；「咨」，感嘆詞；「俾」、「乂」是動詞。

　　「僉曰」中，「僉」皆，都，是副詞，作狀語。其語法句式是「狀語＋動詞」。

　　「於，鯀哉！」中，「於」，嘆詞；「鯀」，崇伯之名；「哉！」語末語氣詞。

　　「吁！咈哉！方命圮族」中，「吁」，《孔疏》云：以來三經求人，所舉者帝言其惡，而辭皆稱「吁」，故知凡言「吁」者皆非帝之所當意也。「咈」，戾也。《孔疏》云：「咈者相乖詭之意，故為戾也。」；「方命」，鄭玄：「方為放，謂放棄教命」；「圮」，《釋詁》云：「圮，毀」；「族」，類。語法是：「方」是動詞、「命」是名詞，構成動賓短語；「圮」是動詞、「族」是名詞，構成動賓短語。

　　岳曰：「異哉，試可，乃已」中，「異」有多種解釋，《孔傳》云：「異，已。」；《蔡傳》云：「異義未詳，疑是已廢而復強舉之意。」，故《蔡傳》是認為「異，舉」；《尚書故》云：「異通已，嘆詞」，應該是連讀的語氣詞。根據上句語法「咈哉」，下句語法「欽哉」，故此句語法「異哉」。「試可」是試不可的意思。「乃已」，《孔傳》云：「已，退也。」，《孔疏》云：「已訓為止，是停住之意，故為退也。」

　　「往，欽哉！」中，「往」是命鯀前往治水。「欽」，敬其事。

　　「九載，績用弗成。」中，「載」，年也，《釋天》云：「載，歲也。夏曰歲，商曰祀，周曰年，唐虞曰載。」「績」，功績；「績用」指治水的功績。語法是：「九載」是名詞短語，當狀語修飾後面，「績用」當主語，「弗」是否定副詞，作狀語；「成」是動詞，作謂語。分句是：「狀語，主語＋狀語＋謂語」。

帝曰：「咨！四岳！朕在位七十載，汝能庸命，巽朕位？」岳曰：「否德忝帝位。」曰：「明明揚側陋。」師錫帝曰：「有鰥在下，曰虞舜。」帝曰：「俞，予聞。如何？」岳曰：「瞽子，父頑，母嚚，象傲；克諧以孝，烝烝乂不格姦。」帝曰：「我其試哉。」女于時，觀厥刑于二女。釐降二女于嬀汭，嬪于虞。帝曰：「欽哉！」

　　「朕在位七十載」中，「朕」指我；「位」指天子的位置；「七十載」指七十年。語法是：「朕」是第一人稱，表單數，作主語；「在」是動詞；「位」是名詞；「七十載」是名詞短語，補充說明堯在位的時間。整分句是：「主語＋動詞＋賓語＋補語」。

　　「汝能庸命」中，「汝」指你；「庸命」，《說文》云：「庸，用也。」，「命」指帝命，《孔傳》云：「四岳能用帝命」。語法是：「汝」是第二人稱，表複數；「能」是能願動詞，作狀語；「庸」是動詞，「命」是名詞，「庸命」動賓短語，作謂語。整分句是：「主語＋狀語＋謂語」。

　　「巽朕位？」中，「巽」，《孔傳》云：「巽，順也。」，「朕位」指帝位。語法是：「巽」是動詞，「朕位」是名詞短語。主語省略，指四岳。此分句是：「（主語）＋動詞＋賓語」。

　　「岳曰」中，「岳」指四岳。其語法句式與「帝曰」、「放齊曰」一樣，此句是「主語＋謂語」。

　　「否德忝帝位。」中，「否」，《說文》云：「不也」；「忝」《釋言》云：「忝，辱」，故《孔疏》云：「己身不德，恐辱帝位。」，語法是：「否」是否定副詞，「德」是名詞，「否德」作狀語修飾動詞「忝」，「帝位」名詞短語，作賓語。此分句是：「狀語＋動詞＋賓語」。

　　「明明揚側陋」中，第一個「明」是推舉，第二個「明」是賢明的人，《孔傳》云：「明舉明人」；「揚」是推舉；「側陋」此指在隱處的人，《孔疏》云：「側陋者，僻側淺陋之處」。語法是：第一個「明」是動詞，第二個「明」

是名詞，「揚」是動詞，「側陋」是名詞短語。主語省略四岳，「明明」、「揚側陋」是並列動賓短語。此分句是：「（主語）＋動詞1＋賓語1＋動詞2＋賓語2」。

「師錫帝曰」中，師，《釋詁》云：「眾也」。「錫」有兩種說法，第一、「錫」有給予的意思，《說文》云：「予也。从貝易聲。」，《釋詁》云：「錫，與」。第二、「錫」有獻的意思，屈萬里則認為「錫，賜也」。根據「錫」在今文《尚書》出情形，例如，「天乃錫禹洪範九疇」（《周書·洪範》）、「汝雖錫之福」（《周書·洪範》）、「乃復入，錫周公」（《周書·召誥》）、「禹錫玄圭」（《虞夏書·禹貢》）、「中邦錫土姓」（《虞夏書·禹貢》）、「錫貢磬錯」（《虞夏書·禹貢》）、「九江納錫大龜」（《虞夏書·禹貢》）、「錫貢」（《虞夏書·禹貢》），其中以〈禹貢〉出現最多次。而古文《尚書》也出現1次「天乃錫王勇智」（《商書·仲虺之誥》）。「錫」兩種說法都是當動詞用，但是第一種意思「給予」，上對下、下對上都可以稱為「錫」，第二意思「獻」，通常是下對上，故取其第一種意思。語法是：「師」是名詞，作主語；「錫」是動詞1；「帝」是動詞「錫」的賓語，又作「曰」的主語，故「帝」是兼語；「曰」是動詞2，賓語是下句的「有鰥在下，曰虞舜。」。此分句是：「主語＋動詞1＋兼語＋動詞2」。

「有鰥在下，曰虞舜。」中，「鰥」指無妻；「在下」，《孔傳》云：「在下民之中。」語法是：「有鰥」是兼語，既是名詞，當動詞的賓語，又當「在下」的主語；「在」是動詞，「下」是名詞，「在下」是動賓短語；「曰」是動詞，「虞舜」是名詞。

「俞，予聞。如何？」中，「俞」，《釋言》：「俞，然也。」語法是：

「俞」是感嘆詞；「予」是名詞，作主語；「聞」是動詞，作謂語；「如何」是疑問代詞。

「瞽子，父頑，母嚚，象傲」中，「瞽子」就是盲人的兒子，但是舜的父親並不是看不見，只是不能明辨是非，所以《孔傳》云：「無目曰瞽。舜父有目，不能分別好惡，故時人謂之瞽。」語法是：「瞽子」名詞性非主謂句；「父」、「母」、「象」是主語，「頑」、「嚚」、「傲」是形容詞當謂語，句式都是「主語＋謂語」。

「克諧以孝，烝烝乂不格姦。」中，「克」指能夠；「諧」，和；「以」指因為；「烝烝」有兩種意思，第一、《孔傳》云：「烝，進也。」，當動詞；第

二，《詩經‧泮水》：「烝烝，厚也。」，〔註3〕當形容詞。「烝烝」後面是動詞「乂」，故取其形容詞，厚美的意思。「乂」，治；「格」，至；「姦」，姦惡。《史記》：「能和以孝，烝烝治，不至姦」。〔註4〕語法是：主語「舜」省略，「克」是動詞；「諧」是名詞，作賓語；「以」是介詞，「孝」是名詞，「以孝」是介賓短語，作補語，說明「克諧」的原因；「烝烝」是疊音詞，作狀語修飾後面的動詞「乂」；「不」是否定副詞，作狀語；「格」動詞；「姦」是名詞。句式是「（主語）＋動詞＋賓語＋補語，狀語＋動詞＋狀語＋動賓短語」。

「我其試哉」中，「我」是第一人稱；「其」，《詞詮》：「時間副詞，將也」，作狀語；「試哉」有兩種說法，第一、鄭玄云：「試以為臣之事。」、王肅云：「試之以官。」第二、《孔疏》云：「以女試之，既善於治家，別更試以難事。」第一種的說法，乃是根據下篇《舜典》歷試之事；第二種的說法，乃是根據下文「女于時，觀厥刑于二女」，筆者從其後者。句式是「主語＋狀語＋動詞＋語末助詞。」

「女于時」有三種說法，第一、《史記》云：「於是堯妻之二女」〔註5〕、《孔傳》云：「堯於是以二女妻舜」說法，都是將「于時」連讀，解釋「於是」，並且倒裝放在名詞「女」前。第二、屈萬里也是將「于時」解釋「於是」，但是不倒裝，「女」為動詞，解釋為「嫁女於是人」；第三、顧頡剛主張「于」「時」分開，解釋為「以女嫁給舜」。案，「時」解釋為時間外，如「以閏月定四時成歲。」（《虞夏書‧堯典》），在今古文《尚書》，「時」解釋為「是」當代詞，非常普遍，例如：「時人丕則有愆。」（《周書‧無逸》）、「在時二人」（《周書‧君奭》）、「篤棐時二人」（《周書‧君奭》）、「惟時受有殷命哉」（《周書‧君奭》）、「天降時喪」（《周書‧多方》）、「惟時上帝集厥命于文王。」（《周書‧文侯之命》）、「時乃天道。」（《虞夏書‧大禹謨》）、「惟時羲和」（《虞夏書‧胤征》）。故筆者從其顧頡剛主張，語法是：「女」指堯嫁兩個女兒，當動詞，主語省略；「于」，給，當介詞；「時」，是，指示代詞，此指舜，當賓語；句式是「（主語）＋動詞＋介賓短語」。

「觀厥刑于二女」中，「厥」，其也，在此指舜；「刑」，法度；「二女」，

〔註3〕 〔清〕阮元刻本：《十三經注疏詩經‧泮水》（台北：藝文印書館，1955年），頁769。

〔註4〕 〔漢〕司馬遷：《史記‧帝堯》（台北：鼎文書局，1981年），頁21。

〔註5〕 〔漢〕司馬遷：《史記‧帝堯》（台北：鼎文書局，1981年），頁21。

班固《漢書・外戚傳》云：「皇，娥皇，英，女英，堯之二女也。女，妻也」。〔註6〕故《孔傳》云：「觀其法度接二女，以治家觀治國。」語法是：「觀」是動詞，「厥刑」是賓語，「于二女」是介賓短語作補語。句式是「（主語）＋動詞＋賓語＋補語」。

「釐降二女于嬀汭，嬪于虞。」中，「釐降」，《蔡傳》指下嫁；「嬀汭」，山西，地名；「嬪」，嫁；「虞」國名。語法是：「釐降」是動詞短語；「二女」是名詞短語，當賓語；「于」介詞，「于嬀汭」是介賓短語作補語，說明二女所居嬀水之汭；「嬪」是動詞；「于虞」是介賓短語作補語，說明二女服行婦道於虞氏。句式是「（主語）＋動詞＋賓語＋補語，動詞＋補語」。

「帝曰：『欽哉！』」，如上所述。

第二節　《虞夏書・甘誓》篇章句式之分析

大戰于甘，乃召六卿。王曰：「嗟！六事之人，予誓告汝。有扈氏威侮五行，怠棄三正。天用勦絕其命，今予惟恭行天之罰。左不攻于左，汝不恭命；右不攻于右，汝不恭命；御非其馬之正，汝不恭命。用命，賞于祖；弗用命，戮于社。予則孥戮汝。」

「大戰于甘，乃召六卿」，此首二句是敘其誓辭之緣由。「大」，鄭玄云：「天子之兵，故曰大」；「大戰」，《孔疏》云：「蓋以六軍並行，威震多大，故稱大戰」。「甘」，地名，有兩種說法：一、爲馬融所說的陝西縣；二、爲杜預所說的河南縣。根據顧頡剛考證應該是甲骨文中「甘」（《乙編》1010片、《續存下》915片），應該是春秋時甘召公的封地甘。「乃」，於是。「召」，命。「六卿」，即是六軍，《周禮・夏官・序》云：「天子六軍，其將皆命卿」，「六卿」就是六將軍。語法是：「大」是形容詞，大規模的，作主語；「戰」是名詞，作謂語；「于」是介詞，「甘」是地方名詞，「于甘」是介賓短語，作補語；「乃」是連詞，「召」是動詞，「六卿」是名詞短語，作賓語。此分句是：「主語＋謂語＋補語，連詞＋動詞＋賓語」。

「王曰」以下都是誓辭內容。「王曰」中，「王」指夏王啓。語法是：「王」是名詞，作主語；「曰」是動詞，作謂語。此句句式是：「主語＋謂語」。

〔註6〕〔漢〕班固：《漢書・外戚傳》（台北：鼎文書局，1986年），頁3986。

「嗟！」，歎詞。

「六事之人，予誓告汝」中，「六事」並非指六件事務，也並不是上文的「六卿」，鄭玄云：「變六卿言六事之人者，言軍吏下及士卒也。」，指六卿本身及所有的部屬。但根據《周書‧周官》云：「三事暨大夫，敬爾有官，亂爾有政。」，「三事」跟「大夫」一樣是官名，指三吏。又如《周書‧立政》也云：「任人、準夫、牧、作三事」、《虞夏書‧大禹謨》云：「六府三事允治」，三事都指三吏。顧頡剛也提出《小孟鼎》中「三左三右」，指左右大臣。故「六卿」應該只是「六吏」。語法是：「六事」是名詞短語，作主語；「之」是代詞；「人」是名詞，作謂語；「予」是第一人稱我；「誓、告」是並列動詞短語；「汝」，指「六事之人」，你們，複數，作賓語。此句句式是：「主語＋之＋謂語，主語＋動詞＋賓語」。

「有扈氏威侮五行，怠棄三正。」中，「有扈氏」，指夏代同姓諸侯。「威侮五行」，「威侮」，《孔傳》云：「威虐侮慢」；「五行」，指金、木、水、火、土，「五行」在人為仁、義、禮、智、信，故《孔疏》云：「有扈與夏同姓，恃親而不恭天子，廢君臣之義，失相親之恩，五常之道盡矣，是『威侮五行』也。」；「怠棄」，《孔傳》云：「惰棄廢」；「三」，指天地人，《易經‧說卦》云：「立天之道曰陰與陽，立地之道曰柔與剛，立人之道曰仁與義。」；〔註7〕「正」，正道。語法是：「有扈氏」是專有名詞，作主語；「威、侮」並列，是動詞短語；「五行」是複詞，作賓語；「怠、棄」並列，是動詞短語；「三正」是複詞，作賓語。此句句式是：「主語＋動詞1＋賓語1，（主語）＋動詞2＋賓語2」。

「天用勦絕其命」中，「用」，《詞詮》云：「用，因此」；「勦絕」，《孔傳》云：「剿，截也。截絕，謂滅之。」；「命」指天命。語法是：「天」是名詞，作主語；「用」是因果連詞；「勦、絕」是並列動詞；「其」，代詞，指有扈氏；「命」是名詞，作賓語。此分句句式是：「主語＋連詞＋動詞＋賓語」。

「今予惟恭行天之罰」中，「惟」，發語詞，無意義；「恭」，奉也。語法是：「今」時間名詞，作狀語；「予」，第一人稱，我，作主語；「恭行」動詞短語，作謂語；「天之罰」作補語，補充說明用兵乃是天意。此分句句式是：「狀語＋主語＋謂語＋補語」。

「左不攻于左，汝不恭命；右不攻于右，汝不恭命；御非其馬之正，汝

〔註7〕〔清〕阮元刻本：《十三經注疏易經‧說卦》（台北：藝文印書館，1955年），頁183。

不恭命。」，說明車上「左、右、中」三人在一輛戰車上，不好好做好所掌職事情況。「攻」，《孔傳》云：「攻，治其職。」、《孔疏》云：「『攻』之爲治，常訓也。」。此段特色是，重複三次「汝不恭命」，有耳提面命的意思。以下說明三位戰士在戰車上分工的情形：

	方位	經　　文	《孔傳》	《孔疏》
1	左	左不攻于左，汝不恭命。	左，車左，左方主射。	左方主射
2	右	右不攻于右，汝不恭命。	右，車右，勇力之士，執戈矛以退敵。	右主擊刺
3	中	御非其馬之正，汝不恭命。	御以正馬爲政。	御居中也

根據現在秦始皇兵馬俑，所發現的戰車，確實是三人一組。語法是：第一個「左」、第一個「右」、「御」，都是名詞，左邊的人、右邊的人、御馬的人，作主語。「不」是否定副詞，作狀語；「攻」、「非」是動詞，「非」指違背；「于左」、「于右」是「攻」的補語，「其馬之正」是「非」謂語。前兩分句句式是：「主語＋狀語＋動詞＋賓語」；後一分句句式是：「主語＋動詞＋謂語」；三句複句是並列關係。

「汝不恭命」語法是：「汝」是名詞，作主語；「不」是否定副詞，作狀語；「恭」是動詞；「命」是名詞作賓語。此分句句式是：「主語＋狀語＋動詞＋賓語」。

「用命，賞于祖；弗用命，戮于社。予則孥戮汝。」，此句指賞罰辦法。賞、罰之處不同：

賞、罰之場所不同		
經文	《孔疏》	《周禮》
用命，賞于祖（祖賞）	祖主陽，陽主生。（祖陽）	左宗廟
弗用命，戮于社（社殺）	社主陰，陰主殺。（社陰）	右社稷

《孔疏》云：「社主陰，陰主殺，則祖主陽，陽主生。」，又《周禮·春官宗伯》云：「掌建國之神位，右社稷，左宗廟。」〔註8〕「祖」、「社」是重要的宗教場所，古代賞、罰場所是有分別的，賞在「祖廟」、「宗廟」；罰在「社

〔註8〕〔清〕阮元刻本：《十三經注疏周禮·春官宗伯》（台北：藝文印書館，1955年），頁290。

稷」。「用命」、「弗用命」語法是：主語省略，指上文的戰士們；「弗」是否定副詞，作狀語；「用」是動詞；「命」是名詞，作賓語。此兩句分句句式是：「（主語）＋動詞＋賓語」、「（主語）＋狀語＋動詞＋賓語」。

「賞于祖」、「戮于社」語法是：主語省略，指夏啓；「賞」、「戮」是動詞；「于祖」、「于社」是介賓短語，作補語。此兩句分句句式是：「（主語）＋動詞＋補語」。

另外，《尚書》有以相反語句來論述，有先肯定，後否定；有先否定，後肯定，如下表解釋：

	肯定（正）	否定（反）
《虞夏書・甘誓》	用命，賞于祖；	弗用命，戮于社（社殺）
《虞夏書・益稷》	格則承之庸之；	否則威之。
《虞夏書・皋陶謨》	天聰明，自我民聰明；	天明畏，自我民明威。
《商書・盤庚上》	邦之臧，惟汝眾；	邦之不臧，惟予一人有佚罰。
《周書・洪範》	作內，吉；	作外，凶。
《周書・洪範》	用靜，吉；	用作，凶。
《周書・多方》	慎厥麗，乃勸；	厥民刑，用勸。
《商書・太甲》	天作孽，猶可違；	自作孽，不可逭。

	否定（反）	肯定（正）
《周書・秦誓》	邦之杌隉，曰由一人；	邦之榮懷，亦尚一人之慶。
《周書・洪範》	臣無有作福作威玉食；	臣之有作福作威玉食
《商書・盤庚上》	人惟求舊；	器非求舊，惟新。
《商書・咸有一德》	德惟一，動罔不吉；	德二三，動罔不凶。

「予則孥戮汝」，根據顧頡剛說法，此五個字應該刪除。第一、《墨子・明鬼》引〈甘誓〉全文，無有此句；第二、〈湯誓〉有此句。故應刪除。

第三節　《商書・湯誓》篇章句式之分析

王曰：「格爾眾庶，悉聽朕言。非台小子，敢行稱亂；有夏多罪，天命殛之。今爾有眾，汝曰：『我后不恤我眾，舍我穡事，而割正夏。』予

惟聞汝眾言；夏氏有罪，予畏上帝，不敢不正。今汝其曰：『夏罪其如台？』夏王率遏眾力，率割夏邑，有眾率怠弗協。曰：『時日曷喪？予及汝皆亡！』夏德若茲，今朕必往。爾尚輔予一人，致天之罰，予其大賚汝。爾無不信，朕不食言。爾不從誓言，予則孥戮汝，罔有攸赦。」

「王曰」中，「王」指商湯。語法是：「王」是名詞，作主語；「曰」是動詞，作謂語。此句句式是：「主語＋謂語」。

「格爾眾庶，悉聽朕言」中，「格」有兩種詮釋，第一，「格，來也」，《孔疏》云：「來，汝在軍之眾庶，悉聽我之誓言。」；第二，「格，告也」，顧頡剛等人認為，「假、格、告」為雙聲，見紐，古自可通用。我們從今文《尚書》篇章中，「告爾」一詞被使用 8 次，如：「猷！告爾多士。」（《周書·多士》）、「告爾殷多士！」（《周書·多士》）、「猷，告爾四國多方」（《周書·多方》）、「猷，告爾有方多士」（《周書·多方》）、「我惟祇告爾命。』」（《周書·多方》）、「告爾祥刑。」（《周書·呂刑》）、「歷告爾百姓于朕志。」（《商書·盤庚下》）、「今我既羞告爾于朕志」（《商書·盤庚下》）；另外，古文《尚書》篇章中，也使用 1 次，如：「則入告爾后于內」（《周書·君陳》）。

「格爾」與「告爾」同，又「爾」是第二人稱「汝」，「告爾」也就是「告汝」，今文《尚書》篇章中，「告汝」一詞也被使用 8 次，如：「予告汝訓」（《商書·盤庚上》）、「予告汝于難」（《商書·盤庚上》）、「今予告汝不易」（《商書·盤庚中》）、「告汝德之說」（《周書·康誥》）、「聽朕告汝」（《周書·康誥》）、「君！告汝朕允。」（《周書·君奭》）、「予誓告汝群言之首。」（《周書·秦誓》）、「予誓告汝」（《虞夏書·甘誓》）。

「眾庶」中，「庶」是多的意思；「眾庶」指大家。根據陳夢家《殷虛卜辭綜述》認為，甲骨文未見「庶」字，殷、周用語不同，「多」是殷語，「庶」是周語。從今文《尚書》篇章中，「庶＋名詞」的結構很多，如：「庶績」（《虞夏書·皋陶謨》）、「庶官」（《虞夏書·皋陶謨》）、「庶事」（《虞夏書·益稷》）、「庶土」（《夏書·禹貢》）、「庶徵」（《周書·洪範》）、「庶民」（《周書·洪範》）、「庶人」（《周書·洪範》）、「庶士」（《周書·大誥》）、「庶邦君」（《周書·大誥》）、「庶邦」（《周書·梓材》）、「庶殷」（《周書·召誥》）、「庶府」（《周書·立政》）、「庶言」（《周書·立政》）等等。案：從以上考察，「庶」在《商書》，只出現過在本文〈湯誓〉「眾庶」一次，其他篇章都無，而《虞夏書》、《虞夏書》出現過少數幾次，其餘都在《周書》，故陳夢家《殷虛卜辭綜述》認為「庶」

是周語，無誤。這也可以證明，《虞夏書‧禹貢》、《虞夏書‧皐陶謨》爲後代所寫。而「多」字，陳夢家認爲是殷語，從今文《尚書》篇章中，《虞夏書》沒有出現；《商書》已使用，但數量不多；但流傳至周，《周書》則是廣泛使用。如：「有夏多罪」（《商書‧湯誓》）、「將多于前功」（《商書‧盤庚下》）、「乃罪多參在上」（《商書‧西伯戡黎》）、「多瘠罔詔」（《商書‧微子》）、「能多材多藝」（《周書‧金縢》）、「大誥爾多邦」（《周書‧大誥》）、「亦無在多」（《周書‧康誥》）、「予旦以多子越御事」（《周書‧洛誥》）、「爾殷遺多士！」（《周書‧多士》）、「予不惠若茲多誥。」（《周書‧君奭》）、「告爾四國多方」（《周書‧多方》）。

「格爾眾庶」語法是：主語省略，指商湯；「格」是動詞；「爾」是第二人稱，「眾庶」是名詞，「爾」、「眾庶」同位語，同是「格」的賓語。此分句句式是：「（主語）＋動詞＋賓語」。

「悉聽朕言」中，主語省略，指上文「眾庶」；「悉」指都，作狀語；「聽」是動詞；「朕」是第一人稱，「言」是名詞，「朕言」是偏正短語，當「聽」的賓語。此分句句式是：「（主語）＋狀語＋動詞＋賓語」。

「非台小子」中，「台小子」是統治者對自己的謙稱。「非台小子」語法是：主語省略，指商湯；「非」是否定副詞，作狀語；「台」是第一人稱代詞「我」，單數；「小子」是名詞，「台」、「小子」同位語。此分句句式是：「狀語＋主語」。

在今文《尚書》篇章中，第一人稱「台」只出現 1 次，如：「中邦錫土姓，祗台德先」（《虞夏書‧禹貢》）。在古文《尚書》篇章中，出現 5 次，如：「肆台小子」（《商書‧湯誥》）、「以台正于四方」（《商書‧說命》）、「台小子舊學于甘盤」（《商書‧說命》）、「以輔台德」（《商書‧說命》）、「予恐來世以台爲口實」（《商書‧仲虺之誥》）。

除了「台小子」一詞外，在今文《尚書》篇章中還有「予小子」、「予沖子」、「我沖子」都是統治者對自己的謙稱。「予小子」出現 5 次，如：「予小子新命于三王」（《周書‧金縢》）、「越予小子」（《周書‧大誥》）、「以予小子」（《周書‧洛誥》）、「在今予小子旦」（《周書‧君奭》）、「閔予小子嗣」（《周書‧文侯之命》）。「予沖子」出現 2 次，如：「明保予沖子」（《周書‧洛誥》）、「予沖子夙夜毖祀」（《周書‧洛誥》）。「我沖子」出現 1 次，如：「施于我沖子」（《周書‧君奭》）。

「敢行稱亂」中，稱，舉也。《孔傳》云：「舉亂，以諸侯伐天子。」主語承上，指商湯。語法是：「敢」是副詞，作狀語；「行」、「稱」並列動詞；「亂」是賓語。此分句句式是：「（主語）＋狀語＋動詞1＋動詞2＋賓語」。

「有夏多罪」中，「有」是附音詞，詞綴，後面常接國名或地名。《經傳釋詞》云：「有，語助也。一字不成詞，則加「有」字以配之」。語法是：「有夏」是專有名詞；「多」是形容詞，作定語；「罪」是名詞，作賓語。此分句句式是：「主語＋定語＋賓語」。

「天命殛之」中，「之」是指示代詞，此指夏桀。語法是：「天命」是名詞短語，作主語；「殛」是動詞；「之」是賓語。此分句句式是：「主語＋動詞＋賓語」。

「今爾有眾」中，語法是：「今」是時間名詞，作狀語；「爾」是第二人稱，你們，作主語；「有」是附音詞，詞綴，「有眾」是複詞；「爾」、「有眾」是同位語當主語。

「汝曰」中，「汝」是第二人稱，你們，指「爾有眾」。語法是：「汝」是人稱代詞，作主語；「曰」是動詞，此句句式是：「主語＋謂語」。

「我后不恤我眾，舍我穡事，而割正夏」中，「恤」是體恤，憐憫的意思；「穡事」是指農事。而「我后」到底指誰，「割」意思如何？諸家有不同詮釋。

「后」是君主，故《殷本紀》譯作「我君」，而「我后」到底指誰？有兩種說法：第一，指夏桀，《孔傳》云：「我后，桀也。」；第二，指商湯，顧頡剛、屈萬里都認為是「湯」。案：根據下文「夏王率遏眾力，率割夏邑，有眾率怠弗協。」，指君臣相率，廢農功、徵賦稅，禍害夏國，故此應該是指夏桀本身捨棄農事。

「割」有兩種說法：第一，「割，奪也」，屈萬里主張此說，乃是根據《孔傳》云：「奪民農功而為割剝之政。」；第二，「割，害也，曷也」，顧頡剛認為「害、曷」都是屬於曷部、匣紐，因此「割」和疑問副詞「何」同義。故《周南》毛傳：「害也，曷也」、《經傳釋詞》云：「曷，何也」。翻譯為「為什麼」。

案：考探今文《尚書》篇章中，「割」一詞共出現7次。「而割正夏」（《商書‧湯誓》）、「率割夏邑」（《商書‧湯誓》）、「弗弔天降割于我」（《周書‧大誥》）、「割殷！」（《周書‧多士》）、「上帝割申勸寧王之德」（《周書‧君奭》）、「劓割夏邑」（《周書‧多方》）、「湯湯洪水方割」（《虞夏書‧堯典》）。但並不是所有的「割」都是「曷，何也」的意思，如：「劓割夏邑」中，指的是殘害、

禍害夏邑；「湯湯洪水方割」中，指的是洪水爲害。筆者認爲，「割」雖然可解釋爲「何」，但在今文《尚書》7 次中有 4 次「割」後面都是接國名，故詮釋「殘害」、「禍害」較妥。

「我后不恤我眾」語法是：「我后」是偏正短語，作主語；「不」是否定副詞，作狀語；「恤」是動詞；「我眾」，是偏正短語，作賓語。此分句句式是：「主語＋狀語＋動詞＋賓語」。

「舍我穡事」語法是：主語省略，指桀；「舍」是動詞；「我穡事」是偏正短語，作賓語。此分句句式是：「動詞＋賓語」。

「而割正夏」語法是：「而」是連詞，「割」是動詞，「正夏」是專有名詞，作賓語。此分句是：「連詞＋動詞＋賓語」。

「予惟聞汝眾言」中，惟，《經傳釋詞》云：「惟，亦作『雖』」。語法是：「予夏」是第一人稱代詞，作主語；「惟」是轉折連詞；「聞」是動詞；「汝眾言」是主謂短語，作賓語。此分句句式是：「主語＋連詞＋動詞＋賓語」。

「夏氏有罪」語法是：「夏氏」是專有名詞；「有」是動詞；「罪」是名詞。此分句句式是：「主語＋動詞＋賓語」。

「予畏上帝」語法是：「予」是第一人稱代詞，作主語；「畏」是動詞；「上帝」是專有名詞，作賓語。此分句句式是：「主語＋動詞＋賓語」。

「不敢不正」中，《孔傳》云：「不敢不正桀罪誅之。」語法是：「不」是否定副詞，作狀語；「敢」是謙敬副詞；「正」是動詞，討罰。此分句句式是：「否定副詞＋謙敬副詞＋否定副詞＋動詞」，負負得正，表肯定說法。

「今汝其曰」中，《經傳釋詞》云：「其，猶『將』也。」語法是：「今」是時間名詞，作狀語；「汝」是第二人稱代詞，作主語；「其」是時間副詞，作狀語；「曰」是動詞，作謂語。此分句句式是：「狀語＋主語＋狀語＋謂語」。

「夏罪其如台？」，「台」是第一人稱代詞「我」，表單數，但「如台」是疑問代詞，都出現在今文《尚書》篇章中，如：「夏罪其如台？」（《商書・湯誓》）、「卜稽曰其如台？」（《商書・盤庚上》）、「其如台？」（《商書・高宗肜日》）、「今王其如台」（《商書・西伯戡黎》），共 4 次，語法都是「其＋如台」，表示「如何」。語法是：「夏」是專有名詞，作主語；「罪」是動詞；「其如台」是疑問代詞，作賓語。此分句句式是：「主語＋動詞＋賓語」。

「夏王率遏眾力，率割夏邑」中，此指的是君臣相率做兩件事情：第一，「遏眾力」指廢農功；第二，「割夏邑」指徵賦重。故《孔傳》云：「勞役之

事以絕眾力，謂廢農功。相率割剝夏之邑居，謂徵賦重。」語法是：「夏王」是專有名詞；《經傳釋詞》云：「率、語助也」，無意義；「遏」是動詞；「眾力」、「夏邑」是偏正短語，作賓語。此兩分句句式是：「主語＋動詞＋賓語，（主語）＋動詞＋賓語」。「率遏眾力」、「率割夏邑」是動賓短語並列句。

「時日曷喪？予及汝皆亡！」中，「時」，是此的意思；「及」，和，與的意思，故《殷本紀》云：「是日何時喪？予與女皆亡」；「日」，指君王，此指夏桀。語法是：「時」是代詞，指這個；「日」是名詞，「時日」是偏正短語，作主語；「曷」是疑問代詞；「喪」是動詞，作謂語；「予與汝」是並列短語，作主語；「皆」是副詞，作狀語；「亡」是動詞，當謂語。此兩分句句式是：「主語＋疑問代詞＋謂語，主語＋狀語＋謂語」。「率遏眾力」、「率割夏邑」是動賓短語並列句。

「夏德若茲，今朕必往。」中，「茲」，此也。語法是：「夏」是專有名詞；「德」是名詞，「夏德」是偏正短語，作主語；「若茲」是代詞，作謂語；「今」是時間名詞，作狀語；「朕」是第一人稱，作主語；「必」是副詞，作狀語；「往」是動詞，當謂語。此兩分句句式是：「主語＋謂語，狀語＋主語＋狀語＋謂語」。

「爾尚輔予一人」中，尚，《經傳釋詞》引《說文》曰：「尚，庶幾也」，表示希冀之詞」。「予一人」是指古代君主自稱，在今文《尚書》篇章中「予一人」出現很多次，如：《商書·盤庚》出現 6 次，《周書·金縢》出現 1 次，《周書·康誥》出現 1 次，《周書·多士》出現 1 次，《周書·顧命》出現 1 次，《周書·文侯之命》出現 1 次，古文《尚書》篇章中出現頻率也很多。又，「我一人」也是指古代君主自稱，如：《周書·多士》出現 1 次，《周書·呂刑》出現 1 次。語法是：「爾」是第一人稱，作主語；「尚」是副詞，作狀語；「輔」是動詞；「予」、「一人」是同位語，當賓語。此分句句式是：「主語＋狀語＋動詞＋賓語」。

「致天之罰」中，「致」是用的意思，故《墨子·兼愛下》引「用天之罰」。語法是：主語是上一句的「予一人」省略，「予一人」是兼語，既是動詞「輔」的賓語，也是動詞「致」的主語；「天之罰」是賓語。此分句句式是：「（主語）＋動詞＋賓語」。

「予其大賚汝」中，「賚」是賜的意思，《孔傳》云：「賚，與也。」；「其」是就的意思。語法是：「予」是第一人稱代詞，作主語；「其」是承接連詞；「大」副詞，作狀語；「賚」是動詞；「汝」是名詞，作賓語。此分句句式是：「主語

＋連詞＋狀語＋動詞＋賓語」。

「爾無不信，朕不食言」中，《釋詁》云：「食，偽也」，《孔傳》云：「食盡其言，偽不實」。語法是：「爾」是第二人稱，作主語；「無」、「不」是否定副詞，作狀語，負負得正，表肯定說法；「信」是名詞，當謂語。「朕」是第一人稱，作主語；「不」是否定副詞，作狀語；「食言」是偏正短語，作謂語。此兩分句句式是：「主語＋狀語＋狀語＋謂語；主語＋狀語＋謂語」。

「爾不從誓言，予則孥戮汝，罔有攸赦」中，「孥」是奴隸；「戮」是殺；「汝」是你們子孫；「攸」是所。古代有所謂的連坐法，故鄭玄云：「大罪不止其身，又孥戮其子孫。」語法是，第一分句：「爾」是第二人稱，作主語；「不」是否定副詞，作狀語；「從」是動詞；「誓言」是偏正短語，作賓語。第二分句：「予」是第一人稱，作主語；「則」是連詞；「孥戮」是動詞；「汝」，第二人稱，作賓語。第三分句：主語承上省略，指「汝」；「罔」是否定副詞，作狀語；「有」是動詞；「攸」是句中語助詞，無意義；「赦」是名詞，作賓語。此三分句句式是：「主語＋狀語＋動詞＋賓語；主語＋連詞＋動詞＋賓語；（主語）＋狀語＋動詞＋賓語」。

第四節　《商書・微子》篇章句式之分析

微子若曰：「父師、少師，殷其弗或亂正四方。我祖底遂陳于上；我用沈酗于酒，用亂敗厥德于下。殷罔不小大好草竊姦宄，卿士師師非度，凡有辜罪，乃罔恆獲。小民方興，相為敵讎。今殷其淪喪，若涉大水，其無津涯。殷遂喪，越至于今。」

「微子若曰」中，「微子」指紂同母的兄長啓；「若曰」是這樣說。語法是：「微子」是專有名詞，作主語；「若曰」是動詞，作謂語。此句句式是：「主語＋謂語」。

「父師、少師」中，指官名。語法是：「父師、少師」是同位語，此句句式是：名詞性非主謂句。

「殷其弗或亂正四方」中，《孔傳》云：「言殷其不有治正四方之事，將必亡。」，即是將「亂」解釋為「治」，「弗或亂」就是不治的意思。語法是：「殷」是名詞，作主語；「其」是推測語氣；「弗」是否定副詞，作狀語；「亂」是動詞；「正四方」是賓語。此分句句式是：「主語＋狀語＋動詞＋賓語」。

「我祖底遂陳于上」中，「我祖」指成湯；「底」，致也；「遂」，法；「列」，陳列。《孔傳》云：「言湯致遂其功，陳列於上世。」語法是：「我祖」是名詞短語，作主語；「底」是動詞；「遂」是賓語；「陳于上」是動補短語。此分句句式是：「主語＋動詞＋賓語＋補語」。

「我用沈酗于酒」中，「我」指紂王；「用」指因；「沈酗」指飲酒過度，《孔傳》云：「指沈湎酗醟，敗亂湯德於後世」。語法是：「我」是第一人稱代詞，作主語；「用」是連詞；「沈酗」是動賓短語，「于酒」是介賓短語。此分句句式是：「主語＋連詞＋動詞＋賓語＋補語」。

「用亂敗厥德于下」中，「厥德」指湯德；「亂敗」指敗亂；「下」指後世。語法是：主語省略；「亂敗」是動詞；「厥德」是賓語，「于下」是介賓短語。此分句句式是：「（主語）＋連詞＋動詞＋賓語＋補語」。

「殷罔不小大好草竊姦宄」中，「罔不」指無不，《孔疏》云：「由紂亂敗之故，今日殷人無不小大皆好草竊姦宄。」，「殷罔不小大」應該為「殷小大罔不」；「好」喜歡；「草竊姦宄」，草指搶奪，竊指偷竊，姦指在外為惡，宄指在內為惡。語法是：「殷小大」是名詞短語，作主語；「罔不」是副詞，作狀語；「好」是動詞；「草竊姦宄」是賓語。此分句句式是：「主語＋副詞＋動詞＋賓語」。

「卿士師師非度」，中「卿士」指官員；「師師」有兩種詮釋：第一種說法，「相互師效」，如《孔傳》、《孔疏》云：「相師效為非法度」；第二種說法，第一個「師」解釋為「眾」，第二個「師」解釋為「長官」，如孫星衍、顧頡剛。根據今文《尚書》其他篇章，《虞夏書·皋陶謨》云：「俊乂在官，百僚師師，百工惟時。」；《周書·梓材》云：「我有師師，司徒、司馬、司空、尹、旅。」第二種說法較可行。語法是：「卿士師師」是名詞短語，作主語；「非」是否定副詞，作狀語；「度」是動詞，作謂語。此分句句式是：「主語＋狀語＋謂語」。

「凡有辜罪，乃罔恆獲」中，「凡」是都的意思，《孔疏》云：「凡為皆，言卿士以下在朝之臣，其所舉動皆有辜罪，無人能秉常行得中正者。」；「有」，《經傳釋詞》云：「語助也。一字不成詞，則加「有」字以配之。」；「辜罪」兩字，就是指「罪」，此指有罪的人。「乃罔恆獲」，是「乃恆罔獲」的倒裝。「乃」的意思是「卻」；「罔」的意思是「不」；「獲」的意思是「抓獲」。語法是：「凡」是副詞，作狀語；「有」是語助詞；「有辜罪」作主語。「乃」是連詞；「罔」是否定副詞，作狀語；「恆」是時間副詞，作狀語；「獲」是動詞，

作謂語。此分句句式是：「狀語＋主語，連詞＋狀語＋狀語＋謂語」。

「小民方興，相爲敵讎」中，「小民」指百姓；「方」指「並」，引申有普遍意；「興」指「興起」。「讎」指「仇人」。第一分句語法是：「小民」是名詞短語，作主語；「方」是範圍副詞，作狀語；「興」是動詞，作謂語。此分句句式是：「主語＋狀語＋謂語」。第二分句語法是：「相」是副詞，作狀語；「爲」是動詞；「敵讎」作賓語。此分句句式是：「狀語＋動詞＋賓語」。

「今殷其淪喪」中，「其」是「將要」的意思，《孔傳》云：「言殷將沒亡」；「淪」，《孔傳》云：「淪，沒也。」語法是：「今」是時間副詞，作狀語；「殷」是專有名詞，當主語；「其」是副詞；「淪」、「喪」是兩個並列動詞，當謂語。此分句句式是：「狀語＋主語＋副詞＋謂語」。

「若涉大水，其無津涯」中，「若」是「好像」的意思；「其」，同「而」；「津」指渡口；「涯」指水邊。語法是：「若」是副詞，作狀語；「涉」是動詞；「大水」是偏正名詞，作賓語；「其」是連詞；「無」是否定副詞，作狀語；「津涯」是名詞短語，作謂語。此分句句式是：「狀語＋動詞＋賓語；連詞＋狀語＋謂語」。

「殷遂喪」中，語法是：「殷」是專有名詞，作主語；「遂」是連詞；「喪」是動詞，作謂語。此分句句式是：「主語＋連詞＋謂語」。

「越至于今」中，語法是：「越」句首語助詞，無意義；「至于」本來是分開，「至」是動詞，「于」是介詞，但後來並成「至于」一個詞，可翻譯爲「到」、「直到」。語法是：「越」是語助詞；「至于」是動詞；「今」是時間名詞，作賓語。此分句句式是：「語助詞＋動詞＋賓語」。

「越」在今文《尚書》中，有三種不同詮釋

第一，「越」、「越若」是句首語助詞，無意義。

例如：「越予小子，考翼」（《周書・大誥》）、「越予沖人，不卬自恤。」（《周書・大誥》）、「越小大謀猷，罔不率從。」（《周書・文侯之命》）、「高宗肜日，越有雊雉。」（《商書・高宗肜日》）、「殷遂喪，越至于今。」（《商書・微子》）、「越若來三月，惟丙午胐」。

第二，「越」是連詞，意思是「和」。

例如：「大誥爾多邦，越爾御事。」（《周書・大誥》）、「肆予告我友邦君，越尹氏、庶士、御事」（《周書・大誥》）、「庶邦君，越庶士、御事」（《周書・大誥》）、「義爾邦君，越爾多士」（《周書・大誥》）、「爾庶邦君，越爾御事。」

（《周書・大誥》）、「惟厥正人、越小臣、諸節」（《周書・康誥》）、「不能厥家人、越厥小臣外正」（《周書・康誥》）、「用肇造我區夏；越我一二邦」（《周書・康誥》）、「王其效邦君、越御事」（《周書・梓材》）、「敢以王之讎民、百君子、越友民」（《周書・召誥》）、「誥告庶殷，越自乃御事。」（《周書・召誥》）、「茲殷多先哲王在天，越厥後王後民」（《周書・召誥》）、「厥誥毖庶邦庶士，越少正、御事」（《周書・酒誥》）、「庶士、有正，越庶伯君子」（《周書・酒誥》）、「越在外服，侯、甸、男、衛、邦伯；越在內服，百僚、庶尹、惟亞、惟服、宗工，越百姓里居，罔敢湎于酒」（《周書・酒誥》）、「矧太史友、內史友，越獻臣百宗工」（《周書・酒誥》）、「今爾奔走臣我監五祀，越惟有胥伯小大多正」（《周書・多方》）、「自古商人，亦越我周文王」（《周書・立政》）。

從以上例證，可得兩點結果：一者，《周書・大誥》、《周書・召誥》、《周書・酒誥》，使用連詞「越」的頻率很高，故應該是差不多時期所撰寫，或是同一史官所撰寫。二者，連詞的「越」，所連接的名詞短語，且是並列的關係。

第三，「越」、「越茲」是介詞，意思是「及」。

例如：「越翼日乙丑，王崩。」（《周書・顧命》）、「越七日癸酉，伯相命士須材。」（《周書・顧命》）、「越三日庚戌，太保乃以庶殷，攻位于洛汭」（《周書・召誥》）、「惟二月既望，越六日乙未」（《周書・召誥》）、「越七日甲子，周公乃朝用書命庶殷」（《周書・召誥》）、「越三日丁巳，用牲于郊，牛二。」（《周書・召誥》）、「越翼日戊午，乃社于新邑。」（《周書・召誥》）、「越茲麗刑并制，罔差有辭。」（《周書・呂刑》）、「西土人亦不靜，越茲蠢。」（《周書・大誥》）。

從以上例證，可得兩點結果：一者，「越」與時間短語相連接，放在句首，作狀語。二者，「越茲」與形容詞相連接，也是放在句首。

「至于」與名詞相連接，有幾種不同的組合：

第一、「至于＋地點名詞」。

如：「王朝步自周，則至于豐」（《周書・召誥》）、「周公朝至于洛」（《周書・召誥》）、「王朝至于商郊牧野」（《周書・牧誓》）、「王命眾，悉至于庭」（《商書・盤庚上》）、「至于荊山」（《虞夏書・禹貢》）、「覃懷厎績，至于衡漳。」（《虞夏書・禹貢》）、「既修太原，至于岳陽。」（《虞夏書・禹貢》）、「西巡守，至于西岳」（《虞夏書・禹貢》）、「朔巡守，至于北岳」（《虞夏書・禹貢》）、「至于龍門，南至于華陰，」（《虞夏書・禹貢》）等等，其中以《虞夏書・禹貢》最多。

第二、「(自)＋時間名詞 1＋至于＋時間名詞 2」。

如：、「服念五六日，至于旬時」(《周書·康誥》)、「自朝至于日中昃」(《周書·無逸》)、「自今至于後日」(《商書·盤庚上》)、「故我至于今」(《周書·酒誥》)、「殷遂喪，越至于今」(《周書·康誥》)等。

第三、「自＋專有名詞 1＋至于＋專有名詞 2」。

如：「自成湯至于帝乙」在今文《尚書》中，出現了兩次，一次在(《周書·多士》)，另一次是在(《周書·酒誥》)。

曰：「父師、少師，我其發出狂？吾家耄遜于荒？今爾無指告予，顛隮若之何其？」父師若曰：「王子！天毒降災荒殷邦，方興沈酗于酒。乃罔畏畏，咈其耇長、舊有位人。今殷民，乃攘竊神祇之犧牷牲，用以容，將食無災。降監殷民，用乂；讎斂，召敵讎不怠。罪合于一，多瘠罔詔。商今其有災，我興受其敗。商其淪喪，我罔為臣僕。詔王子出迪，我舊云刻子；王子弗出，我乃顛隮。自靖，人自獻于先王，我不顧行遯。」

「我其發出狂？」中，「發」通「廢」，廢棄的意思；「狂」，《史記·宋世家》：「我其發出往？」〔註9〕是將「狂」解釋為「往」。語法是：「我」是第一人稱，作主語；「其」是推測語氣；「發」、「出狂」是連動短語，當謂語。此分句句式是：「主語＋謂語」。

「吾家耄遜于荒？」中，「耄」，鄭玄云：「耄，昏亂也。」；「遜」，通「馴」，從也；「荒」，有兩種詮釋：第一、荒野的意思，如《孔傳》云：「在家不堪耄亂，故欲遜出於荒野，言愁悶之至。」；第二、滅亡的意思，如顧頡剛認為「荒讀為亡」，因為下句「天毒降災荒殷邦」，《史記·宋世家》解釋為：「天篤下菑亡殷國」，〔註10〕而此句「吾家耄遜于荒？」，《史記·宋世家》解釋為：「吾家保于喪」，所以「荒」有滅亡、喪亡的意思。筆者認為，在古文《尚書》中，《商書·說命》云：「台小子舊學于甘盤，既乃遯于荒野，入宅于河」，《商書·說命》雖然是偽書，但是寫作年代必在《孔傳》、《史記》之前，所以「荒」可以解釋為「滅亡」，但「荒野」一說，較為可靠。語法是：「吾家」是名詞短語，作主語；「耄」、「遜于荒」是連動短語。

「今爾無指告予，顛隮若之何其？」中，有兩種句讀方式：第一、屈萬里

〔註9〕〔漢〕司馬遷：《史記·宋世家》(台北：鼎文書局，1981 年)，頁 1607。
〔註10〕〔漢〕司馬遷：《史記·宋世家》(台北：鼎文書局，1981 年)，頁 1607。

主張「今爾無指告予，顚隮若之何其？」；第二、顧頡剛主張是「今爾無指告，予顚隮，若之何其？」。我們可以根據上文，「今殷其淪喪」中，若和本句對照，應該斷爲「今爾無指告」。上文分句句式是：「主語＋狀語（副詞）＋謂語（「淪」、「喪」是兩個並列動詞)」；此句語法是：語法是：「今」是時間名詞，作狀語；「爾」是第二人稱代詞，作主語；「無」是否定副詞，作狀語；「指」、「告」是兩個並列動詞，作謂語。此分句句式是：「主語＋狀語（否定副詞）＋謂語」。兩句都是兩個動詞並列，當謂語；只不過是副詞一個肯定，一個否定。

「予顚隮，若之何其？」中，「顚隮」，指的是滅亡的意思，《孔傳》云：「我殷邦顚隕隮墜」；《孔疏》云：「『顚』謂從上而隕，「隮」謂墜於溝壑，皆滅亡之意也。」；「若之何其？」，「若之何」指的是怎麼辦的意思；「其」，《經傳釋詞》云：「其，問詞之助也。」，《孔傳》云：「如之何其救之？」語法是：「予」是第一人稱，作主語；「顚」、「隮」是兩個動詞並列，作謂語；「若之何」是疑問詞；「其」是語末助詞。此分句句式是：「主語＋謂語，疑問詞＋語末助詞」。

「王子！」，此指微子，他是殷王帝乙的兒子，《孔傳》云：「微子帝乙元子，故曰王子」。此句句式是：名詞性非主謂句。

「天毒降災荒殷邦」中，「毒」是厚、篤的意思，《史記·宋世家》云：「天篤下菑亡殷國」；〔註11〕「荒」是滅亡、喪亡的意思。故在今文《尚書》中，「天降喪于殷，殷既墜厥命」(《周書·君奭》)「故天降喪于殷，罔愛于殷」(《周書·酒誥》)「旻天大降喪于殷」(《周書·君奭》)，「降災荒」就是「降喪」。語法是：「天」是名詞，作主語；「毒」是副詞，作狀語；「降」是動詞；「災荒」、「殷邦」是賓語。此分句句式是：「主語＋狀語＋動詞＋直接賓語＋間接賓語」。此分句句式是特殊雙賓句，正常句式應該爲：「主語＋狀語＋動詞＋直接賓語＋間接賓語」。

「方興沈酗于酒」中，「方」指「並」，引申有普遍意，但《孔傳》云：「四方化紂沈湎」，「方」指四方；「興」指「興起」。句語法是：主語省略，此指紂王；「方」是範圍副詞，作狀語；「興」、「沈酗」是連動短語；「于酒」，作賓語。此分句句式是：「（主語）＋狀語＋動詞＋賓語」。

「乃罔畏畏，咈其耇長、舊有位人」中，「乃」是卻的意思；「罔」是不的意思；「畏畏」，指天威；《孔疏》云：「上不畏天災，下不畏賢人」；「咈」是違戾的意思；「舊有位人」，《孔疏》云：「舊有爵位致仕之賢人」，《史記·

〔註11〕〔漢〕司馬遷：《史記·宋世家》（台北：鼎文書局，1981年），頁1607。

宋世家》云：「乃毋畏畏，不用老長」。〔註12〕語法是：「乃」是連詞；「罔」是否定副詞，作狀語；「畏畏」第一個「畏」是動詞，第二個「畏」是名詞，作賓語；「咈」是動詞；「耇長、舊有位人」是賓語。此分句句式是：「連詞＋狀語＋動詞＋賓語，動詞＋賓語」。

　　「今殷民，乃攘竊神祇之犧牷牲，用以容，將食無災。」的意思是偷祭祀東西，並拿來吃，都不會被處罰，《孔疏》云：「大祭祀之物，物之重者，盜而無罪，言政亂甚也。」此段有三種句讀方式：第一、「今殷民，乃攘竊神祇之犧牷牲用，以容，將食無災。」屈萬里主張此說。第二、「今殷民乃攘竊神祇之犧牷牲用，以容將食無災。」顧頡剛主張此說。第三、「今殷民，乃攘竊神祇之犧牷牲，用以容，將食無災。」陳郁夫主張此說。可發現不同點有三方面：第一、「今殷民」是否獨立成句，還是下連；第二、「用」應該上連，還是下連；第三、「以容」是單獨成句，還是下連，還是跟「用」合併成句。

　　「乃」是卻；「攘、竊」，都是指偷竊，《孔傳》云：「自來而取曰攘。」，《釋詁》云：「攘，因也。」，《孔疏》云：「是因其自來而取之名『攘』也。」；「神祇」指天地，《禮》：「天曰神，地曰祇」，《孔疏》云：「舉天地則人鬼在其間矣」；「犧」，《說文》云：「犧，宗廟牲也。」、《禮記・曲禮》云：「天子以犧牛。」；〔註13〕「牷」，《周禮・牧人》：「牧人掌牧六牲而阜蕃其物，以共祭祀之牲牷」；〔註14〕「牲」，是牛羊豕；「犧牷牲」，指祭拜時的牛、羊、豬等動物；「用」指祭拜時的黍、稷、稻、粱，古代「牲用」常並用，如《左傳・襄公》：「牲用具備」；〔註15〕《孔疏》云：「『相容行食之』謂所司相通容，使盜者得行盜而食之。」，「容」為相容、通容，但《釋名》云：「容，用」；「將」，為行。

　　根據語法，「今」是時間名詞，作狀語；「殷民」是偏正短語，作主語；「乃」是連詞；「攘竊」是並列動詞；「神祇之犧牷牲用」作賓語；「以」是連詞；「容」是動詞；「將」荀子《成相》解釋為「持」，「食」是食物，「將食」是補充說明通容的事情，作賓語；「無」是否定副詞，作狀語；「災」是動詞，作賓語。此段句

〔註12〕〔漢〕司馬遷：《史記・宋世家》（台北：鼎文書局，1981年），頁1607。
〔註13〕〔清〕阮元刻本：《十三經注疏禮記・曲禮》（台北：藝文印書館，1955年），頁98。
〔註14〕〔清〕阮元刻本：《十三經注疏周禮・牧人》（台北：藝文印書館，1955年），頁195。
〔註15〕〔清〕阮元刻本：《十三經注疏左傳・襄公》（台北：藝文印書館，1955年），頁542。

式是：「狀語＋主語＋連詞＋動詞＋賓語，連詞＋動詞＋賓語，狀語＋動詞」。

殷民做了兩件事情，都是沒有受到災害。一是「攘竊神祇之犧牷牲用」、二是「容將食」，兩個動作是承接關係，故前人句讀方式，似乎都不妥。筆者認為，「今殷民乃攘竊神祇之犧牷牲用，以容將食，無災。」才符合句讀。

「降監殷民，用乂」中，「降」指下降，「監」指監督，「乂」治理。語法是：主語省略，此指上天；「降」、「監」是連動短語；「殷民」，作賓語；「用」是目的連詞，「乂」是動詞。句式是：「（主語）＋動詞＋賓語，連詞＋動詞」。

「讎斂，召敵讎不怠」，「讎」，《釋文》解釋為「稠」，多的意思。「讎斂」就是重賦稅；「召」指招致；「敵讎」指敵人；「不怠」指不止，沒有停止。語法是：主語省略，此指商紂；「讎」是形容詞，作定語；「斂」是名詞，「讎斂」，作謂語；「召」是動詞；「敵讎」，作賓語，「不怠」當補語。句式是：「（主語）＋謂語，＋動詞＋賓語＋補語」。

「罪合于一，多瘠罔詔」中，「罪」指君主和百姓的罪惡；「瘠」指病，此指痛苦。《孔傳》云：「言殷民上下有罪，皆合於一法紂，故使民多瘠病，而無詔救之者。」語法是：「罪」作主語；「合」是動詞，「于一」，作賓語；「多」是形容詞，作定語；「瘠」是名詞，作主語；「罔」是否定副詞，作狀語；「詔」是動詞，作謂語。句式是：「主語＋動詞＋賓語，主語＋狀語＋謂語」。

「商今其有災，我興受其敗」中，「興」指「起」的意思，《孔傳》云：「災滅在近，我起受其敗」。語法是：「商」作主語；「今」是時間名詞，作狀語；「其」是將要的意思，作動詞；「有災」，作賓語；「我」是主語；「興」是動詞；「受其敗」作賓語。句式是：「主語＋狀語＋動詞＋賓語，主語＋動詞＋賓語」。

「商其淪喪，我罔為臣僕」，語法是：「商」是主語；「其」是將要的意思，作動詞；「淪喪」，是並列動詞，作謂語；「我」是主語；「罔」是否定副詞，作狀語；「為」是動詞；「臣僕」是賓語。句式是：「主語＋狀語＋謂語；主語＋否定副詞＋動詞＋賓語」。

「詔王子出迪，我舊云刻子」中，「詔」指告的意思；「迪」指逃走的意思，故「於是太師、少師乃勸微子去，遂行。」〔註16〕「舊」久也；「刻子」指箕子的意思。語法是：主語省略，此指父師、少師；「詔」是動詞；「王子」是名詞，當謂語；「出迪」，當補語；「我」是主語；「舊」是副詞；「云」是動詞；「刻子」是賓語。句式是：「（主語）＋動詞＋賓語＋補語，主語＋副詞＋

〔註16〕〔漢〕司馬遷：《史記・宋微子世家》（台北：鼎文書局，1981年），頁1610。

動詞＋賓語」。

「王子弗出，我乃顛隮」，《孔傳》云：「今若不出逃難，我殷家宗廟乃隕墜無主。」語法是：「王子」是主語；「弗」是否定副詞，作狀語；「出」是動詞；「我」是主語；「乃」是副詞，作狀語；「顛隮」是動詞，當謂語。句式是：「主語＋狀語＋動詞＋賓語，主語＋狀語＋謂語」。

「自靖，人自獻于先王，我不顧行遯」中，「靖」謀畫的意思，此指自己做決定，《孔傳》云：「各自謀行其志，人人自獻達於先王，以不失道。」；「顧」，顧慮；「遯」逃跑。語法是：「人」「自」是同位語，作主語；「靖」是動詞，作謂語；「人」是主語；「獻」是動詞；「于先王」是補語；「我」是主語；「不」是否定副詞，作狀語；「顧」是動詞；「行遯」是賓語。句式是：「主語＋謂語，主語＋動詞＋補語，主語＋狀語＋動詞＋賓語」。

第五節　《周書・牧誓》篇章句式之分析

時甲子昧爽，王朝至于商郊牧野，乃誓。王左杖黃鉞，右秉白旄以麾，曰：「逖矣西土之人。」王曰：「嗟！我友邦冢君，御事、司徒、司馬、司空、亞、旅、師氏、千夫長、百夫長及庸、蜀、羌、髳、微、盧、彭、濮人。稱爾戈，比爾干，立爾矛，予其誓。」

「時甲子昧爽」，此句是說明周武王宣示誓詞的時間。「時」，此、是的意思；「甲子」，時間單位，是古代干支記日，指甲子日；「昧」，闇也，《孔傳》云：「昧，冥」，《釋言》云：「晦，冥也。」；爽，明，「昧爽」指的是清晨，天快亮的時候，《孔疏》云：「『冥』是夜，『爽』是明，夜而未明謂早旦之時，蓋雞鳴後也。」語法是：「時」是代詞；「甲子」是時間名詞；「昧」是形容詞，作狀語；「爽」是動詞。此分句句式是：「時甲子」偏正短語作主語，「昧」修飾後面的動詞「爽」，「昧爽」作謂語，故為「主語＋謂語」。

記載日期，《尚書》中有不同種寫法：

第一、只有「日」：

《周書・牧誓》云：「甲子」，只寫日無有月，在今文《尚書》中，記載日期與《周書・牧誓》一樣，還有《周書・洛誥》，如：「戊辰，王在新邑」。另外，在古文《尚書》中，《周書・泰誓》云：「戊午，次於河朔」，《周書・武成》云：「既戊午，師逾孟津，癸亥，陳于商郊，俟天休命。」也是相同記法。

第二、只有「月」：

只寫月無有日，在今文《尚書》中，如，《周書‧康誥》云：「惟三月，哉生魄，周公初基作新大邑于東國洛。」、《周書‧多士》云：「惟三月，周公初于新邑洛，用告商王士。」、《周書‧顧命》云：「惟四月，哉生魄，王不懌。」另外，在古文《尚書》中，《周書‧武成》云：「厥四月哉生明，王來自商至于豐。」、《虞夏書‧大禹謨》云：「正月朔旦，受命于神宗。」是相同記法。

第三、有「月」又有「日」：

有月又有日，在今文《尚書》中，如：《周書‧召誥》云：「惟二月既望，越六日乙未，王朝步自周，則至于豐。」、《周書‧多方》云：「惟五月丁亥，王來自奄，至于宗周」、《虞夏書‧舜典》云：「月正元日，舜格于文祖」、《虞夏書‧舜典》云：「正月上日，受終于文祖」。在古文《尚書》中，《周書‧武成》云：「惟一月壬辰，旁死魄，越翼日癸巳，王朝步自周，于征伐商。」

第四、有「年」又有「月」、「日」：

在古文《尚書》中，如，《商書‧伊訓》云：「惟元祀，十有二月，乙丑，伊尹祠于先王。」、《商書‧太甲》云：「惟三祀，十有二月朔。」

「王朝至于商郊牧野」，此句是說明周武王宣示誓詞的地點。「王」指周武王；「朝」指早晨，對應上句的「昧爽」；「至」指到；「于」介引地方；「牧」指地名，故《孔傳》云：「紂近郊三十里地名牧」，鄭玄云：「郊外曰野，將戰於郊，故至牧野而誓。」語法是：「王」是名詞，作主語；「朝」是時間副詞，作狀語；「至」是動詞；「于商郊牧野」是介賓短語，作補語。此分句句式是：「主語＋狀語＋動詞＋補語」。

「乃誓」，此句是說明周武王所做的事情。「誓」，軍隊出發前的戒辭，《說文》：「誓，約束也」。語法是：「乃」是關係連詞；「誓」是動詞。

「王左杖黃鉞，右秉白旄以麾」，此句是說明周武王手的動作與拿的器物。「王」指周武王；「左、右」指方向；「杖」指拿著，「秉」指持著；「黃鉞」指黃金裝飾的斧頭，「白旄」指白色旄牛尾裝飾的旗幟；「以」，用；「麾」，指揮。語法是：「王」是名詞，作主語；「左、右」是方位名詞，作狀語；「杖、秉」是動詞；「黃鉞」、「白旄」是賓語；「以麾」是介賓短語，作補語。此兩句分句句式是：「主語＋狀語＋動詞＋賓語；（主語）＋狀語＋動詞＋賓語＋補語」。

「逖矣西土之人」，此句是說明周武王對將士走了長遠的路，慰問的話。「逖」，遠也；「矣」是語末助詞，所以「逖矣」後面應該要有逗號，與下句

隔開，如：「逖矣，西土之人」；「西土之人」指周朝將士們對殷商來說是在西方。語法是：「逖」是動詞；「矣」是語末助詞；「西土」是名詞短語，作主詞；「之」是語中助詞，無意義；「人」是名詞，作謂語。「逖矣」是動詞非主謂句，「西土之人」句式是：「主語＋謂語」。

「王曰」中，「王」指周武王。語法是：「王」是名詞，作主詞；「曰」是動詞，作謂語。此句句式是：「主語＋謂語」。

「嗟！」，感嘆詞，感嘆性非主謂句

「我友邦冢君，御事、司徒、司馬、司空、亞、旅、師氏、千夫長、百夫長及庸、蜀、羌、髳、微、盧、彭、濮人。」，此句是說明周武王所說話的對象是君主、大臣及各國戰士。「友邦」，就是「有邦」，《周本紀》避劉邦諱，改為「有國」，所以「友邦」就是「邦」的意思；「冢君」是國君；「御事、司徒、司馬、司空、亞、旅、師氏、千夫長、百夫長」是個官名；「及」是和的意思；「庸、蜀、羌、髳、微、盧、彭、濮」指各國；「人」指戰士們。語法是：「我」是第一人稱代詞；「友邦」是名詞，「我友邦」是偏正短語，作主語；「冢君，御事、司徒、司馬、司空、亞、旅、師氏、千夫長、百夫長及庸、蜀、羌、髳、微、盧、彭、濮人。」整個作謂語，說明主語有邦的對象指誰，「冢君」是名詞，「御事、司徒、司馬、司空、亞、旅、師氏、千夫長、百夫長」是並列名詞；「庸、蜀、羌、髳、微、盧、彭、濮」是族民，但修飾後面名詞「人」，「庸、蜀、羌、髳、微、盧、彭、濮人」成是偏正短語。此整個句式是：「主語＋謂語」。

「稱爾戈，比爾干，立爾矛」，此句是說明戰士手的動作與拿的器物。「稱」，舉也；「比」，排列；「立」，豎立；爾，指戰士；「戈、干、矛」指的是作戰工具，「戈」似於長柄鐮刀、「干」是盾牌，《孔傳》云：「戈，戟。干，楯也。」，《方言》云：「戟，楚謂之孑，吳揚之間謂之戈。」戈即是戟，《方言》又云：「楯，自關而東或謂之楯，或謂之干，關西謂之楯。」是干即是楯。語法是：主語承上省，「稱、比、立」是動詞；「爾」是第二人稱代詞，「戈、干、矛」是名詞，「爾戈、爾干、爾矛」是偏正短語作賓語。此整個句式是：「動詞＋賓語，動詞＋賓語，動詞＋賓語」。

「予其誓」中，《經傳釋詞》云：「其，猶『將』也」。語法是：「予」是第一人稱，作主語；「其」是副詞，作狀語；「誓」是動詞，當謂語。此句句式是：「主語＋狀語＋謂語」。

王曰：「古人有言曰：『牝雞無晨。牝雞之晨，惟家之索。』今商王受，惟婦言是用。昏棄厥肆祀，弗答；昏棄厥遺王父母弟，不迪。乃惟四方之多罪逋逃，是崇是長，是信是使，是以為大夫卿士；俾暴虐于百姓，以姦宄于商邑。今予發，惟恭行天之罰。今日之事，不愆于六步、七步，乃止齊焉。夫子勖哉！不愆于四伐、五伐、六伐、七伐，乃止齊焉。勖哉夫子！尚桓桓，如虎、如貔、如熊、如羆，于商郊；弗迓克奔，以役西土。勖哉夫子！爾所弗勖，其于爾躬有戮！」

「王曰」如上述。

「古人有言曰」，語法是：「古人」偏正短語，作主語；「有」是動詞；「言曰」作賓語。此句句式是：「主語＋動詞＋賓語」。

「牝雞無晨」中，語法是：「牝雞」指母雞，作主語；「無」是否定副詞，作狀語；「有」是動詞；「晨」是名詞，作謂語。此分句句式是：「主語＋狀語＋謂語」。

「牝雞之晨，惟家之索。」，《孔傳》云：「索，盡也。喻婦人知外事，雌代雄鳴則家盡，婦奪夫政則國亡。」語法是：「牝雞」指母雞，當主語；「之」是代詞，無意義；「有」是動詞；「晨」是早晨，當名詞，這裡當動詞指早晨鳴叫，作謂語；「惟」是範圍副詞，作狀語；「家」是名詞，是賓語前置，「索」是動詞。此分句句式是：「主語＋之＋謂語；範圍副詞＋賓語＋之＋動詞」。

「今商王受，惟婦言是用」中，「受」即「紂」；《殷本紀》云：「紂嬖於婦人，愛妲己，惟妲己之言是從。」，所以「婦言」指的是「妲己之言」。「商王受」是並列短語當主語，所以此句中間應該無有逗點，應改為：「今商王受惟是用婦言」。語法是：「今」是時間名詞，作狀語；「商王受」，作主語；「婦言」是名詞，賓語前置；「用」是動詞。此分句句式是：「狀語＋主語＋惟＋賓語＋是＋動詞」。

「昏棄厥肆祀，弗答；昏棄厥遺王父母弟，不迪。」指商紂昏亂，棄祀、棄親。「棄祀、棄親」內容，在語句中，兩句語法相同是並列句。「昏」指亂，「昏棄」指亂棄；「厥」，其，指紂王；「肆祀」指祭祀；「遺王父母弟」指其他同姓的親戚；「迪」，指用。語法是：兩句「昏棄」是動詞，「厥肆祀」；「厥遺王父母弟」是賓語；「弗」、「不」是否定副詞，作狀語修飾動詞；「答」、「迪」是動詞，作中心語，「弗答」、「不迪」是狀中短語。此分句句式是：「動詞＋賓語，狀語＋動詞；動詞＋賓語，狀語＋動詞」。

「乃惟四方之多罪逋逃」中，「逋逃」指逃亡。語法是：「乃」連詞；「惟」是範圍副詞，作；「四方」是主語；「之」代詞，無意義；「多罪逋逃」是謂語。此分句句式是：「連詞＋狀語＋主語＋謂語」。

「是崇是長，是信是使」，「是」，此，指上句的「四方之多罪逋逃」人；「崇」，尊敬；「長」，提拔；「信」，信任；「使」，使用。語法是：「是」是代詞，賓語前置；「崇」、「長」、「信」、「使」是動詞。此兩分句句式是：「賓語＋動詞＋賓語＋動詞；賓語＋動詞＋賓語＋動詞」。

「是以為大夫卿士」中，顧頡剛認為，「是」意思是「於是」，「以為」意思是「用」；「大夫卿士」是官名。語法是：「是」是連詞，「以為」是動詞，「大夫卿士」名詞短語。此兩分句句式是：「連詞＋動詞＋賓語」。

「俾暴虐于百姓，以姦宄于商邑」中，「俾」、「以」是使的意思；「暴虐于百姓」、「姦宄于商邑」的意思，《孔疏》云：「暴虐，謂殺害，殺害加於人，故言於百姓。姦宄，謂劫奪，劫奪有處，故言於商邑。」語法是：「俾」、「以」是動詞；「暴虐」、「姦宄」是賓語，「于百姓」、「于商邑」是介詞引領的補語。此兩分句句式是：「動詞＋賓語＋補語」。

「今予發，惟恭行天之罰」中，「發」即「周武王」。語法是：「予發」是並列短語當主語，所以此句中間應該無有逗點，應改為：「今予發惟恭行天之罰」；「惟」的意思是「是」；「恭行」是奉行；語法是：「今」是時間副詞，作狀語；「予發」，當主語；「惟」是動詞；「恭行」是賓語；「天之罰」是補語。此分句句式是：「狀語＋主語＋動詞＋賓語＋補語」。

「今日之事，不愆于六步、七步，乃止齊焉。」，「愆」，超過的意思。語法是：「今日」時間名詞；「之」是助詞，無意義；「事」是名詞當謂語；「不」是否定副詞，作狀語，「愆」是動詞；「于六步、七步」是賓語；「乃」是連詞；「止」是動詞；「齊」是賓語；「焉」是語助詞，無意義。此分句句式是：「主語＋謂語，狀語＋動詞＋賓語，連詞＋動詞＋賓語」。

「夫子勗哉！不愆于四伐、五伐、六伐、七伐，乃止齊焉」，「夫子」對將士的稱呼；「勗」是勉勵的意思。語法是：「夫子」是主語；「勗哉」是謂語；「不」是否定副詞，作狀語；「愆」是動詞；「于四伐、五伐、六步、七步」是賓語；「乃」是連詞；「止」是動詞；「齊」是賓語；「焉」是語助詞，無意義。此分句句式是：「主語＋謂語，狀語＋動詞＋賓語，連詞＋動詞＋賓語」。

「勗哉夫子！尚桓桓，如虎、如貙、如熊、如羆，于商郊」中，「勗哉夫

子！」與上句的「夫子勗哉！」主謂顛倒。「尚」，表示希望的意思；「桓桓」是威武的樣子，《釋訓》云：「桓桓，威也」，《孔傳》云：「桓桓，武貌」；「虎、貔、熊、羆」指猛獸，《孔傳》云：「四獸皆猛健，欲使士法之奮擊於牧野。」語法是：「勗哉」是謂語；「夫子」是主語；「尚」副詞，作狀語；「桓桓」是形容詞，「尚桓桓」作無主語的謂語；「如虎、如貔、如熊、如羆」是並列短語，補充說明其對象；「于商郊」是介詞引領處所，補充說明地點。此分句句式是：「謂語＋主語！謂語，補語1，補語2」。

「弗迓克奔，以役西土」中，「迓」，唐以前各本接作「御、禦」，馬融云：「御，禁也」，《孔疏》云：「迓，訓迎也。不迎擊商能奔來降者，兵法不誅降也。」；「役」，使用的意思。語法是：「弗」是否定副詞，作狀語；「迓」是動詞；「克奔」作賓語；「以」是連詞；「役」是動詞；「西土」是賓語；「焉」是語助詞，無意義。此分句句式是：「狀語＋動詞＋賓語，連詞＋動詞＋賓語」。

「勗哉夫子！爾所弗勗，其于爾躬有戮！」，「所」，《經傳釋詞》云：「所，猶『若』也。」；「其」，《經傳釋詞》云：「其，猶『乃』也。」；「有戮」，《經傳釋詞》云：「有，語助也。一字不成詞，則加『有』字以配之」。語法是：「勗哉」作謂語；「夫子」作主語；「爾」是第二人稱，你們，作主語；「所」是連詞；「弗」是否定副詞，作狀語；「勗」作動詞；「其」作連詞；「于」作介詞；「爾」是第二人稱，「躬」作名詞，「爾躬」是名詞短語，作主語；「有戮」是動詞，作謂語。此分句句式是：「謂語＋主語！主語＋連詞＋狀語＋謂語；連詞＋介詞＋主語＋謂語」。

第六節　《周書・文侯之命》篇章句式之分析

王若曰：「父義和！丕顯文武，克慎明德，昭升于上，敷聞在下，惟時上帝集厥命于文王。亦惟先正，克左右昭事厥辟；越小大謀猷，罔不率從。肆先祖懷在位。

「王若曰」中，「王」指周平王；「若曰」是這樣說。語法是：「王」是專有名詞，作主語；「若曰」是動詞，作謂語。此句句式是：「主語＋謂語」。

「父義和！」中，「父」指同姓長輩，《孔傳》云：「文侯同姓，故稱曰父。」，在古代天子呼諸侯有不同的用詞，《覲禮》：「同姓大國則曰伯父，其異姓則曰伯舅，同姓小國則曰叔父，其異姓則曰叔舅。」；「義和」指晉文侯仇之字，鄭玄

「讀『義』爲『儀』，儀、仇皆訓匹也，故名仇，字儀。」，《孔傳》云：「義和，字也。稱父者非一人，故以字別之。」《孔疏》云：「平王順文侯之功，親之，敬而呼其字曰：『父義和。』」語法是：「父、義和」是同位短語。

「丕顯文武，克慎明德」中，「丕」指大的意思；「顯」指光明；「丕顯文武」，《孔傳》云：「大明乎！文王、武王之道」；「克」指能；「慎」指謹慎；「明」指光明，「德」有的人。語法是：「丕顯」當狀詞修飾後面的文武；「文武」是並列專有名詞，當主語；「克」是動詞；「慎明德」，當賓語，「慎」是副詞，修飾後面的「明德」。句式是：「狀語＋主語，動詞＋賓語」。

案：在《經傳釋詞》中，探討「不」字，王引之認爲「不」字，可當「『弗』也；常語。」、「否・『非』」、「否・『無』也。」、「『毋』也；『勿』也。」等，「不」也可作「丕」，當語詞。（見附錄「不」）所以屈萬里認爲「丕顯文武」的「丕」是「語詞」，無有意義。《經傳釋詞》中，「不」字中作「丕」的意思，表格如下：

2. 玉篇曰：「不、詞也」。經傳所用，或作「丕」，或作「否」，其實一也。有發聲者，有承上文者。	
（甲）其發聲者：	（1）《商書・西伯戡黎》曰：我生不有命在天。（某氏傳曰：我生有壽命在天，蓋「不」爲發聲；不有，有也。與他處「不」訓爲「弗」者不同。「不有命在天」，下不須加「乎」字以足之。《史記・殷本紀》云：「我生不有命在天乎！」失之矣。）
	（2）《周書・康誥》曰：惟乃丕顯考文王。（不顯考，顯考也。通作不顯。毛詩曰：不顯，顯也。則上一字乃發聲。箋解爲豈不顯。失其意矣。）
	（3）《周書・酒誥》曰：丕惟曰：爾克永觀省。（此與丕訓爲大者不同，解者多失之，下倣此。汝丕遠惟商耇成人，宅心知訓。）
	（4）《周書・召誥》曰：其丕能諴於小民。（丕、語詞；其丕能，其能也。顧命曰：其能而亂四方。丕若有夏歷年。）
	（5）《周書・洛誥》曰：公稱丕顯德。（丕顯德、顯德也。丕、語詞。）
	（6）《周書・多士》曰：丕靈承帝事。（丕、語詞。丕靈承，靈承也。多方曰：不克靈承於旅。又曰：靈承於旅。）
	（7）《周書・君奭》曰：丕單稱德。丕承無疆之恤。
	（8）《周書・多方》曰：罔丕惟進之恭。爾尚不忌於凶德。（不、語詞；不忌、忌也。緇衣、鄭注曰：忌之言戒也。言以凶德爲戒。）
	（9）《周書・文侯之命》曰：丕顯文武。

（乙）其承上文者：	（1）《虞夏書‧禹貢》曰：三危既宅，三苗丕敘。（丕，乃。承上之詞，猶言三苗乃叔。諸家皆訓「丕」爲「大」。下倣此。）
	（2）《商書‧盤庚上》曰：王播告之，修不匿厥指，（此不字訓爲弗，下不生生同。）王用丕欽；罔有逸言，民用丕變。汝克黜乃心，施實德於民，至於婚友；丕乃敢大言，汝有積德。（丕乃，猶言於是也。）傳解爲大乃敢言，則文不成義。汝萬民乃不生生，暨予一人猷同心，先后丕降與汝罪疾。猶言乃降與女罪疾。茲予有亂政同位，具乃貝玉。乃祖乃父，丕乃告我高后。迪高后丕乃崇降弗祥。
	（3）《周書‧康誥》曰：至於旬時，丕蔽要囚。（小司寇曰：至於旬乃蔽之。文義正同。無作怨，勿用非謀非彝蔽時忱，丕則敏德。（丕則，猶言於是也。既斷行是誠信之道，於是勉行德教也。傳解爲大法敏德。失之。）
	（4）《周書‧梓材》曰：后式典集，庶邦丕享。（言君能和集庶邦，於是庶邦來享也。）
	（5）《周書‧召誥》曰：厥既命殷庶，庶殷丕作。（言既命庶殷，庶殷乃作也。）
	（6）《周書‧無逸》曰：乃逸乃諺既誕。否則侮厥父母。（漢石經：否作不。不則、猶於是也。言既已妄誕，於是輕侮其父母也。傳謂已欺誕父母，不欺則輕侮其父母，文義難通。『今日耽樂。』乃非民攸訓，非天攸若，時人丕則有愆。（言是人於是有過也。傳謂是人則大有過，既誤訓大，又亂其字之先後矣。）乃變亂先王之正刑，至於小大。民否則厥心違怨，否則厥口詛祝。（言民於是厥心違怨，於是厥口詛祝也。）
	（7）《周書‧立政》曰：我其立政、立事。準人、牧夫，我其克灼知厥若，丕乃俾亂。（言既灼知厥若，於是使治之也。下文茲乃俾欠，文義正同。）

但《說文》說：「丕，大也」，又《爾雅‧釋詁》云：「丕，大也」。考察《尚書》中，除了有「丕顯」，如：「惟乃丕顯考文王，克明德慎罰」、（《周書‧康誥》）、「公稱丕顯德，以予小子，揚文武烈。」（《周書‧洛誥》）、「先王昧爽丕顯，坐以待旦。」（《商書‧太甲》）、「嗚呼！丕顯哉，文王謨」之外，「丕」也和許多動詞連結，如「王用丕欽」（《商書‧盤庚上》）、「民用丕變」（《商書‧盤庚上》）、「予丕克羞爾」（《商書‧盤庚中》）、「先后丕降與汝罪疾」（《商書‧盤庚中》）、「作丕刑于朕孫」（《商書‧盤庚中》）、「爾丕克遠省」（《周書‧大誥》）、「庶殷丕作」（《周書‧召誥》）、「其丕能諴于小民」（《周書‧召誥》）、「丕視功載」（《周書‧洛誥》）、「亦惟天丕建」（《周書‧多士》）、「惟文王德丕承」

（《周書・君奭》）、「謀面用丕訓德」（《周書・立政》）、「丕釐上帝之耿命」（《周書・立政》）、「造天丕愆」（《周書・文侯之命》）、「惟動丕應」（《虞夏書・益稷》）、「三苗丕敘」（《虞夏書・禹貢》）。「丕」在這裡都是程度副詞，故「丕」可解釋爲「大大地」、「很」的意思。

「丕丕」，《爾雅・釋訓》云：「丕丕，大也」。「天明畏，弼我丕丕基」（《周書・大誥》）、「以並受此丕丕基」（《周書・立政》）、「丕」後面是名詞，基業、事業。故「丕」可解釋爲「大大的」的意思。

「丕」也可當語助詞，如：「丕惟曰」（《周書・酒誥》）就是句首語助詞，無有意義。

「丕乃」是複音關聯副詞，《經傳釋詞》云：「丕乃，猶言於是也」如：「高后丕乃崇降罪疾」（《商書・盤庚中》）、「丕乃告我高后曰」（《商書・盤庚中》）、「迪高后丕乃崇降弗祥」（《商書・盤庚中》）、「丕乃敢大言，汝有積德。」（《商書・盤庚上》）、「丕乃俾亂」（《周書・立政》）。

「丕則」是複音關聯副詞，「丕則敏德」（《周書・康誥》）、「時人丕則有愆」（《周書・無逸》）。

「昭升于上，敷聞在下」中，「昭」指昭明；「敷」指遍布；「聞」指聲聞；「于」、「在」都是介引處所；故《孔傳》云：「言文王聖德明升於天，而布聞在下居。惟以是，故上天集成其王命，德流子孫」，《孔疏》云：「文王之爲王也，聖德明升於天。言其道至天也。又布聞於在下。言其德被民也。」語法是：主語省略，此指文王、武王的美德；「昭、升」、「敷、聞」兩組並列動詞，作謂語；「于」是介詞，「于上」是介賓短語，作補語；「在」是介詞，「在下」是介賓短語，當補語；句式是：「（主語）＋謂語＋補語；（主語）＋謂語＋補語」。

「惟時上帝集厥命于文王」中，「惟時」指「因此」的意思，「時」是此的意思，故《孔疏》云：「惟以是，故上天成其大命於文王，使之身爲天子，澤流後世」。句語法是：「惟時」是連詞；「上帝」作主語；「集」作動詞；「厥命」作賓語；「于文王」是介賓短語，作補語；句式是：「連詞＋主語＋動詞＋賓語＋補語」。

「亦惟先正，克左右昭事厥辟」中，「亦」，也；「惟」，因爲；「先正」，鄭玄云：「先臣，謂公卿大夫」；「厥」，其；「辟」，君主，此指文王、武王，故《孔疏》云：「文武聖明如此，亦惟先世長官之臣，能左右明事其君，君聖臣賢之故。」語法是：「亦惟」是連詞；「先正」作主語；「克」是能願動詞；

錢宗武認爲「左右、昭、事」是動詞並列，「厥辟」是共同賓語。句式是：「連詞＋主語，＋動詞＋賓語」。

「越小大謀猷，罔不率從」中，「越」，《經傳釋詞》云：「《爾雅》曰：『粵、於也』。又曰：『粵、於也』。字亦作『越』。」；「猷」，《爾雅・釋詁》云：「猷，謀也」；「率」，遵循；「從」，服從。句語法是：「越」是連詞；「小大謀猷」作主語，「小大」修飾「謀猷」；「罔不」雙重否定副詞，表肯定，作狀語修飾動詞；「率從」是動詞，作謂語。句式是：「連詞＋主語＋狀語＋謂語」。

「肆先祖懷在位」中，「肆」指因此，所以，《爾雅》曰：「肆、故也」；「懷」，安也。句語法是：「肆」是連詞；「先祖」作主語；「懷」是動詞；「在位」是賓語。句式是：「連詞＋主語＋動詞＋賓語」。

嗚呼！閔予小子嗣，造天丕愆；殄資澤于下民，侵戎，我國家純。即我御事，罔或耆壽俊在厥服，予則罔克。

「嗚呼！」，感嘆詞，感嘆性非主謂句。

「閔予小子嗣，造天丕愆」中，「閔」，《孔傳》云：「歎而自痛傷也」；「予小子」，平王自稱；「嗣」指繼承；「造」指遭遇；「愆」指罪過，《孔傳》云：「言我小子而遭天大罪過，父死國敗，祖業隕隤」。語法是：「閔」是副詞；「予小子」是由「予、小子」組成並列名詞短語，作主語；「嗣」是動詞，作謂語；「造」是動詞；「天丕愆」是賓語。句式是：「連詞＋主語＋謂語，（主語）＋動詞＋賓語」。

「殄資澤于下民」，「殄」，《釋詁》云：「殄，絕也」；「資」，財也；「澤」，祿也。語法是：「殄」是動詞；「資澤」是賓語；「于下民」是補語。句式是：「（主語）＋動詞＋賓語＋補語」。

「侵戎，我國家純。」中，《孔傳》云：「侵兵傷我國及卿大夫之家，禍甚大。」，將「戎」詮釋爲「兵」，也就是戰爭；「我國」是指君主有國；「家」詮釋爲「卿大夫之家」；「純」詮釋爲「大」，此指大災難，《釋詁》云：「純，大也」。句語法是：主語省略，指平王；「侵」是動詞；「戎」是賓語；「我國家」是偏正短語作主語；「純」是謂語。句式是：「（主語）＋動詞＋賓語；主語＋謂語」。

「即我御事，罔或耆壽俊在厥服，予則罔克」中，「即」，《經傳釋詞》云：「猶今人言『即今』也」，可解釋爲「現在」；「御事」指治事大臣；「罔或」

指無有；「耇壽」指老人；「俊」有兩種意思：第一、俊德，如《孔傳》云：「有耇宿壽考俊德在其服位。」；第二、「俊」當讀「駿」，《爾雅・釋詁》云：「駿，長也」。「服」，職位。句語法是：「即」是時間副詞，作狀語；「我御事」作主語；「罔」是否定副詞，作狀語修飾動詞；「或」是動詞；「耇壽」是名詞；「在厥服」是介賓短語，作補語；所以「俊」是應該是「俊德」，也是名詞，「耇壽俊」作賓語，「在厥服」當補語。句式是：「狀語＋主語＋，狀語＋動詞＋賓語＋補語」。

曰惟祖惟父，其伊恤朕躬。嗚呼！有績，予一人永綏在位。父義和！汝克昭乃顯祖；汝肇刑文武，用會紹乃辟，追孝于前文人。汝多修，扞我于艱；若汝，予嘉。」

「曰惟祖惟父」中，「曰」，是句首語氣助詞，無意義。語法是：「惟祖惟父」是並列短語。

「其伊恤朕躬」中，「伊」指你們；「恤」，體恤；「躬」指身，指本人。此句語法是：「其」，是語氣詞，表希望；「伊」作主語；「恤」是動詞；「朕躬」作賓語。此句句式是：「主語＋動詞＋賓語」。

「嗚呼！」，如上述。

「有績」，「績」指功績。

「予一人永綏在位」中，「綏」，《爾雅・釋詁》云：「綏，安也」，故《孔傳》云：「能有成功，則我一人長安在王位」。語法是：「予一人」是主語；「永」是時間副詞，作狀語；「綏」是動詞；「在位」是賓語。句式是：「主語＋狀語＋動詞＋賓語」。

「父義和！」，如上述。又《孔傳》云：「重稱字，親之。不稱名，尊之。

「汝克昭乃顯祖」，「昭」指繼承；「乃」指你；「顯祖」指晉國開始封的君主唐叔，故《孔傳》云：「言汝能明汝顯祖唐叔之道，獎之」。此句語法是：「汝」作主語；「克昭」是動詞；「乃顯祖」作賓語。此句句式是：「主語＋動詞＋賓語」。

「汝肇刑文武」中，「肇」指開始；「刑」效法，《孔傳》云：「汝今始法文武之道矣。」此句語法是：「汝」作主語；「肇」是時間副詞，作狀語；「刑」是動詞；「文武」作賓語。句式是：「主語＋狀語＋動詞＋賓語」。

「用會紹乃辟」中，「用」，介詞，介引行為的方法；「會」指會合諸侯；

「紹」指繼承;「乃辟」指汝君。此句語法是:「用」是介詞;「會」作主語;「紹」是動詞;「乃辟」作賓語。此句句式是:「介詞+主語+動詞+賓語」。

「追孝于前文人」中,「追孝」指繼承前人之志;「前文人」指祖先。此句語法是:主語省略,指「父義和!」;「追」是動詞;「孝」作賓語;「于前文人」是補語。此句句式是:「(主語)+動詞+賓語+補語」。

「汝多修,扞我于艱」中,「多」,功很多種,如《周禮·司勳》云:「王功曰勳,國功曰功,民功曰庸,事功曰勞,治功曰力,戰功曰多。」,〔註17〕此指戰功多,故《孔疏》云:「言功多殊於他人,故云汝之功多,甚修矣」;「修」,指美善;「扞」指捍衛。此句語法是:「汝」是第二人稱代詞,作主語;「多修」是謂語;「扞」是動詞;「我」作賓語;「于艱」當補語。句式是:「主語+謂語,動詞+賓語+補語」。

「若汝,予嘉」中,「若」訓「如」也,《孔疏》云:「如汝之功,我所嘉也。」,王肅亦云:「如汝之功,我所善也。」此句語法是:「若」是介詞;「汝」是第二人稱代詞,「若汝」介賓短語當狀語;「予」是主語;「嘉」是動詞,作謂語。句式是:「狀語,主語+謂語」。

王曰:「父義和!其歸視爾師,寧爾邦。用賚爾秬鬯一卣;彤弓一,彤矢百;盧弓一,盧矢百;馬四匹。父往哉!柔遠能邇,惠康小民,無荒寧,簡恤爾都,用成爾顯德。」

「王曰」,如前所述。

「父義和!」,如前所述。

「其歸視爾師,寧爾邦」,「其」表示希望語氣;「歸」指回去;「視爾師」、「寧爾邦」是指回去後做的兩件事情,「視」是治理,「寧」是安定,兩個「爾」是指你,「師」指部眾,「邦」指國家。此句語法是:「歸」是動詞;「視爾師」、「寧爾邦」是並列賓語。句式是:「(主語)+動詞+賓語1+賓語2」。

「用賚爾秬鬯一卣;彤弓一,彤矢百;盧弓一,盧矢百;馬四匹。」,「用」無意義,連詞;「賚」指賞賜;「爾」指你;「秬鬯一卣;彤弓一,彤矢百;盧弓一,盧矢百;馬四匹」指賞賜的東西。此小段語法是:主語省略,指平王;「賚」是動詞;「爾」作賓語;「秬鬯一卣;彤弓一,彤矢百;盧弓一,盧矢

〔註17〕〔清〕阮元刻本:《十三經注疏周禮·司勳》(台北:藝文印書館,1955年),頁454。

百；馬四匹」作補語。句式是：「連詞＋（主語）＋動詞＋賓語＋補語」。

「父往哉！」，此句語法是：「父」是主語；「往」是謂語。此句句式是：「主語＋謂語」。

「柔遠能邇」中，「柔」指懷柔；「能」親善。此句語法是：「柔」、「能」是動詞，「遠」、「邇」是賓語。此句句式是：「（主語）＋動詞 1＋賓語 1＋動詞 2＋賓語 2」。

「惠康小民」中，「惠」，順也。「康」，安也。論語云：「因民之所利而利之」，是順安也。此句語法是：「惠」、「康」是動詞，「小民」是賓語。此句句式是：「動詞 1＋動詞 2＋賓語」。

「無荒寧」中，「荒」指荒廢；「寧」指安逸。此句語法是：「無」否定副詞，作狀語；「荒」指荒廢；「寧」指安逸。此句句式是：「狀語＋動詞 1＋動詞 2」。

「簡恤爾都」中，「簡」是檢核；「恤」是撫恤；「爾都」指你的國家晉國。此句語法是：「簡」、「恤」是動詞，「爾都」作賓語。此句句式是：「動詞 1＋動詞 2＋賓語」。

「用成爾顯德」中，「用」，以；「成」成就；「顯德」光明美德。此句語法是：「用」是目的連詞；「成」是動詞；「爾顯德」作賓語。此句句式是：「連詞＋動詞＋賓語」。

第九章　結　論

　　古代歷來對今文《尚書》詮釋的學者很多，或有從章句訓詁，或有從義理思想，或有從考據辨僞；近年來也有很多學者，企圖以文字訓義來解通《尚書》文句，如顧頡剛《尚書校釋譯論》、周秉鈞《尚書易解》等，綜合各種文字訓詁方法，提出新見。本文重點，主要是從語法角度，詮釋今文《尚書》經文，以回歸《尚書》所詮釋的經文要義。

　　以下六點，說明撰寫「今文《尚書》語法與經文詮釋關係之探討」一文之特色：

一、歸納《經傳釋詞》引《書》之內容

　　第一章「緒論」方面，說明了研究動機、目的、範圍、方法、前人研究與本文架構、今文《尚書》內容與思想、歷代詮釋《尚書》之大要。在研究方法上：第一、異源資料比較法，本文在論述中，引用了《史記》裡的〈五帝本紀〉、〈夏本紀〉、〈殷本紀〉、〈周本紀〉歷時語言材料，互相證明。第二、以經解經互證法，引用《詩經》、《禮記》、《周禮》、《左傳》等共時語言，互相佐證。第三、資料庫歸納法，將今文《尚書》二十八篇中的「原文」、「注」、「疏」歸納，對照表共 259 頁。另外，也將王引之《經傳釋詞》一書，所有的《尚書》例證找出，並歸納其所詮釋的「虛詞」，共 156 大類，對照表共 86 頁。前置作業雖然繁瑣，但對於論文寫作，有實質意義。

二、釐清台灣與大陸學者語法用語之異同

　　第二章「今文《尚書》詞類、短語、句法之探析」方面，從語法的最基

本單位「詞類」探討起，接著從「短語」、「句子成分」、「單句」、「複句」，一一舉證。本章除了系統性分析今文《尚書》的語法，最主要釐清了台灣與大陸學者用語的不同（詳見第二章表格）。

（一）在詞類方面，馬建忠《馬氏文通》、呂叔湘《現代漢語八百詞》，與許世瑛《中國文法講話》三書，在詞類命名與歸類上不同，最大差異就是許世瑛所說的「關係詞」，就是馬建忠、呂叔湘所說的「介詞、連詞」；許世瑛所說的限制詞，就是馬建忠、呂叔湘所說的「副詞、方位詞」。

（二）在短語方面，詞與詞組合起來大陸稱「短語」，台灣稱「詞組」。許世瑛《中國文法講話》的「聯合關係」（「詞聯」），就是朱德熙《語法講義》「并列短語」；許世瑛的組合關係（「詞組」），就是朱德熙的「偏正短語、動賓短語、主謂短語、介賓短語、連動短語」。

（三）在句子成分方面，呂叔湘《中國文法要略》用「加詞＋端詞」，就是朱德熙《語法講義》「定語＋中心詞（定詞）」、「狀語＋中心詞（狀詞）」。「定語＋中心詞」也就是「形容詞＋名詞」、「動詞＋名詞」、「名詞＋名詞」；「狀語＋中心詞」也就是「形容詞＋動詞」。

（四）基本句型中，許世瑛《中國文法講話》用了「起詞＋述詞＋止詞」，朱德熙《語法講義》用了「主語＋動詞＋賓語」，所以「起詞」相對於「主語」，「述詞」相對於「動詞」，「止詞」相對於「賓語」。

三、辨析今文《尚書》各句類的語法與特點

第三章、第四章、第五章、第六章、第七章，分別對今文《尚書》「陳述句」、「祈使句」、「疑問句」、「感嘆句」、「判斷句」加以析論。以下分別從「陳述句」、「祈使句」、「疑問句」、「感嘆句」、「判斷句」五方面，探討今文《尚書》語法的特點。

（一）今文《尚書》陳述句特點方面：主要從「常規句的句式」、「變式句的句式」兩點說明。第一、就常規句的特點而言：一者，不用「也」字句尾語氣詞；二者，句尾語氣詞數量不多，只有「矣」、「止」、「已」、「焉」四個字，且整本今文《尚書》「矣」4 見、「焉」4 見、「止」2 見、「已」2 見，共 12 見。三者，不用語氣詞的陳述句，可分為名詞謂語句、形容詞謂語句、動詞謂語句，其中今文《尚書》疊音詞充當形容詞謂語是一大特色。今文《尚書》疊音詞共有 49 個疊音詞，出現 1 次的疊音詞的比例比較高，不過也有出

現 4 次的疊音詞。第二、就變式句的特點而言：一者，在主謂倒置句中「AA式形容詞謂語前置」情形，相對而言也不少。二者，賓語前置句中語法形式有「（不、無）＋（我、爾、汝、卬）＋V」、「是＋V」、「O＋攸＋V」、「O＋來＋V」、「O＋之＋V」、「惟＋O＋之＋V」，其中以「之」在前置賓語和動詞之間數量最多。另外，由於此部書是政書，所以有很多「有」＋朝代名、國名、部族名、稱謂，而「有＋形容詞」、「有＋動詞」的情形相對就不多。

（二）今文《尚書》祈使句特點方面，可從君臣對話中，來呈現不同權勢地位語氣的特點，例如：對話中有尊對卑的祈使、有卑對尊的祈使，也有同輩互相鼓勵的祈使，所以祈使句可歸納爲命令請求句、禁止勸阻句之語境。命令請求句表示祈使的語氣詞有「乎」、「哉」、「來」，祈使的動詞有「可」、「祈」，祈使的副詞有「其」、「尚」、「必」等。用得最多的是「哉」，而其他的祈使語氣詞不多見，例如：「乎」只出現 2 見，「來」只出現 1 見，「其」表示希望的意思只出現 3 見。另外，今文《尚書》名詞作小句的直接構件，由人名或稱呼構成的祈使句最多，例如：「君奭！」、「君！」、「四岳！」、「封！」、「公！」、「爾殷多士！」、「帝！」等。

（三）今文《尚書》疑問句特點方面，可從「疑問句句式類型」、「整段使用疑問句」兩點說明。第一、在疑問句句式類型：又可分爲詢問句、反問句、測度問句三大類。其中詢問句的數量大、形式多樣，是今文《尚書》疑問句的一大特點。反問句數量不多，而在測度問句中，多用語氣副詞「其」來配合。今文《尚書》特指問句最常用的疑問詞語是疑問代詞「何」，「何」除了主要用來詢問事物外，還可用來詢問情狀、原因、方法等，「何」不用來詢問人和處所，詢問人的是「誰」。主要是詢問情狀的「何」、「如何」、「如台」、「曷」、「曷敢」、「曷其奈何。」第二、在整段使用疑問句方面：《周書·大誥》有兩整段，各用了連續五次疑問，使整篇句勢讓人有不得不依著發問人的想法去做。

（四）今文《尚書》感嘆句特點方面：感嘆句是從說話人的角度看世界，最基本的語用功能就是傳達感情。除了表達感情作用之外，感嘆句還具有引起他人注意功能。今文《尚書》感嘆句條例特點，可從五方面說明：第一、就次數而言，「嗚呼」出現次數最多，共 47 見；「噫」出現次數最少，只出現 1 次。第二、就時間而言，「咨」、「於」、「都」、「俞」這些嘆詞，在《商書》、《周書》裡不再出現。而「已」、「噫」、「嗟」等字，仍然在古文中被使用。第三、就音節而言，單音節占優勢，雙音節只有「嗚呼」一詞，沒有發現三

音節。另外，前人研究今文《尚書》，沒有將「徂」列爲感嘆詞，但是依據《經傳釋詞》一書，「徂」也是句首感嘆詞。第四、就結構而言，今文《尚書》嘆詞大多放置於語句前頭。第五、就無標記的感嘆句而言，感嘆句並不是一定要用感嘆詞才能表現出感嘆語句。

（五）今文《尚書》判斷句特點方面：一個句子是否爲判斷句，必須依據形式和意義的結合，不是只是單純的從主謂語義關係來定。在今文《尚書》判斷句類型，除有標準句式「主語＋名詞性謂語」、「主語＋是＋名詞性謂語」、「主語＋乃＋名詞性謂語」、「主語＋則＋名詞性謂語」、「主語＋惟＋名詞性謂語」「主語＋曰＋名詞性謂語」、單純否定式判斷句「非……」之外，「非……惟」、「惟……非」句式常出現在判斷句中，有時是在同一句中，有時是在不同分句中。判斷句中，雙重否定句他們的主語一般省略，例如：「非……非……、「非……非……非……」、「罔非……」句式。「罔非……」的例證 5 見，「非……非……非……」的例證 1 見，「非……非……」的例證也不多。

四、提出詮釋今文《尚書》句式之路徑

本文採取《孔傳》、《孔疏》、《蔡傳》、錢江本《尚書》、屈氏《尚書釋義》五種文本，來考探今文《尚書》詞彙、句式，以及詮釋意義。在五種文本特色方面：一者、《孔疏》之詮釋大都是依循《孔傳》闡發，並沒有太多不同見解。但權威之傳注，所詮釋的內容並非全都是對的。筆者以語法的角度研究過程中，舉證了《孔傳》、《孔疏》詮釋有未妥之處。二者、《蔡傳》不再依循《孔疏》之詮釋，乃是參考眾說，融會貫通，有許多微言大意與深奧之要旨，如《蔡傳》自己說：「二帝三王之道本於心，得其心，則道與治，固可得而言矣。」三者、在今注方面，分別採用大陸學者錢宗武、江灝之《尚書》，與台灣屈氏之《尚書釋義》兩書。兩家在詮釋方面，共同特色都使用《經傳釋詞》來佐證之外，也常引前人之註解，或是甲骨文、金文來詮釋經義，但是兩家詮釋，卻是常常有相異之見解。本文在句式分析詮釋方面，可歸納出以下四點：

第一、由於斷句的不同，故在詮釋語時，有不同見解，可由同篇章句式中來證明。

如在《周書·立政》云：「我其立政、立事。準人、牧夫……」，此段有三種句讀，詮釋也分歧。「我其立政、立事、準人、牧夫」句讀應該是，「四

職並列」、「前一，後三」、「前二，後二」？經由《周書‧立政》其他句子中，如：「宅乃事，宅乃牧，宅乃準，茲惟后矣。……茲乃三宅無義民。」」、「立政：任人、準夫、牧、作三事」、「曰王左右常伯、常任、準人、綴衣、虎賁。」都是將「立事、準人、牧夫」並列，是名詞性並列短語。故可證明，「立事、準人、牧夫」是一組，句讀應該是「前一，後三」，即「我其立政，立事、準人、牧夫……」才妥切。（詳見第三章）

第二、由於斷句的不同，有不同見解，可由其他篇章句法中來證明。

如在《周書‧大誥》中：「天明畏，弼我丕丕基」中，「天明畏」有兩種詮釋。《孔傳》、《蔡傳》、《錢、江》主張「天明畏，天之明命可畏」此說。屈氏主張「明，顯揚善人；畏，懲罰惡人」此說。故「天明畏」一句，到底應該將「天明」名詞短語作主語，還是「天」單詞作主語，關鍵就在「明」字，該上讀，與主語相結合，還是下讀與謂語相並列？故考察其他篇章如「天聰明，自我民聰明；天明畏，自我民明威。」（《虞夏書‧皋陶謨》）、「惟帝不畀，惟我下民秉爲，惟天明畏。」（《周書‧多士》）等等，則從其屈氏之說。（詳見第六章）

第三、由於詮釋的不同，經由上下文句式之語法分析，可得出結果。

如在《商書‧湯誓》云：「爾乃尚有爾土，爾乃尚寧幹止」中，「爾乃尚寧幹止」此句的「寧」、「幹」、「止」歷來有三說。故根據上句「尚有爾土」句法是：「副詞＋動詞＋賓語」，所以「尚＋寧幹止」句法應該與上句一樣。「寧」是「安定」，作動詞，「幹、止」分別是兩件事情的賓語，從其《孔傳》、《蔡傳》主張此說法。（詳見第三章）又如：《周書‧秦誓》云：「邦之榮懷，亦尚一人之慶。」「慶」有兩種不同詮釋。《孔傳》、《錢、江》主張「慶，善」，屈氏主張「慶，幸福」。對照「邦之榮懷，亦尚一人之慶」上一句是「邦之杌隉，曰由一人」，「邦之杌隉」與「邦之榮懷」相對。語法結構是「主語＋之＋謂語」屬於判斷句式。可以推之「邦之榮懷，亦尚一人之慶」中的「慶」是指善良。（詳見第四章）

第四、由語法規則中，可得出《尚書》所要詮釋的義理與語法。

如「故天棄我：不有康食，不虞天性，不迪率典」有兩種句讀與詮釋。《蔡傳》、屈氏主張「故天棄我：不有康食，不虞天性，不迪率典」，《孔傳》、《孔疏》、錢、江主張「故天棄我，不有康食。不虞天性，不迪率典」。從

句法而言，其句讀應該是第一種說法。「不……，不……，不……」「不」後面分別加動詞：「有、虞、迪」，動詞後面分別加賓語：「康食、天性、率典」，是屬於否定動賓並列句。故其譯文應爲第一種「不＋動詞1＋賓語1，不＋動詞2＋賓語2，不＋動詞3＋賓語3」（詳見第三章），又如：《商書·盤庚中》云：「承汝俾汝」，「俾」歷來有三種詮釋，《孔傳》、《蔡傳》主張「俾，使」，《錢、江》主張「俾，順從」，屈氏主張「俾，利益」。「承汝俾汝」語法是「動詞1＋賓語＋動詞2＋賓語」，是兩個並列的動賓短語結構。雖然「俾」有「使」的意思，但「承」與「俾」並列，意思也應該是相同，所以取其第二種《錢、江》說法「俾」是「順從」的意思。（詳見第五章）又如：《虞夏書·禹貢》云：「厥貢鹽、絺，海物惟錯」，「錯」，歷來有三種詮釋。《孔傳》、《蔡傳》、《錢、江》、屈氏等詮釋，都是將「錯」釋爲「雜，言非一種」、「錯，多種多樣」，但是若從下文，所以此句「錯」也應該是與上文「海物」等貢品連接，是名詞而非動詞的「交錯」或「錯雜」或「多種」。（詳見第七章）

五、辨解「單詞、短語、語句」詮釋之要義

第八章「今文《尚書》語法析例」方面：《虞夏書》中分析了〈堯典〉、〈甘誓〉；《商書》中分析了〈湯誓〉、〈微子〉；《周書》中分析了〈牧誓〉、〈文侯之命〉，共六篇章詳盡的語法分析。以下就略舉單詞、短語、語句句式之例證說明。

（一）就單詞而言，「割」何時當疑問代詞，何時當動詞？

《經傳釋詞》云：「曷，何也」。但筆者認爲，「割」雖然可解釋爲「何」，但並不是所有的「割」都是「曷，何也」的意思。「割」有兩種說法：一種是動詞，「斷、奪」；一種是疑問代詞「割，害也，曷也」。在今文《尚書》7次中有4次「割」後面都是接國名，如，「率割夏邑」（《商書·湯誓》）「割殷！」（《周書·多士》）。故得知「割＋國名」、「割＋家」、「割（害）＋百姓（萬民）」，「割」都當動詞用，後面接名詞，句式是：「動詞＋名詞」。那什麼時候當疑問代詞呢？第一、對事情提出疑問時候，有問號「？」。例如，「王害不違卜？」（《周書·大誥》），就是問王爲什麼不違背龜卜？第二、從語法中證明，「割」置於主語和動詞之間。如，「上帝割申勸寧王之德，其集大命于厥躬？」

（二）就短語而言，今文《尚書》人稱代詞的同位短語非常普遍。例如，

「我沖子」是同位短語，所以「我」是指「成王」，「沖子」也是指「成王」。
人稱代詞「予」、「我」、「朕」、「台」、「汝」、「爾」等，後面加上「沖子」、「小
子」，例如：「台小子」、「予小子」、「予沖子」、「我沖子」都是統治者對自己
的謙稱。也有以「人稱代詞」後面加上「名」如：「予旦」（《周書・洛誥》）「予
旦已受人之徽言咸告」（《周書・立政》）。也有以「人稱代詞」加上「小子」
再加上「號」或「字」，如：「肆汝小子封」（《周書・康誥》）、「在今予小子旦」
（《周書・君奭》）、「肆予小子發」（《周書・泰誓》）。另外，也有以「小子」
一詞後面加上「號」或「字」，如：「小子封」（《周書・康誥》）、「小子胡！」
（《周書・蔡仲之命》）。

（三）就語句而言，《尚書》有以相反語句來論述，有先肯定，後否定；
有先否定，後肯定。先肯定（正），再否定（反），如，《虞夏書・甘誓》：「用
命，賞于祖；弗用命，戮于社」；《商書・盤庚上》：「邦之臧，惟汝眾，邦之
不臧，惟予一人有佚罰。」先否定（反），再肯定（正），如，《周書・秦誓》：
「邦之杌隉，曰由一人；邦之榮懷，亦尚一人之慶。」《周書・洪範》：「臣無
有作福作威玉食；臣之有作福作威玉食」

另外，《尚書》記載日期，有不同種寫法：第一、只有「日」：如，《周書・
牧誓》云：「甲子」等。第二、只有「月」：如，《周書・康誥》云：「惟三月，
哉生魄，周公初基作新大邑于東國洛」等。第三、有「月」又有「日」：如：
《周書・召誥》云：「惟二月既望，越六日乙未，王朝步自周，則至于豐」等。
第四、有「年」又有「月」、「日」：在古文《尚書》中，如，《商書・伊訓》
云：「惟元祀，十有二月，乙丑，伊尹祠于先王。」

六、提出入今文《尚書》15 條例之鑰

今文《尚書》文義雖難懂，但經過八章的分析與詮釋，今文《尚書》並
不複雜，句法有一定的規律。以下將今文《尚書》所得出規律語法，架構出
「單動詞、單賓語」、「雙動詞、雙賓語」、「雙動詞、單賓語」、「雙賓語、單
動詞」四大類，15 條例，以下表解列之，提供後人閱讀詰屈聱牙的《尚書》，
有把入寶山之鑰。

總之，《尚書》之價值，就誠如《漢書・藝文志》所云：「《書》以廣聽，
知之術也！」故後人讀之，不但可增廣見聞，日常生活應對也有所準則，是
一本禮樂教化、典章文物經典之作。

單動詞、單賓語

編號	句　　型			例　　句
①	主語	＋謂語		馬四匹。《周書・文侯之命》
			是＋名詞性謂語	乃並是吉。《周書・金縢》
			乃＋名詞性謂語	予乃胤保。《周書・洛誥》
			則＋名詞性謂語	歲則大熟。《周書・金縢》
		名詞性謂語	惟＋名詞性謂語	卿士惟月，師尹惟日。《周書・洪範》
			曰＋名詞性謂語	水曰潤下，火曰炎上。《周書・洪範》
			非……惟；惟……非	人有小罪非眚，乃惟終。《周書・康誥》
			非……非……；罔非……非……非……非……	乃非民攸訓，非天攸若。《周書・無逸》
		動詞性謂語		王崩。《尚書・顧命》
		形容詞性謂語		父頑、母嚚、象傲。《虞夏書・堯典》
②	主語	＋動詞＋賓語		汝能庸命。《虞夏書・堯典》
③	主語	＋動詞＋賓語＋補語		詔王子出迪。《商書・微子》
④	主語	＋副詞＋動詞＋賓語		敬授人時。《虞夏書・堯典》
⑤	主語	＋副詞＋動詞＋賓語＋補語		罔或耇壽俊在厥服。《周書・文侯之命》
⑥	主語	＋賓語＋動詞（賓語前置）	我、爾、汝…＋動詞	無我怨。《周書・多方》
			是＋動詞	敖虐是作。《虞夏書・益稷》
			賓語＋攸＋動詞	彝倫攸斁。《周書・洪範》
			賓語＋來＋動詞	祖考來格。《虞夏書・益稷》
			賓語＋之＋動詞	心之憂。《周書・秦誓》
			惟＋賓語＋之＋動詞	惟文王之敬忌。《周書・康誥》
			惟＋賓語＋是＋動詞	今商王受惟婦言是用。《周書・牧誓》

雙動詞、雙賓語

編號	句　型		例　句
①	主語	＋動詞 1＋賓語 1＋動詞 2＋賓語 2	明明揚側陋。《虞夏書・堯典》
②	主語	＋動詞 1＋動詞 2＋賓語 1＋賓語 2	黜陟幽明。《虞夏書・舜典》
③	主語	＋動詞＋賓語直＋于＋賓語間	矧今天降戾于周邦？《周書・大誥》
④	主語	＋動詞＋賓語間＋于＋賓語直	予告汝于難。《商書・盤庚》
⑤	主語	＋動詞＋賓語間＋賓語直	天乃錫禹洪範九疇。《周書・洪範》
⑥	主語	＋賓語＋動詞＋賓語＋動詞；（賓語前置）	是崇是長，是信是使。《周書・牧誓》

雙動、單賓

編號	句　型		例　句
①	主語	動詞 1＋賓語 1＋動詞 2	師錫帝曰。《虞夏書・堯典》
②	主語	動詞 1＋動詞 2＋賓語。	惠康小民。《周書・文侯之命》

單動、雙賓

編號	句　型		例　句
①	主語	動詞＋賓語 1＋賓語 2	其歸視爾師，寧爾邦《周書・文侯之命》

參考書目

一、古 籍

（一）經 部

1. 〔清〕阮元刻本，《十三經注疏・詩經》（台北：藝文印書館，1955 年）。
2. 〔清〕阮元刻本，《十三經注疏・尚書》（台北：藝文印書館，1955 年）。
3. 〔清〕阮元刻本，《十三經注疏・易經》（台北：藝文印書館，1955 年）。
4. 〔清〕阮元刻本，《十三經注疏・周禮》（台北：藝文印書館，1955 年）。
5. 〔清〕阮元刻本，《十三經注疏・儀禮》（台北：藝文印書館，1955 年）。
6. 〔清〕阮元刻本，《十三經注疏・禮記》（台北：藝文印書館，1955 年）。
7. 〔清〕阮元刻本，《十三經注疏・左傳》（台北：藝文印書館，1955 年）。
8. 〔清〕阮元刻本，《十三經注疏・公羊傳》（台北：藝文印書館，1955 年）。
9. 〔清〕阮元刻本，《十三經注疏・爾雅》（台北：藝文印書館，1955 年）。
10. 〔清〕阮元刻本，《十三經注疏・論語》（台北：藝文印書館，1955 年）。
11. 〔清〕阮元刻本，《十三經注疏・孟子》（台北：藝文印書館，1955 年）。
12. 〔漢〕戴德，《大戴禮記》（台北：台灣商務印書館，1989 年 5 月）。

（二）史 部

1. 〔北齊〕魏收、〔清〕謝啓昆，《魏書》（台北：鼎文書局，1975 年）。
2. 〔唐〕房玄齡，《晉書》（台北：鼎文書局，1976 年）。
3. 〔唐〕李延壽，《北史》（台北：鼎文書局，1976）。
4. 〔唐〕李延壽，《南史》（台北：鼎文書局，1976）。
5. 〔後晉〕劉昫，《舊唐書》（台北：鼎文書局，1976 年）。

6. 〔北宋〕歐陽修、宋祁，《新唐書》（台北：鼎文書局，1976 年）。

7. 〔西漢〕劉向集錄，《戰國策》（上海：古籍出版社，1978 年）。

8. 〔元〕脫脫，《宋史》（台北：鼎文書局，1978 年）。

9. 〔周〕左丘明，《國語》（台北：里仁書局，1980 年）。

10. 〔漢〕司馬遷，《史記》（台北：鼎文書局，1981 年）

11. 〔南宋〕范曄，《後漢書》（台北：鼎文書局，1981 年）。

12. 〔漢〕班固，《漢書》（台北：鼎文書局，1986 年）。

（三）子　部

1. 〔周〕晏嬰《晏子春秋》，（北京：中華書局，1965 年）。

2. 〔周〕尹文，《尹文子》（台北：世界書局，1978 年）。

3. 〔周〕荀況，《荀子》（台北：學生書局，1981 年）。

4. 〔漢〕劉安、〔漢〕高誘注，《淮南子》（台北：台灣中華書局，1981 年）。

5. 〔明〕胡廣奉敕，《性理大全》（台北：台灣商務印書館，1983 年 8 月）。

6. 〔周〕呂不韋輯、陳奇猷校，《呂氏春秋》（台北：華正書局，1985 年）。

7. 〔周〕墨翟，《墨子》（台北：華正書局，1987 年）。

8. 〔漢〕王充、黃暉校《論衡校釋》，（北京：中華書局，1990 年）。

9. 〔東晉〕葛洪，《抱朴子外篇》（北京：中華書局，1991 年 12 月）。

10. 〔周〕莊周，《莊子》（北京：中華書局，1995 年）。

（四）集　部

1. 〔清〕嚴可均校，《全上古三代秦漢三國六朝文》（北京：中華書局，1958 年）。

2. 〔唐〕柳宗元，《柳宗元全集》（台北：漢京出版社，1982 年 5 月）。

3. 〔清〕董誥編，《全唐文》（北京：中華書局，1983 年）。

4. 〔漢〕王符、〔清〕汪繼培箋、彭鐸校，《潛夫論箋校正》（北京：中華書局，1985 年）。

5. 〔清〕乾隆御纂，《全唐詩》（北京：中華書局，1985 年）。

6. 〔梁〕蕭統編，〔唐〕李善注，《文選》（台北：文津出版，1987 年）。

7. 〔宋〕洪興祖，《楚辭補注》（台北：天工書局，1989 年）。

（五）其　他

1. 〔宋〕蔡沈，《書經集傳》（台北：世界書局，1969 年 8 月）。

2. 〔唐〕劉知幾、浦起龍釋《史通通釋》，（台灣：里仁書局，1971 年 9 月）。

3. 〔清〕皮錫瑞，《經學通論》（台北：河洛圖書出版，1974 年 12 月）。

4. 〔清〕孫星衍，《尚書今古文注疏》（台北：廣文書局，1975 年 1 月）。

5. 〔清〕章學誠，《文史通義》（台北：鼎文書局，1977 年 3 月）。

6. 〔清〕皮錫瑞，《經學歷史》（台北：漢京文化出版，1983 年 9 月）。

7. 〔清〕馬建忠，《馬氏文通》（台北：世界書局，1989 年 11 月）。

8. 〔清〕段玉裁，《古文尚書撰異序》（上海：上海古籍出版，1995 年）。

9. 〔清〕孫詒讓，《尚書駢枝》（上海：上海古籍出版，1995 年）。

10. 〔清〕紀昀，《四庫全書總目提要》（北京：中華書局，1997 年）。

11. 〔清〕王引之，《經傳釋詞》（江蘇：江蘇古籍出版，2000 年 9 月）。

12. 〔清〕王國維，《觀堂集林》（河北：河北教育出版，2001 年 11 月）。

二、專　書

（一）尚　書

1. 屈萬里，《尚書釋義》（台北：華岡書局，1972 年 4 月）。

2. 楊筠如，《尚書覈詁》（台北：學海出版社，1978 年）。

3. 張振林，《先秦古文字材料中的語氣詞》，《古文字研究》第七輯（北京：中華書局，1982 年）。

4. 曾運乾，《尚書正讀》（台北：洪氏出版，1975 年 3 月）。

5. 朱祖義，《尚書句解》（台北：臺灣商務，1983 年）。

6. 黃度，《尚書說》（台北：臺灣商務，1983 年）。

7. 屈萬里，《尚書集釋》（台北：聯經出版，1983 年 2 月）。

8. 周秉鈞，《尚書易解》（長沙：岳麓書社，1984 年 6 月）。

9. 劉起釪，《尚書學史》（北京：中華書局，1989 年 6 月）。

10. 于省吾，《雙劍誃尚書新證》（上海：上海書店，1999 年 4 月）。

11. 周秉鈞校，錢宗武、江灝譯注，《尚書》（台北：台灣古籍出版，2001 年 11 月）。

12. 錢宗武，《尚書新箋與上古文明》（北京：北京大學出版，2004 年 7 月）。

13. 顧頡剛、劉起釪，《尚書校釋議論》（北京：中華書局，2005 年 4 月）。

14. 錢宗武，《尚書新箋與上古文明》（北京：北京大學出版，2005 年 4 月）。

15. 郭建勳，《尚書讀本》（台北：三民書局，2005 年 5 月）。

（二）語　法

1. 廖庶謙，《口語語法》（上海：讀書出版，1946 年 6 月）。

2. 楊樹達，《高等國文法》（台北：鼎文書局，1972 年 8 月）。

3. 楊樹達、楊伯峻，《楊樹達詞詮叔姪文法名著三種·詞詮》（台北：鼎文書局，1972 年 9 月）。

4. 沙夫（Adam Schaff），《語義學引論》（北京：商務印書館，1979 年 6 月）。

5. 殷孟倫、殷煥先，《古漢語簡論》（濟南：山東人民出版社，1979 年）。

6. 趙元任，《中國話的文法》（香港：中文大學，1980 年 12 月）。

7. 黎錦熙，《國語文法》（台北：里仁書局，1982 年 10 月）。

8. 王力，《中國現代語法》（北京：商務印書館，1985 年 6 月）。

9. 張靜，《現代漢語》（上海：教育出版，1986 年，6 月）。

10. 朱振家，《古代漢語》第一冊（北京：中央廣播電視大學出版，1990 年 6 月）

11. 許世瑛，《中國文法講話》（台北：台灣開明書店，1990 年 8 月）。

12. 呂叔湘，《中國文法要略》（台北：文史哲出版，1992 年 9 月）。

13. 高名凱，《漢語語法論》（台北：台灣開明書店，1993 年 2 月）。

14. 張玉金，《甲骨文虛詞研究》（北京：中華書局，1994 年）。

15. 崔永東，《西周金文虛詞集釋》（北京：中華書局，1994 年）。

16. 孫良明，《古代漢語語法變化研究》（北京：語文出版，1994 年 2 月）。

17. 譚全基，《古代漢語基礎》（台北：華正書局，1994 年 3 月）。

18. 馮契，《邏輯思維的辯証法》（上海：華東師範大學出版，1996 年）。

19. 郭錫良，《古代漢語》第一冊（北京：商務印書館，1996 年 6 月）。

20. 呂叔湘，《現代漢語八百詞》（北京：商務印書館，1999 年，1 月）。

21. 呂冀平，《漢語語法基礎》（北京：商務印書館，2000 年 1 月）。

22. 王海棻，《古代漢語簡明讀本》（北京：社會科學文獻出版，2000 年 4 月）。

23. 張世祿，《古代漢語教程》（上海：復旦大學出版，2000 年 7 月）。

24. 黃六平，《漢語文言語法綱要》（台北：華正書局，2000 年 8 月）。

25. 張玉金，《西周漢語語法研究》（北京：商務印書館，2000 年 8 月）。

26. 洪成玉，《古代漢語教程》（北京：中華書局，2001 年 3 月）。

27. 楊如雪編，《文法與修辭》上冊（台北：康熙圖書出版，2001 年 8 月）。

28. 張雙棣，《古代漢語知識教程》（北京：北京大學出版，2002 年 6 月）。

29. 楊伯峻、何樂士，《古漢語語法及其發展》（北京：語文出版，2003 年 1 月）。

30. 張文國、張能甫，《古漢語語法學》（成都：巴蜀書社出版，2003 年 3 月）。

31. 王力，《漢語史稿》（北京：中華書局，2003 年 6 月）。

32. 王力，《漢語語法史》（北京：商務印書館，2003 年 6 月）。

33. 呂叔湘,《語法研究入門》(北京:商務印書館,2003 年 6 月)。

34. 張雙棣編,《古代漢語知識教程》(北京:北京大學出版,2003 年 6 月)。

35. 左松超,《文言語法綱要》(台北:五南書局,2003 年 8 月)。

36. 劉景農,《漢語文言語法》(北京:中華書局,2003 年 10 月)。

37. 馬漢麟,《古代漢語講義》(天津:天津古籍出版,2004 年 2 月)。

38. 李佐豐,《上古語法研究》(北京:北京廣播學院出版,2004 年 8 月)。

39. 朱德熙,《語法講義》(北京:商務印書館,2004 年 8 月)。

40. 張玉金,《西周漢語語法研究》(北京:商務印書館,2004 年 8 月)。

41. 錢宗武,《今文尚書語法研究 》(北京:商務印書館,2004 年 10 月)。

42. 王力,《古代漢語》(北京:中華書局,2004 年 11 月)。

43. 張世祿,《古代漢語教程》(上海:復旦大學出版,2005 年 1 月)。

(三)其 他

1. 劉師培,《國學發微》(台北:廣文書局,1970 年 10 月)。

2. 余嘉錫撰、周祖謨、余淑宜整理,《世說新語箋疏》(台北:華正書局,1984 年)。

3. 李威熊先生,《中國經學發展史論》(台北:文史哲出版,1988 年 12 月)。

4. 李正光編,《馬王堆漢墓帛書竹簡》(長沙:湖南美術,1988 年) 。

5. 林慶彰,《中國經學史論文選集》(上冊),(臺北:文史哲出版社,1992 年 6 月)。

6. 羅振玉,《殷虛書契前編》(天津:天津古籍出版,1993 年 5 月)。

7. 詹鍈,《文心雕龍義證》(上海:上海古籍出版社,1996 年 6 月)。

8. 馬宗霍,《中國經學史》(台北:台灣商務印書館,2000 年 11 月)。

9. 荊門市博物館編,《郭店楚墓竹簡》,(北京:文物出版,2002 年)。

10. 馬承源編,《上海博物館藏戰國楚竹書》,(上海:上海古籍出版,2002 年 12 月)。

11. 葉國良,《經學通論》(台北:大安出版,2005 年 8 月)。

三、期 刊

1. 王力,〈中國文法中的繫詞〉,《清華學報》12 卷 1 期(1937 年)。

2. 戴璉璋,〈尚書判斷句、準判斷句探究〉,《淡江學報》5 期(1966 年)。

3. 席澤宗,〈馬王堆漢墓帛書中的彗星圖〉,《文物》第 2 期(1978 年)。

4. 林序達,〈判斷詞「是」的形成和發展〉,《西南師院學報》(1979 年 2 月)。

5. 董希謙,〈古漢語繫詞「是」的產生和發展〉,《河南大學學報》(1985 年 2 月)。

6. 徐杰、張林林,〈疑問程度與疑問句式〉,《江西師大學報》(1985 年 2 月)。

7. 黃國苣,〈「嗎」字句用法初探〉,《語言研究》(1986 年 2 月)。

8. 唐鈺明,〈中古「是」字判斷句述要〉,《中國語文》(1992 年 5 月)。

9. 王霽雲,〈從《詩經》看古漢語判斷詞「是」的產生〉,《齊齊哈爾師範學院學報》(1992 年 6 月)。

10. 齊正喜,〈疑問句、句型初探〉,《北京政法職業學院學報》1 期 (1994 年)。

11. 朱曉亞,〈現代漢語感嘆句初探〉,《徐州師範學院學報》(哲學社會科學版) 第 2 期 (1994 年)。

12. 毛玉玲,〈判斷詞「是」和指示代詞「是」的再探討〉,《雲南師範大學哲學社會科學學報》第 26 卷第 3 期 (1994 年 6 月)。

13. 萬益,〈從《尚書》、《詩經》的語言現象看古漢語嘆詞的表意功能〉,《廣東教育學院學報》(社會科學版) 第 8 期 (1994 年)。

14. 于康,〈漢語「是非問句」與日語「肯否性問句」的比較〉,《世界漢語教學》第 2 期 (總第 32 期) (1995 年)。

15. 齊正喜,〈古代漢語疑問句中的有關問題〉,《北京政法職業學院學報》2 期 (1995 年)。

16. 錢宗武,〈論今文《尚書》的語法特點及語料價值〉,《湖南師範大學社會科學學報》第 4 期 (1995 年)。

17. 商拓,〈淺論理想祈使語氣的表達〉,《貴州教育》第 9 期 (1996 年),

18. 劉捷〈古漢語中的「判斷句」淺析〉,《懷化師專學報》第 16 卷第 2 期 (1997 年 6 月)。

19. 沈丹蕾,〈試論今文《尚書》的嘆詞〉,《廣西師範大學學報》第 2 期 (1998 年)。

20. 余心樂、雷良啟,〈今文《尚書》語言研究的重大創獲〉,《古漢語研究》第 1 期 (1999 年)。

21. 陳寶勤,〈繫詞「是」字判斷句的產生與發展〉,《瀋陽大學學報》第 1 期 (1999 年)。

22. 汪業全,〈漢碑文「惟」字考察〉,《廣西師範大學學報》第 2 期 (1999 年)。

23. 李秀,〈試論現代漢語的疑問句式〉,《內蒙古師大學報》(哲學社會科學版) 第 6 期 (1999 年)。

24. 宋金蘭,〈古漢語判斷句詞序的歷史演變——兼論也的性質〉,《語文研究》第 4 期 (總第 73 期) (1999 年)。

25. 錢宗武、劉彥杰,〈今文《尚書》判斷句研究〉,《湖南師範大學社會科學

學報》第 28 卷第 6 期（1999 年）。

26. 李生信，〈古今漢語疑問代詞的發展與變化〉，《固原師專學報》總第 20 卷第 7 期（1999 年）。

27. 曹小雲，〈《論衡》疑問句式研究〉，《安徽師範大學學報》第 28 卷第 2 期（2000 年 5 月）。

28. 洪波，〈先秦判斷句的幾個問題〉，《南開學報》第 5 期（2000 年）。

29. 肖婭曼，〈判斷詞「是」是分化而來〉，《西南民族學院學報》（哲學社會科學版）（2001 年 4 月）。

30. 白振有，〈《列子》疑問代詞討論〉，《延安大學學報》第 23 卷第 2 期（2001 年 6 月）。

31. 薛玉萍，〈漢語祈使句和形容詞的類〉，《語言與翻譯》第 4 期（總第 68 期）（2001 年）。

32. 蔣重母，〈《孟子》疑問句研究〉，《天中學刊》第 16 卷第 4 期（2001 年 8 月）。

33. 王向清，〈疑問：馮契認識論的重要範疇〉，《湘潭師範學院學報》第 23 卷第 6 期（2001 年 11 月）。

34. 劉忠華，〈古代漢語判斷句的確認問題〉，《漢中師範學院學報社會科學》，第 1 期（總第 69 期）（2002 年）。

35. 吳瓊，〈試論「惡、安、焉」的演變和「那（哪）」的產生〉，《語言研究》特刊（2002 年）。

36. 王光和，〈漢語感嘆句形式特點淺析〉，《貴州大學學報》（社會科學版）第 20 卷第 5 期（2002 年 9 月）。

37. 周靜，〈漢語中無標記否定表達手段探微〉，《商丘師範學院學報》第 19 卷第 1 期（2003 年 2 月）。

38. 張則橋，〈古代漢語中的「是」何時開始作判斷詞〉，《青島職業技術學院學報》第 16 卷第 4 期（2003 年 12 月）。

39. 孫汝建，〈句子的否定和句子的局部否定〉，《南通師範學院學報》（2004 年 6 月）

40. 周國光，〈現代漢語陳述理論述略〉，《暨南大學華文學院學報》第 3 期（2004 年）。

41. 賀敬華、劉金虎，〈古代漢語的判斷句〉，《大慶師範學院學報》第 25 卷第 1 期（2005 年 1 月）。

42. 徐啟庭，〈先秦判斷詞研究的幾個原則〉，《福建師范大學學報》（哲學社會科學版）第 2 期（2005 年）。

43. 鄭麗欽，〈淺析《尚書》中「惟」字的英譯〉，《長春師範學院學報》（人文

社會科學版）第 24 卷第 3 期（2005 年 5 月）。

四、學位論文

1. 譚固賢，《太史公尚書說》（台北：國立臺灣大學中國文學系研究所碩士論文，54 學年）。

2. 何淑貞，《尚書語法探究》（台北：國立臺灣大學中國文學系研究所碩士論文，58 學年）。

3. 許錟輝先生，《先秦典籍引尚書考》（台北：國立臺灣師範大學中國文學研究所博士論文，59 學年）

4. 李偉泰，《兩漢尚書學及其對當時政治的影響》（台北：國立臺灣大學中國文學系研究所碩士論文，60 學年）。

5. 陳品卿，《尚書鄭氏學》（台北：國立臺灣師範大學中國文學研究所博士論文，62 學年）。

6. 吳永猛，《洪範經濟思想之研究》（台北：文化大學經濟研究所博士論文，63 學年）。

7. 黎建寰，《尚書周書考釋》（台北：國立臺灣師範大學歷史研究所博士論文，63 學年）。

8. 錢昭萍，《尚書「德」概念研究》（台北：輔仁大學哲學研究所碩士論文，67 學年）。

9. 蔣秋華，《宋人洪範學》（台北：國立臺灣大學中國文學研究所碩士論文，69 學年）。

10. 黃忠慎，《尚書洪範研究》（台北：國立政治大學中國文學研究所碩士論文，69 學年）。

11. 廖雲仙，《虞夏商書斠理》（台北：國立臺灣師範大學中國文學研究所碩士論文，69 學年）。

12. 傅兆寬，《明梅鷟、郝敬尚書古文辨之異同》（台北：文化大學中國文學系研究所博士論文，69 學年）。

13. 陳正香，《尚書商書研究》（台北：文化大學中國文學研究所碩士論文，71 學年）。

14. 蔡根祥先生，《後漢書尚書考辨》（台北：國立臺灣師範大學國文學系碩士論文，72 學年）。

15. 張女權，《尚書政治思想研究》（台北：輔仁大學中國文學研究所碩士論文，74 學年）。

16. 傅佩琍，《王莽之尚書學與行政》（台北：國立台灣大學中國文學研究所碩士論文，76 學年）。

17. 歐慶亨，《三國尚書學考述》（台北：國立臺灣師範大學中國文學研究所碩士論文，76 學年）。

18. 金汀煥，《尚書盤庚篇集釋》（台北：國立臺灣師範大學國文研究所碩士論文，77 學年）。

19. 張曉生，《姚際恒及其尚書禮記學》（台北：東吳大學中國文學研究所碩士論文，78 學年）。

20. 姜允玉，《尚書通假字研究》（台北：國立政治大學中國文學研究所碩士論文，81 學年）。

21. 許華峰，《閻若璩尚書古文疏證的辨偽方法》（台北：國立中央大學中國文學研究所碩士論文，82 學年）。

22. 吳國宏，《孫星衍尚書今古文注疏研究》（台北：國立中正大學中國文學研究所碩士論文，82 學年）。

23. 趙麗君，《尚書堯典研究》（台北：國立中正大學中國文學研究所碩士論文，81 學年）。

24. 林登昱，《林之奇尚書全解研究》（台北：國立中正大學中國文學研究所碩士論文，82 學年）。

25. 周少豪，《漢書引尚書研究》（台北：國立政治大學中國文學系碩士論文，85 學年）。

26. 游均晶，《蔡沈書集傳研究》（台北：東吳大學中國文學系碩士論文，85 學年）。

27. 林登昱，《尚書在古史辨思潮中的新發展》（台北：國立中正大學中國文學系博士論文，87 學年）。

28. 張靜婷，《王船山尚書引義政治實踐問題之研究》（台北：國立中央大學中國文學研究所碩士論文，88 學年）。

29. 夏鄉，《皮錫瑞尚書學述》（台北：國立臺灣師範大學國文研究所碩士論文，91 學年）。

30. 陳韋在，《焦循尚書學研究》（台北：國立臺灣師範大學國文研究所碩士論文，92 學年）。

31. 何銘鴻，《皮錫瑞尚書學研究》（台北：臺北市立師範學院應用語言文學研究所碩士論文，92 學年）。

附　錄

附錄一：〈微子〉「原文」、「注」、「疏」對照表

經文	注	疏
微　子	微，圻內國名。子，爵。爲紂卿士，去無道。	傳"微圻"至"無道"○正義曰：微國在圻內，先儒相傳爲然。鄭玄以爲微與箕俱在圻內，孔雖不言箕，亦當在圻內也。王肅云："微，國名。子，爵。入爲王卿士。"肅意蓋以微爲圻外，故言"入"也。微子名啓，《世家》作開，避漢景帝諱也。啓與其弟仲衍，皆是紂之同母庶兄，《史記》稱"微仲衍"。衍亦稱"微"者，微子封微，以微爲氏，故弟亦稱微，猶如春秋之世虞公之弟稱虞叔，祭公之弟稱祭叔。微子若非大臣，則無假憂紂，亦不必須去，以此知其爲卿士也。傳云"去無道"者，以"去"見其爲卿士也。
微子若曰："父師、少師，	父師，太師，三公，箕子也。少師，孤卿，比干。微子以紂距諫，知其必亡，順其事而言之。	〔疏〕"微子"至"於今"○正義曰：微子將欲去殷，順其去事而言，曰"父師"、"少師"，呼二師與之言也。今殷國其將不復有治正四方之事，言其必滅亡也。昔我祖成湯，致行其道，遂其功業，陳列於上世矣。今我紂惟用沈湎酗醟於酒，用是亂敗其祖之德於下。由紂亂敗之故，今日殷人無不小大皆好草竊姦宄。雖在朝卿士，相師師爲非法度之事。朝廷之臣皆有辜罪，乃無有一人能秉常得中者。在外小人，方方各起，相與共爲敵讎。荒亂如此，今殷其沒，亡若涉大水，其無津濟涯岸。殷遂喪亡，言不復久也。"此喪亡於是，至於今，到必不得更久也"。○傳"父師"至"言之"○正義曰：以《畢命》之篇王呼畢公爲"父師"，畢公時爲太師也。《周官》云："太師、太傅、太保，茲惟三公。少師、少傅、少保曰三孤。"《家語》云："比干官則少師。"少師是比干，知太師是箕子也。偏檢書傳，不見箕子之名，惟司馬彪注《莊子》云：

		"箕子名胥餘。"不知出何書也。《周官》以少師爲孤，此傳言"孤卿"者，孤亦卿也，《考工記》曰"外有九室，九卿朝焉"，是三孤六卿共爲九卿也。比干不言封爵，或本無爵，或有而不言也。《家語》云："比干是紂之親，則諸父。"知比干是紂之諸父耳。箕子則無文。《宋世家》云："箕子者，紂親戚也。"止言親戚，不知爲父爲兄也。鄭玄、王肅皆以箕子爲紂之諸父，服虔、杜預以爲紂之庶兄，既無正文，各以意言之耳。微子以紂距諫，知其必亡，心欲去之，故順其去事而言，呼二師以告之。
殷其弗或亂正四方。	言殷其不有治正四方之事，將必亡。	○傳"或有"至"必亡"○正義曰："或"者不定之辭，其事欲當然，則是有此事，故以"或"爲有也。鄭玄《論語注》亦云："或之言有也，不有言無也。"天子，天下之主，所以治正四方，"言殷其不有治正四方之事"，言將必亡。
我祖底遂陳於上，	言湯致遂其功，陳列於上世。或，有也。	
我用沈酗於酒，用亂敗厥德於下。	我，紂也。沈湎酗醟，敗亂湯德於後世。	
殷罔不小大，好草竊姦宄。	草野竊盜，又爲姦宄於內外。	○傳"我紂"至"後世"○正義曰：嗜酒亂德，是紂之行，故知"我"，我紂也。人以酒亂，若沈於水，故以耽酒爲"沈"也。湎然是齊同之意，《詩》云："天不湎爾以酒。"鄭云："天不同汝顏色以酒。"是"湎"謂酒變面色，湎然齊同，無復平時之容也。《說文》云："酗，醟也。"然則"酗"、"醟"一物，謂飲酒醉而發怒。經言亂敗其德，必有所屬，上言"我祖"指謂成湯，知言"敗亂湯德於後世"也。上謂前世，故下爲後世也。
卿士師師非度，凡有辜罪，乃罔恒獲。	六卿典士相師效，爲非法度，皆有辜罪，無秉常得中者。	○傳"六卿"至"中者"○正義曰："士"訓事也，故"卿士"爲"六卿典事"。"師師"言相師效爲非法度之事也。止言"卿士"，以貴者尚爾，見賤者皆然。故王肅云："卿士以下，轉相師效爲非法度之事也。"鄭云："凡猶皆也。"傳意亦然，以"凡"爲皆，言卿士以下在朝之臣，其所舉動皆有辜罪，無人能秉常行得中正者。
小民方興，相爲敵讎。	卿士既亂，而小人各起一方，共爲敵讎。言不和同。	
今殷其淪喪，若涉大水，其無津涯。	言殷將沒亡，如涉大水，無涯際，無所依就。	

殷遂喪，越至於今。	淪，沒也。言遂喪亡於是，至於今，到不待久。	
曰：「父師、少師，我其發出狂，吾家耄遜於荒。	我念殷亡，發疾生狂，在家耄亂，故欲遜出於荒野。言愁悶。	〔疏〕"曰父師"至"何其"○正義曰：微子既言紂亂，乃問身之所宜，止而復言，故別加一"曰父師少師"，更呼而告之也。"我念殷亡之故，其心發疾生狂，吾在家心內耄亂，欲遜遯出於荒野。今汝父師少師無指滅亡之意告我云，殷邦其隕墜，則當如之何其救之乎？"恐其留己共救之也。○傳"我念"至"愁悶"○正義曰：狂生於心而出於外，故傳以"出狂"爲"生狂"。應璩詩云"積念發狂癡"，此其事也。在家思念之深，精神益以耄亂。鄭玄云："耄，昏亂也。"在家不堪耄亂，故欲遜出於荒野，言愁悶之至。《詩》云："駕言出遊，以寫我憂。"亦此意也。
今爾無指告予，顛隮，若之何其？	汝無指意告我殷邦顛隕隮墜，如之何其救之？	○傳"汝無"至"救之"○正義曰："無指意告我者"，謂無指滅亡之事告我，言殷將隕墜，欲留我救之。"顛"謂從上而隕，"隮"謂墜於溝壑，皆滅亡之意也。昭十三年《左傳》曰："小人老而無子，知隮於溝壑矣。"王肅云："隮，隮溝壑。"言此"隮"之義如《左傳》也。
父師若曰："王子，	比干不見，明心同，省文。微子帝乙元子，故曰王子。	〔疏〕"父師"至"行遯"○正義曰：父師亦順其事而報微子曰："王子，今天酷毒下災，生此昏虐之君，以荒亂殷之邦國。紂既沈湎，四方化之，皆起而沈湎酗酒於酒，不可如何。小人皆自放恣，乃無所畏。上不畏天災，下不畏賢人，違戾其耆老之長與舊有爵位致仕之賢人。今殷民乃攘竊祭祀神祇之犧牷牲用，以相通容，行取食之，無災罪之者。"盜天地大祀之物用而不得罪，言政亂甚也。"我又下視殷民，所用爲治者，皆讎怨斂聚之道"也。言重賦傷民，民以在上爲讎，重賦乃是斂讎也。"既爲重賦，又急行暴虐，此所以益招民怨，是乃自召敵讎不懈怠也。上下各有罪，合於一紂之身"。言紂化之使然也。"故使民多瘠病，而無詔救之者。商今其有滅亡之災，我起而受其敗。商其沒亡喪滅，我無所爲人臣僕"。言不可別事他人，必欲諫取死也。"我教王子出奔於外，是道也。我久云子賢，言於帝乙，欲立子，不肯。我乃病傷子不得立爲王，則宜終爲殷後。若王子不出，則我殷家宗廟乃隕墜無主"。既勸之出，即與之別云："各自謀行其志，人人各自獻達於先王，我不顧念行遯之事。"明期與紂俱死。○傳"比干"至"王子"○正義曰：詰二人而一人答，"明心同，省文"也。鄭云："少師不答，志在必死。"然則箕子本意豈必求生乎？身若求生，何以不去？既"不顧行遯"，明期於必死，但紂自不殺之耳。若比干意異，箕子別有答，安得默而不呼？孔解"心同"是也。"微子帝乙元子"，《微子之命》有其文也。父師言微子爲"王子"，則父師非王子矣，鄭、王等以爲紂之諸父當是實也。

經文	傳	正義
天毒降災荒殷邦，方興沈酗於酒，	天生紂爲亂，是天毒下災，四方化紂沈湎，不可如何。	○傳“天生”至“如何”○正義曰：“荒殷邦”者，乃是紂也，而云“天毒降災”，故言“天生紂爲亂”，本之於天，天毒下災也。以微子云“若之何”，此答彼意，故言“四方化紂沈湎，不可如何”。
乃罔畏畏，咈其耇長舊有位人。	言起沈酗，上不畏天災，下不畏賢人。違戾耇老之長致仕之賢，不用其教，法紂故。	○傳“言起”至“紂故”○正義曰：文在“方興沈酗”之下，則此無所畏畏者，謂當時四方之民也。民所當畏，惟畏天與人耳，故知二畏者，上不畏天，下不畏賢人。違戾耇長與舊有位人，即是不畏賢人，故不用其教，紂無所畏，此民無所畏，謂法紂故也。
今殷民乃攘竊神祇之犧牷牲用，以容將食，無災。	自來而取曰攘。色純曰犧。體完曰牷。牛羊豕曰牲。器實曰用。盜天地宗廟牲用，相容行食之，無災罪之者。言政亂。	○傳“自來”至“政亂”○正義曰：“攘”、“竊”同文，則“攘”是竊類。《釋詁》云：“攘，因也。”是因其自來而取之名“攘”也。《說文》云：“犧，宗廟牲也。”《曲禮》云：“天子以犧牛。”天子祭牲必用純色，故知“色純曰犧”也。《周禮》：“牧人掌牧六牲，以供祭祀之性牷。”以“牷”爲言，必是體全具也，故“體完曰牷”。經傳多言“三牲”，知“牲”是牛羊豕也。以“犧”、“牷”、“牲”三者既爲俎實，則“用”者簠簋之實，謂黍稷稻粱，故云“器實曰用”，謂粢盛也。《禮》“天曰神，地曰祇”，舉天地則人鬼在其間矣，故總云“盜天地宗廟牲用”也。訓“將”爲行，“相容行食之”謂所司相通容，使盜者得行盜而食之。大祭祀之物，物之重者，盜而無罪，言政亂甚也。漢魏以來著律皆云：“敢盜郊祀宗廟之物，無多少皆死。”爲特重故也。
降監殷民，用乂讎斂，召敵讎不怠。	下視殷民，所用治者，皆重賦傷民、斂聚怨讎之道，而又亟行暴虐，自召敵讎不解怠。	○傳“下視”至“懈怠”○正義曰：箕子身爲三公，下觀世俗，故云“下視殷民”。“所用治者”謂卿士已下是治民之官也。以紂暴虐，務稱上旨，“皆重賦傷民”。民既傷矣，則以上爲讎，《泰誓》所謂“虐我則讎”是也。重斂民財，乃是“聚斂怨讎之道”。既爲重斂，而又亟行暴虐。亟，急也。急行暴虐，欲以威民，乃是“自召敵讎”。勤行虐政，是“不懈怠”也。
罪合於一，多瘠罔詔。	言殷民上下有罪，皆合於一法紂，故使民多瘠病，而無詔救之者。	
商今其有災，我興受其敗。	災滅在近，我起受其敗，言宗室大臣義不忍去。	
商其淪喪，我罔爲臣僕。詔王子出迪。	商其沒亡，我二人無所爲臣僕，欲以死諫紂。我教王子出，合於道。	○傳“言將”至“一途”○正義曰：不肯遯以求生，“言將與紂俱死”也。或去或留，所執各異，皆歸於仁。孔子稱“殷有三仁焉”，是“皆歸於仁”也。《易繫辭》曰：“君子之道，或出或處，或默或語。”是“非一途”也。何晏云：“仁者愛人，三人行異而同稱仁者，以其俱在憂亂寧民。

我 舊 云 刻子，王子弗出，我乃顚隮。	我久知子賢，言於帝乙。病立子，帝乙不肯。病子不得立，則宜爲殷後者子。今若不出逃難，我殷家宗廟乃隕墜無主。	○傳"刻病"至"無主"○正義曰："刻"者，傷害之義，故爲病也。《呂氏春秋·仲冬紀》云："紂之母生微子啓與仲衍，其時猶尙爲妾，改而爲妻後生紂。紂之父欲立微子啓爲太子，太史據法而爭，曰：'有妻之子，不可立妾之子。'故立紂爲後。"於時箕子蓋謂請立啓而帝乙不聽，今追恨其事，我久知子賢，言於帝乙，欲立子爲太子，而帝乙不肯，我病子不得立，則宜爲殷後。
自靖人自獻於先王，	刻，病也。各自謀行其志，人人自獻達於先王，以不失道。	
我不顧行遯。	言將與紂俱死，所執各異，皆歸於仁，明君子之道，出處語默非一途。	○傳"商其"至"於道"○正義曰："有災"與"淪喪"一事，而重出文者，上言"商今其有災，我興受其敗"，逆言災雖未至，至則己必受禍；此言"商其淪喪，我罔爲臣僕"，豫言殷滅之後，言己不事異姓，辭有二意，故重出其文。我無所爲臣僕，言不能與人爲臣僕，必欲以死諫紂。但箕子之諫，值紂怒不甚，故得不死耳。"我敎王子出，合於道"，保全身命，終爲殷後，使宗廟有主，享祀不絕，是合其道也。

附錄二：《經傳釋詞》目錄與引《書》對照表

編　號	編　號	編　號	編　號
一·一	十一·止	二十一·今	三十一·有
二·於	十二·比	二十二·可	三十二·伊
三·也	十三·不	二十三·仍	三十三·夷
四·乃	十四·勿	二十四·且	三十四·行
五·以	十五·夫	二十五·只	三十五·吁
六·允	十六·由	二十六·末	三十六·而
七·云	十七·曰	二十七·因	三十七·如
八·孔	十八·安	二十八·用	三十八·耳
九·及	十九·台	二十九·聿	三十九·自
十·之	二十·乎	三十·亦	四十·抑

編　號	編　號	編　號	編　號
四十一・矣	五十一・或	六十一・來	七十一・洪
四十二・汔	五十二・況	六十二・些	七十二・疢
四十三・言	五十三・邪	六十三・徂	七十三・曷
四十四・那	五十四・宜	六十四・則	七十四・盍
四十五・直	五十五・其	六十五・所	七十五・俞
四十六・作	五十六・其	六十六・尚	七十六・羌
四十七・即	五十七・其	六十七・彼	七十七・故
四十八・每	五十八・居	六十八・非	七十八・苟
四十九・於	五十九・固	六十九・罔	七十九・奈
編　號	編　號	編　號	編　號
八十一・若	九十一・能	一百零一・猗	一百一十一・惡
八十二・思	九十二・徒	一百零二・詎	一百一十二・鄉
八十三・哉	九十三・茲	一百零三・都	一百一十三・幾
八十四・呰	九十四・旃	一百零四・聊	一百一十四・厥
八十五・者	九十五・時	一百零五・將	一百一十五・審
八十六・是	九十六・矧	一百零六・終	一百一十六・然
八十七・祇	九十七・率	一百零七・爽	一百一十七・斯
八十八・爲	九十八・惟	一百零八・庶	一百一十八・曾
八十九・豈	九十九・庸	一百零九・猶	一百一十九・曾
九十・皋	一百・許	一百一十・焉	一百二十・暜
編　號	編　號	編　號	編　號
一百二十一・孰	一百三十一・與	一百四十一・謂	一百五十一・適
一百二十二・寔	一百三十二・號	一百四十二・遐	一百五十二・疇
一百二十三・啻	一百三十三・蓋	一百四十三・噫	一百五十三・識
一百二十四・無	一百三十四・誕	一百四十四・懋	一百五十四・顧
一百二十五・當	一百三十五・爾	一百四十五・獨	一百五十五・儻
一百二十六・肆	一百三十六・逝	一百四十六・諸	一百五十六・屬
一百二十七・載	一百三十七・簭	一百四十七・緜	
一百二十八・噬	一百三十八・粵	一百四十八・雖	
一百二十九・嗟	一百三十九・嘻	一百四十九・薄	
一百三十・微	一百四十・誰	一百五十・歟	

《經傳釋詞》九十七·「率」（第三章　陳述句）

1.「用」也。	（1）《商書·盤庚》率籲眾戚之臣，出誓言以曉諭之也。（誓言：猶誥言也。爾雅：誥、誓、謹也。郭注曰：皆所以約勒謹戒眾是也，某氏傳曰：顧、和也；率眾憂之人，出正直之言，皆非是。尚書後案已辯之。） （2）書多士曰：予惟率肆矜爾。率、用也；肆、緩也。言「予惟用肆赦矜憐爾也」。 （3）《周書·君奭》予惟用閔於天越民。句法與此相似。（傳曰：我惟循殷故事憐愍汝。失之。辯見經義述聞。） （4）《周書·呂刑》故乃明於刑之中，率乂於民棐彝。率、用也。言「能明於刑之中正，用治於民，輔成常教也」。（傳曰：循道以治於民。失之。）
2. 家大人曰：「率、語助也」。	（1）《商書·湯誓》夏王率遏眾力，率割夏邑，有眾率怠弗協。（馬注：眾民相率感角不和同。失之。見史記殷本紀集解。） （2）《周書·君奭》率惟茲有陳，保乂有殷。（陳、道也，言惟茲有道諸臣，能保乂有殷也。率、、語助耳！王肅注曰：循此數臣，有陳列之功。失之。辯見經義述聞：我祖底遂，陳於上下。） （3）《周書·立政》亦越武王，率惟敉功，不敢替厥義德；率惟謀從容德。（案：敉、安也；功、事也。）言「武王惟安其故事，不敢廢文王之義德，又惟謀從寬容之德也」。兩「率」字皆語助，某氏傳曰：武王循惟文王，撫安天下之功。循惟謀從文王寬容之，皆失之。

《經傳釋詞》三十一·「有」（第三章　陳述句）（第六章　感嘆句）

1. 猶「或」也。	（1）《商書·盤庚》曰：乃有不吉不迪，顛越不恭，暫遇姦宄。「乃有」，「乃或」也。 （2）《周書·多士》曰：「朕不敢有後。」
2. 猶「又」也。	
3. 家大人曰：「有」猶「為」也。	
4. 狀物之詞也。若詩桃夭：「有蕡其實」。是也。他皆放此。	
5. 語助也。一字不	（1）若虞夏殷周皆國名，而曰：「有虞、有夏、有殷、有周」

| 成詞，則加「有」字以配之。 | 是也。凡國名之上加有字者，倣此。推之他類，亦多有此。故邦曰：「有邦」。《虞書・皋陶謨》曰：「亮采有邦，無教逸欲有邦」。家曰：「有家」。《虞書・皋陶謨》曰：「夙夜浚明有家」。《易・家人初九》曰：「閑有家」。室曰：「有室」。《周書・立政》曰：「乃有室大競」。廟曰：「有廟」。《易・萃渙二卦象辭竝》曰：「王假有廟」。居曰：「有居」。《商書・盤庚》曰：「民不適有居」。方曰：「有方」。《周書・多方》曰：「告猷爾有方多士」。夏曰：「有夏」。《周書・君奭》曰：「尚克脩和我有夏」。濟曰：「有濟」。僖二十一年《左傳》曰：「實司大皞與有濟之祀」。北曰：「有北」。昊曰：「有昊」。說文所無，應作「昊曰有昊」。詩巷伯投畀有北。又曰：「投畀有昊」。帝曰：「有帝」。昭二十九年《左傳》曰：「孔甲擾于有帝」。王曰：「有王」。《周書・召誥》曰：「有王雖小」。司曰：「有司」。正曰：「有正」。《周書・酒誥》曰：「庶王有正越庶伯君子」。僚曰：「有僚」。《周書・洛誥》曰：「伻嚮即有僚，明作有功。民曰：「有民」。《虞書・皋陶謨》曰：「予欲左右有民」。眾曰：「有眾」。《商書・湯誓》曰：今爾有眾。《商書・盤庚》曰：「其有眾咸造」。《商書・盤庚》幼曰：「有幼」。《商書・盤庚》曰：「無弱孤有幼」。政曰：「有政」。《論語・為政篇》引書曰：友于兄弟，施于有政。友事曰：「有事」。《易・震六五》曰：「兌喪有事」。功曰：「有功」。見上有僚下。比曰：「有比」。《商書・盤庚》曰：「曷不暨朕幼孫有比」。極曰：「有極」。《商書・洪範》曰：「皇建其有極」。又曰：會其有極，歸其有極」。梅曰：「有梅」。詩曰：「摽有梅」。旳曰：「有旳」。賓之初筵曰：「發彼有旳」。三宅曰：「三有宅」。三俊曰：「三有俊」。《周書・立政》曰：「乃用三有宅，克即宅。曰三有俊，克有俊」。三事曰：「三有事」。詩：「十月之交曰：擇三有事」。說經者未喻屬詞之例，往往訓為「有無」之「有」，失之矣。 |

《經傳釋詞》一百二十七・「肆」_{（第四章　祈使句）}

1.「遂」也。	(1)《虞夏書・堯典》曰：「肆類于上帝」。又曰：「肆覲東后」。
2. 爾雅曰：「肆、故也」。	(1)《周書・大誥》曰：「肆朕誕以爾東征」。漢書翟義傳、王莽倣大誥：作「故予大以爾東征」。
	(2)《周書・無逸》曰：「肆中宗之享國，七十有五年」。史記魯世家：「肆作故」

《經傳釋詞》六・「允」_{（第四章　祈使句）}

1. 猶「用」也。家大人曰：允、猶「用」也。（用亦語詞，義見用字下。）	（1）《虞書・堯典》曰：允釐百工。言「用釐百工」也。 （2）《虞書・皋陶謨》曰：允迪厥德。言「用迪厥德」也。庶君用諧。言「庶君用諧」也。（庶尹用諧，猶言神人以和。周官大司樂疏，引鄭注曰：允、信也。文義未安。） （3）《周書・大誥》曰：允蠢鰥寡。言「用動鰥寡」也。
2. 猶「以」也。	
3. 發語詞也。	

《經傳釋詞》六十六・「尚」（第四章　祈使句）

1. 說文曰：「尚、庶幾也」。字亦作「上」。詩陟岵篇：「山慎旃哉！」漢石經作「尚」。	
2. 詩小戎箋曰：「尚、猶也」。常語。	
3. 說文曰：「尚、曾也」。又曰：「曾、詞之舒也」。	

《經傳釋詞》九十七・「矧」（第四章　祈使句）

1. 爾雅曰：「矧、況也」。常語	
2. 猶「亦」也。	（1）《周書・唐誥》曰：元惡大憝，矧惟不孝不友。言「元惡大憝者，亦惟此不孝不友之人」。 （2）又曰：「不率大戛，矧惟外庶子訓人，惟厥正人，越小臣諸節，乃別播敷造民大譽，弗念弗庸，瘝厥君。」言「不率大戛者，亦惟此『瘝厥君』之人，下云：『亦惟君惟長』」。文義正相近也。 （3）《周書・君奭》曰：「商實百姓、王人，罔不秉德明恤；小臣屏侯甸，矧咸奔走。」言「亦咸奔走」也。

3. 猶「又」也。	(1)《周書‧大誥》曰：寧王惟卜用，克綏受茲命；今天其相民，矧亦惟卜用。言「又亦惟卜用也」。 (2)《周書‧酒誥》曰：汝劼毖殷獻臣，侯、甸、男、衛；矧太史友、內史友，越獻臣百宗工；矧惟爾事，服休、服采；矧惟若疇：圻父薄違，農父若保，宏父定辟，矧汝剛制於酒。「矧惟」，「又惟」也。下云：「又惟殷之迪諸臣惟工」；是也。 (3)《周書‧召誥》曰：今沖子嗣，則無遺壽者；曰：其稽我古人之德，矧曰其有能稽謀自天。言「既曰：『稽古人之德』；又曰：『稽謀自天也』」。以上二條，皆非「況」之一訓所能該也。

《經傳釋詞》九十六‧「時」（第四章　祈使句）

爾雅曰：「時、是也」。《虞書‧堯典》曰：「黎民於變時雍」。	

《經傳釋詞》一百一十‧「猶」（第四章　祈使句）

1. 禮記檀弓注曰：「猶、尚也」。常語也。	
2. 「若」也。	
3. 猶「均」也。物相若則均，故「猶」又有「均」義。	
4. 猶「可」也。	

《經傳釋詞》九十八‧「惟」（第六章　感嘆句）

1. 發語詞也。	(1)《虞書‧皋陶謨》曰：惟帝其難之。 (2)《周書‧洪範》曰：「惟十有三祀。」
2. 其在句中助語者：	(1)《虞書‧皋陶謨》曰：百工惟時。 (2)《周書‧大誥》曰：予惟小子。 (3)《周書‧召誥》曰：無彊無休，亦無彊惟恤。是也。
3. 「獨」也；常語也。或作「唯」、「維」；家大人曰，亦作「雖」。	

4. 薛綜注東京賦曰：「惟、有也」。	(1)《周書・酒誥》曰：我聞惟曰，我聞亦惟曰。皆言「我聞有此語也」。
5. 猶「乃」也。	(1)《周書・盤庚》曰：「非予自荒茲德，惟女含德，不惕予一人」。
6. 文選甘泉賦李善注曰：「惟、是也」。	(1)《周書・唐誥》曰：人有小罪，非眚，乃惟終。又曰：「乃有大罪非終，乃惟眚災適爾」 (2)《周書・多方》曰：「非我有周，秉德不康寧，乃惟爾自速辜。」是也。
7. 玉篇曰：「惟、爲也」。	(1)《虞夏書・皋陶謨》曰：萬邦黎獻，共惟帝臣。某氏傳曰：萬國眾賢，共爲帝臣。 (2)《周書・酒誥》曰：我民用大亂喪德，亦罔非酒惟行，越小大邦用喪，亦罔非酒惟辜。傳曰：「亦無非以酒爲行，亦無不以酒爲罪」。
8. 猶「以」也。	(1)《周書・盤庚》曰：「亦惟女故，以丕從厥志。」
9. 猶「與」也，「及」也。	(1)《虞夏書・禹貢》曰：「齒、革、羽、毛惟木。」 (2)《周書・酒誥》曰：百僚庶尹惟亞，惟服宗工，越百姓里居。 (3)《周書・多方》曰：「告爾四國多方，惟爾殷侯尹民」。 （下文曰：告爾有方多士，暨殷多士，文義正與此同。）

《經傳釋詞》八十一・「若」

1. 考工記梓人注曰：「若、如也」；常語。	
2. 若・猶「奈」也。凡經言「若何」，「若之何」者皆是。	
3. 詞。	(1)《周書・洪範》曰：曰肅，時雨若；曰乂，時暘若；曰哲？，時燠若；曰謀，時寒若；曰聖，時風若。
4. 猶「然」也。	
5. 家大人曰：「猶若」，「猶然」也。	
6. 史記禮書正義曰：「若、如此也」。	(1)《周書・大誥》曰：爾知寧王若勤哉！言「如此勤也」。

7. 猶「此」也。	
8. 連言之，則曰：「若此」，或曰：「此若」。	
9. 猶「及」也；「至」也。	（1）《周書・召誥》曰：越五日甲寅，位成。若翼日乙卯。言「及翼日乙卯也」。
10. 猶「及」也；「與」也。	（1）《周書・召誥》曰：旅王若公。
11. 猶「或」也。	
12. 若夫、轉語詞也。易繫辭傳曰：「若夫雜物撰德，辨是與非，則非其中爻不備」。是也。	
13. 發語詞也。	
14. 若乃、亦轉語也。齊策曰：「若乃得去不肖者，而爲賢者狗，豈特攫其腓而噬之耳哉！」是也。	
15. 「若而」者，不定之詞也。	
16. 「若干」者，亦不定之辭也。	
17. 家大人曰：若、猶「其」也。	（1）《周書・召誥》曰：我亦惟茲二國命，嗣若功。若、其也；嗣其功者，嗣二國之功也。（某氏傳曰：繼順其功德者，而法則之；訓「若」爲「順」，非是。）
18. 顧懽注老子曰：「若、而也」。	（1）《周書・金縢》曰：予仁若考。史記魯世家：作「面巧」；「巧」、「巧」、「考」古字通；「若」、「面」語之轉。「予仁若考」者，「予仁而巧」也。唯「巧」，故能多材多藝，能事鬼神也。某氏傳：訓「若」爲「順」；「考」爲「父」，皆失之。（詳見經義述聞。）
19. 小爾雅曰：若、「乃」也。	（1）《周書・秦誓》曰：日月逾邁，若弗云來。言「乃弗云來也」。（某氏傳，訓「若」爲「如」；失之。）
20. 猶「則」也。	

21. 家大人曰：若、詞之「惟」也。	（1）《周書·盤庚》曰：予若顧懷茲新邑。
	（2）《周書·大誥》曰：若、昔朕其逝。
	（3）《周書·君奭》曰：若天棐忱。（大誥曰：「越天棐忱」；越字亦語助。）
	（4）《周書·呂刑》曰：若古有訓。「若」字皆是語詞之「惟」。
	（5）《周書文侯之命》曰：汝多脩扞我於艱，若女予嘉。
	（6）《周書·金縢》曰：惟爾元孫某，遘厲虐疾，若爾三王。「若」亦「惟」也；互文耳。說者或訓爲「順」。（某氏尚書傳。）或訓爲「汝」。（鄭氏祭統注。）或訓爲「如」。（王肅文侯之命注。）皆於文義未協。

《經傳釋詞》五十五·「其」（第六章　感嘆句）

1. 指事之詞也；常語也。	
2. 狀事之詞也。	
3. 擬議之詞也。	
4. 猶「殆」也。	（1）《周書·金縢》曰：公曰：「體，王其罔害」。
5. 猶「將」也。	（1）《虞書·皋陶謨》曰：無曠庶官，天工人其代之。
	（2）《商書·湯誓》曰：予其大賚汝。
	（3）《商書·盤庚》曰：天其永我命於茲新邑.
	（4）《商書·微子》曰：今殷其淪喪。
	（5）《周書·牧誓》曰：稱爾戈，比爾干，立爾矛，予其誓。
	（6）《周書·金縢》曰：惟朕小子其新逆。
	（7）《周書·康誥》曰：爽惟天其罰殛我！
	（8）《周書·酒誥》曰：盡執拘以歸於周，予其殺。
	（9）《周書·召誥》曰：今天其命哲，命吉凶，命歷年。
	（10）《周書·洛誥》曰：茲予其明農哉！
6. 猶「尚」也；「庶幾」也。	（1）《虞書·益稷》曰：帝其念哉。
	（2）《商書·盤庚》曰：其克從先王之烈！
	（3）《周書·金縢》曰：我其爲王穆卜。
	（4）《周書·康誥》曰：其尚顯聞於天。
	（5）《周書·酒誥》曰：其藝黍稷，奔走事厥考厥長。
	（6）《周書·召誥》曰：上下勤恤，其曰：『我受天命，丕若有夏歷年，式勿替有殷歷年。』（「式勿替有殷歷年。」）各本替、皆作贊。案說文有暜無替，「暜、廢也，一偏下也，从竝，白聲。或从日。」段玉裁云：「从龤、猶从竝也」

	（7）《周書・洛誥》曰：汝其敬識百辟享。
	（8）《周書・無逸》曰：嗣王其監於茲！
	（9）《周書・君奭》曰：肆其監於茲。
	（10）《周書・立政》曰：我其克灼知厥若。
	（11）《周書・文侯之命》曰：曰惟祖惟父，其伊恤朕躬。
7. 猶「若」也。	
8. 猶「乃」也。	（1）《虞書・堯典》曰：浩浩滔天，下民其咨。
	（2）《虞書・皋陶謨》曰：撫於五辰，庶績其凝。以昭受上帝，天其申命用休。
	（3）《夏書・禹貢》曰：嵎夷既略，濰、淄其道。淮、沂其乂，蒙、羽其藝。
	（4）《商書・湯誓》曰：今汝其曰：『夏罪其如台？』（言今汝乃曰：夏罪其如何。高宗肜日曰：乃曰其如台。文與此同。古者、台與何同義；說見台字下。）
	（5）《商書・盤庚》曰：越其罔有黍稷。
	（6）《周書・洪範》曰：使羞其行，而邦其昌。汝雖錫之福，其作汝用咎。臣之有作福作威玉食，其害於而家、凶於而國。是之謂大同；身其康強，子孫其逢。（逢字絕句，下吉字自為句，說見經義述聞。）
	（7）《周書・金縢》曰：爾之許我，我其以璧與珪，歸俟爾命，爾不許我，我乃屏璧與珪。（其、亦乃也。）
	（8）《周書・康誥》曰：時，乃大明服，惟民其敕懋和。若有疾，惟民其畢棄咎。若保赤子，惟民其康乂。我時其惟殷先哲王德，用康乂民。
	（9）《周書・多士》曰：予惟時其遷居西爾。
	（10）《周書・洛誥》曰：凡民惟曰不享，惟事其爽侮。公勿替刑，四方其世享。
	（11）《周書・君奭》曰：在昔，上帝割申勸寧王之德，其集大命於厥躬。
	（12）《周書・多方》曰：我惟時其教告之，我惟時其戰要囚之。
	（13）「其」與「乃」同意；故又以「乃其」連文。 　1.《周書・康誥》曰：乃其乂民。乃其速由文王作罰。乃其速由茲義率殺。 　2.《周書・君奭》曰：乃其墜命。 　3.《周書・多方》曰：我乃其大罰殛之。
	（14）此猶—「曷」、「何」同義；而《周書・召誥》言：「曷其奈何弗敬。」
	（15）「克」、「堪」同意；而《周書・多方》言：「克堪用德。」

9. 猶「之」也。	(1)《商書・盤庚》曰：不其或稽，自怒曷瘳。 (2)《周書・康誥》曰：朕其弟，小子封。
10. 猶「寧」也。	(1)《商書・盤庚》曰：若火之燎於原，不可嚮邇，其猶可撲滅。 (2)《周書・大誥》曰：厥考翼其肯曰：『予有後，弗棄基？』 (3)《周書・酒誥》曰：我其可不大監撫於時？ (4)《周書・多士》曰：「我其敢求位」
11. 更端之詞也。	(1)《周書・無逸》曰：「其在高宗」。「其在祖甲」。
12. 語助也。	(1)《周書・大誥》曰：予曷其不於前寧人圖功攸終. (2)《周書・康誥》曰：未其有若汝封之心. (3)《周書・召誥》曰：不其延。 (4)《周書・洛誥》曰：敘弗其絕。 (5)《周書・呂刑》曰：其今爾何懲。（上文曰：今爾何監。） (6)《周書・費誓》曰：「馬牛其風」
13. 其諸、亦擬議之詞也。	

《經傳釋詞》十三・「不」（第七章　判斷句）

1. 「弗」也；常語。	
2. 玉篇曰：「不、詞也」。經傳所用，或作「丕」，或作「否」，其實一也。有發聲者，有承上文者。	
（甲）其發聲者：	(1)《商書・西伯戡黎》曰：我生不有命在天。（某氏傳曰：我生有壽命在天，蓋「不」爲發聲；不有，有也。與他處「不」訓爲「弗」者不同。「不有命在天」，下不須加「乎」字以足之。史記殷本紀云：「我生不有命在天乎！」失之矣。） (2)《周書・康誥》曰：惟乃丕顯考文王。（不顯考，顯考也。通作不顯。毛詩曰：不顯，顯也。則上一字乃發聲。箋解爲豈不顯。失其意矣。） (3)《周書・酒誥》曰：丕惟曰：爾克永觀省。（此與丕訓爲大者不同，解者多失之，下倣此。汝丕遠惟商耉成人，宅心知訓。） (4)《周書・召誥》曰：其丕能誠於小民。（丕、語詞；其丕能，其能也。顧命曰：其能而亂四方。丕若有夏歷年。） (5)《周書・洛誥》曰：公稱丕顯德。（丕顯德、顯德也。丕、語詞。） (6)《周書・多士》曰：丕靈承帝事。（丕、語詞。丕靈承，靈承也。多方曰：不克靈承於旅。又曰：靈承於旅。） (7)《周書・君奭》曰：丕單稱德。丕承無疆之恤。 (8)《周書・多方》曰：罔丕惟進之恭。爾尚不忌於凶德。（不、

	語詞；不忌、忌也。緇衣、鄭注曰：忌之言戒也。言以凶德爲戒。）
	（9）《周書·文侯之命》曰：丕顯文武。
（乙）其承上文者：	（1）《夏書·禹貢》曰：三危既宅，三苗丕敘。（丕，乃。）承上之詞，猶言三苗乃叙。諸家皆訓「丕」爲「大」。下倣此。
	（2）《商書·盤庚》曰：王播告之，修不匿厥指，（此不字訓爲弗，下不生生同。）王用丕欽；罔有逸言，民用丕變。汝克黜乃心，施實德於民，至於婚友；丕乃敢大言，汝有積德。（丕乃，猶言於是也。）傳解爲大乃敢言，則文不成義。汝萬民乃不生生，暨予一人猷同心，先后丕降與汝罪疾。猶言乃降與女罪疾。茲予有亂政同位，具乃貝玉。乃祖乃父，丕乃告我高后。迪高后丕乃崇降弗祥。
	（3）《周書·康誥》曰：至於旬時，丕蔽要囚。（小司寇曰：至於旬乃蔽之。）文義正同。無作怨，勿用非謀非彝蔽時忱，丕則敏德。（丕則，猶言於是也。）既斷行是誠信之道，於是勉行德教也。傳解爲大法敏德。失之。
	（4）《周書·梓材》曰：后式典集，庶邦丕享。（言君能和集庶邦，於是庶邦來享也。）
	（5）《周書·召誥》曰：厥既命殷庶，庶殷丕作。（言既命庶殷，庶殷乃作也。）
	（6）《周書·無逸》曰：乃逸乃諺既誕。否則侮厥父母。（漢石經：否作不。不則、猶於是也。）言既已妄誕，於是輕侮其父母也。傳謂已欺誕父母，不欺則輕侮其父母，文義難通。『今日耽樂。』乃非民攸訓，非天攸若，時人丕則有愆。（言是人於是有過也。傳謂是人則大有過，既誤訓大，又亂其字之先後矣。）乃變亂先王之正刑，至於小大。民否則厥心違怨，否則厥口詛祝。（言民於是厥心違怨，於是厥口詛祝也。）
	（7）《周書·立政》曰：我其立政、立事。準人、牧夫，我其克灼知厥若，丕乃俾亂。（言既灼知厥若，於是使治之也。下文茲乃俾乂，文義正同。）
3. 否、「非」。	
4. 否、「無」也。	（1）《虞書·堯典》曰：否德忝帝位。（傳曰：否、不也。不、亦無也。）
	（2）《周書·洪範》曰：無偏無黨，無黨無偏。史記張釋之馮唐傳贊引，作「不偏不黨，不黨不偏。」
	（3）《周書·呂刑》曰：鰥寡無蓋。墨子尚賢篇：引作「鰥寡不蓋。」
5. 「毋」也；「勿」也。	（1）《周書·召誥》曰：王不敢後，用顧畏於民碞。言「王顧畏民碞，毋敢或後」也。

《經傳釋詞》一百零七・「爽」（第七章　判斷句）

1. 發聲也。	（1）《周書・康誥》曰：爽惟民迪吉康。 （2）《周書・康誥》曰：爽惟天其罰殛我。皆是也。某氏傳，訓「爽」爲「明」，則義不可通。凡書言「洪惟」、「爽惟」、「丕惟」、「誕惟」、「迪惟」、「率惟」皆詞也，解者皆失之。

《經傳釋詞》四・「乃」（第八章　《虞書・堯典》篇章句式之分析）

1. 猶「於是」也。	（1）《虞夏書・堯典》曰：「乃命羲和。」是也。常語也；字或作迺。
2. 猶「然後」也。	（1）《虞夏書・禹貢》曰：「作十有三載，乃同。」是也，亦常語。
3. 猶「而」也。	
4. 急詞也。	
5. 猶「則」也。	（1）「乃」、與「則」同義。故《商書・盤庚》曰：「我乃劓，殄滅之，無遺育」哀十一年左傳作「則劓，殄無遺育。」 （2）又或以「則乃」連文。《周書・立政》曰：「謀面用丕訓德，則乃宅人。」是也
6. 猶「其」也。	（1）《周書・多士》曰：「爾乃尚有爾士，爾乃尚寧幹止。」「爾乃」、「爾其」也。. （2）《商書・盤更》曰：「乃有不吉不迪，顛越不共。」
7. 猶「是」也。	
8. 猶「方」也，「裁」也。	
9. 猶「若」也。	（1）《商書・盤庚》曰：汝萬民乃不生生，暨予一人猷同心，先后丕降與汝罪疾。言「汝萬民若不生生」也。 （2）《周書・洛誥》曰：汝乃是不蘉，乃時惟不永哉！言「汝若是不勉」也。
10. 猶「且」也。	（1）《周書・大誥》曰：若考作室，既底法，厥子乃弗肯堂，矧肯構？厥父菑，厥子乃弗肯播，矧肯穫。「乃」字並與「且」同義。
11. 猶「甯」也。	
12. 異之詞也。	（1）《商書・盤庚》曰：汝不憂朕心之攸困，乃咸大不宣乃心。
13. 轉語詞也。	（1）《周書・康誥》曰：有厥罪小，乃不可不殺。是也；亦常語。
14. 發聲也。	